Efraim Sicher

·

Babel' in Context

A Study
in Cultural Identity

Academic Studies Press

Boston

2012

Эфраим Зихер

·

«Еврей на коне»

Культурно-исторический контекст творчества И. Э. Бабеля

Academic Studies Press

Библиороссика

Бостон / Санкт-Петербург

2024

УДК 82.02
ББК 83.3 (2Рос=Евр) 6
366

Перевод с английского Александра Кочековского и других

Серийное оформление и оформление обложки Ивана Граве

Зихер Э.

366 «Еврей на коне». Культурно-исторический контекст творчества И. Э. Бабеля / Эфраим Зихер ; [пер. с англ. Александра Кочековского и других]. — Санкт-Петербург: Academic Studies Press / Библиороссика, 2024. — 324 с. — (Серия «Современная иудаика» = «Contemporary Judaica»).

ISBN 979-8-887196-56-5 (Academic Studies Press)
ISBN 978-5-907767-75-1 (Библиороссика)

Исаак Бабель — один из величайших авторов коротких рассказов начала двадцатого века. Тем не менее, его жизнь и творчество окутаны тайной. В книге рассматривается культурная идентичность Бабеля как пример противоречий и напряженности между литературными влияниями, личной лояльностью к власти и идеологическими ограничениями.

УДК 82.02
ББК 83.3 (2Рос=Евр) 6

ISBN 979-8-887196-56-5
ISBN 978-5-907767-75-1

Примечание о ссылках

Я ссылаюсь на следующие издания текстов Бабеля: Детство и другие рассказы / сост. Эфраим Зихер. Иерусалим: Библиотека Алия, 1979 (Детство); Собрание сочинений: в 4-х т. / сост. И. Н. Сухих. М.: Время, 2006 (Собрание сочинений).

Благодарности

Я благодарен множеству друзей и коллег, которые на протяжении многих лет (возможно, даже слишком многих) вдохновляли меня на написание этой книги, давали комментарии или участвовали в беседе о культурной самобытности Бабеля. В частности, я хотел бы поблагодарить, извинившись за неизбежно неполный список: покойного Мордехая Альтшулера, Кэрол Эвинс, Йоста ван Баака, Хамутал Бар-Йосеф, Галину Белую, Патрисию Блейк, покойного Дональда Фангера, Григория Фрейдина, покойного Ионатана Франкеля, Амелию Глейзер, покойного Мориса Фридберга, Алену Яворскую, Рину Лапидус, Мирью Леке, Залман-Симха (Стива) Левина, Элис Нахимовски, Светлану Наткович, Елену Погорельскую, Дэвида Г. Роскиса, Батю Вальдман и Рут Вайс. Я также обязан поддержке Центра им. Леонарда Невзлина по изучению российского и восточноевропейского еврейства при Еврейском университете в Иерусалиме. Публикация англоязычного издания этой книги стала возможной благодаря гранту № 1839/11 Государственного израильского научного фонда (ISF). Русское издание финансировалось за счет исследовательского гранта Университета им. Д. Бен-Гуриона в Негеве. Спасибо Екатерине Яндугановой, Ивану Белецкому и всем сотрудникам в издательстве ASP. Наконец, есть долги, которые невозможно оплатить в этом мире: перед Тоби Гольцманом, покровителем и благотворителем бабелистики, и перед А. Н. Пирожковой, без которой у меня не было бы доступа к рукописям Бабеля. Эта книга — дань уважения их тихим, но решительным усилиям по сохранению памяти о Бабеля, а также посвящается памяти двух людей, которые по-своему были страстно ему преданны.

Ранние варианты частей этой книги впервые появились в статьях в журналах: «Slavonic and East European Review», «Studies in Contemporary Jewry», «Revue des études slaves», «New Zealand Slavonic Journal», «Shvut», «Aschkanas», «Canadian Slavonic Papers», «Параллели» (Москва) и «Dapim lemekhkar besifrut» (Университет Хайфы). Третья глава была опубликована как «Шабос-нахаму в Петрограде: Бабель и Шолом-Алейхем» в книге: Исаак Бабель в историческом и литературном контексте / отв. ред. Е. И. Погорельская. М.: Книжники, 2016. С. 452–473; авторизованный перевод с английского Анны Урюпиной. Текст печатается с разрешения издателя.

Предисловие
к русскоязычному изданию

Эта книга предлагается российскому читателю к 130-летию со дня рождения Исаака Бабеля в 2024 году как скромный знак уважения к мастеру советской русской прозы и ведущему еврейскому писателю XX века. Долгие годы открыто писать о еврейском и идишском контексте творчества Бабеля было невозможно, а с конца 1930-х годов говорить о Бабеле было трудно по политическим причинам. Даже после отмены цензуры критики не всегда были готовы признать культурное происхождение Бабеля. Когда стали доступны архивные источники, ряд новых исследований рассказов Бабеля показали сложность его эстетики и идентичности. Посвященная Бабелю конференция, организованная Е. И. Погорельской и состоявшаяся в ИМЛИ (Москва) в июне 2014 года, собрала ученых со всего мира и продемонстрировала международный интерес к Бабелю. За десять лет, прошедших с момента первой публикации этой книги, в России, Израиле, Германии и Соединенных Штатах было проведено много важных исследований наследия Бабеля, о которых я не смог адекватно рассказать в этом исправленном издании. Я надеюсь, что эта книга познакомит новое поколение читателей и ученых с гением человека, который поплатился жизнью за отказ пойти на компромисс со своей художественной целостностью и своей преданностью истине.

Введение
Кем был Бабель?

Не надо даром зубрить сабель,
меня интересует Бабель,
наш знаменитый одессит.
Он долго ль фабулу вынашивал,
писал ли он сначала начерно
иль, может, сразу шпарил набело,
в чем, черт возьми, загадка Бабеля?..
С. Кирсанов[1]

Еврей, который сел на лошадь, перестал быть евреем и стал русским.
И. Э. Бабель. Закат

Два Бабеля

Москва, 1994 год. Боги коммунизма пали. Увечный ребенок с иконой и нищенской миской в руках, под символом новой идеологической системы, империи Макдональдса, казалось, подводил итог радикальным переменам, которые начались с распадом Советского Союза. Как израильский ученый, опубликовавший два тома рассказов Бабеля на русском языке, я был приглашен на конференцию, посвященную столетию Бабеля, в Российском государственном гуманитарном университете в Москве[2]. Мероприятие проходило «под прикрытием» конфе-

---

[1] Цит. по: [Голованивский 1989: 213].

[2] Речь идет о конференции «Феномен творчества И. Э. Бабеля: проблемы современного восприятия, интерпретации и научного издания», которая прошла с 6 по 9 июля 1994 года. — *Прим. пер.*

ренции, посвященной Зощенко. Тогда казалось, что еще не пришло время полностью раскрыть значимость Бабеля как крупного автора советского периода. Почему это было так? Почему Бабель по-прежнему не вышел из серой зоны осторожных и неполных публикаций перестроечного периода? Если российская литературная история теперь готова принять всех писателей, включая диссидентов и эмигрантов, то какое место следует отвести на страницах истории русской культуры имени Бабеля?

Выяснилось, что существовало по крайней мере два Бабеля — еврейский и русский писатель. Прошло более 70 лет со времен симбиоза русско-еврейской (через дефис) идентичности. Лишь немногое сохранилось в памяти о становлении и расцвете письменности российских евреев, а еще меньше — о великом возрождении литературы на иврите в крупных городах черты оседлости, а особенно в Одессе, родном городе Бабеля. Будучи советским автором, Бабель пользовался славой как прозаик-экспериментатор, ставший «мастером молчания», прежде чем его поглотил сталинизм[3]. Однако после падения коммунизма он был заклеймен как «маркиз де Сад» большевистской революции [Яркевич 1994]. В пробужденном русском национальном сознании Бабель оказался в лучшем случае маргинальным писателем, а в худшем — чужим и враждебным. Конечно, в послереволюционном контексте советский и русский Бабель не исключает Бабеля иконоборческого, очень индивидуального, не преданного ни партии, ни идеологии, и может одинаково вписываться как в русскую прозу 1920-х годов, так и в западноевропейский модернизм и сходные течения на идише и иврите. К XXI веку Бабель стал значимой частью культурной идентичности русскоговорящей еврейской читающей публики в России и Израиле; более того, он способствовал возвращению к еврейским традициям, точнее, к светской еврейской идентичности. В 2004 году в Одессе прошел фестиваль еврейской культуры, обращенный в том числе к Бабелю и к прошлому города, а в 2011 году на фестивале в честь самого Бабеля

---

[3] См. [Белая 1989a: 149–169]. См. также пересмотренный текст: [Белая 2002]. См. также [Гандлевский 2009].

был открыт памятник писателю (при участии знаменитостей, в том числе сатирика Михаила Жванецкого)[4]. В Москве Бабель вошел в пантеон еврейских культурных героев в Еврейском музее и Центре толерантности — образовательном и культурном центре московской еврейской общины, открывшемся в 2012 году.

Бабель был невысоким, коренастым человеком в очках и с блестящими любопытными глазами, навязчиво неуловимым уже до сталинских лет, когда неосторожное слово могло уличить и выдать; одержимо скрытным задолго до того, как кричащий конформизм стал правилом; озорным от природы, склонным к розыгрышам самых близких друзей[5]; уклончивым в отношениях с редакторами в условиях, когда режим требовал постоянного выпуска идеологически правильных материалов. Его неуловимость и длительные исчезновения не были следствием отчаянной необходимости скрыться от кредиторов и кого-либо еще, чтобы спокойно писать, или тактического молчания 30-х годов.

В раннем возрасте у него появилась склонность исчезать на длительное время, а потом писать своим друзьям, прося их выполнить для него различные поручения. У него были дети от трех женщин, но, по сути, он оставался еврейским семьянином, заботился о своей семье за границей и был катастрофически щедр со своими одесскими родственниками. Он жаждал свободы, но не мог свободно дышать за пределами России, при всей ее нищете и репрессиях, несмотря на удушающую атмосферу московского литературного мира. Бабель вернулся из заграничных поездок в сталинскую Россию, потому что именно здесь был материал для его художественного творчества: исторические перевороты Революции и Гражданской войны, превращение отсталой сельскохозяйственной страны в современное индустриальное государство. Эти перемены завораживали своими чудовищными противоречиями, и он считал своим моральным долгом запечатлеть

---

[4] Речь идет о Первом литературном фестивале в честь Бабеля, открывшемся 9 июля, в его день рождения, и завершившемся открытием памятника писателю 12 июля. — *Прим. пер.*

[5] См. [Пирожкова 2006: 466–467; Эренбург 1990, 1: 469].

страшную человеческую цену, уплаченную за строительство социализма.

Знаменитый американский писатель Сол Беллоу спросил: кем же был Бабель? Бабель хорошо знал идиш, *мамэ-лошн*, однако писал на русском языке. Беллоу утверждал, что все мы родились случайно, в том месте и то время, которые мы не выбирали [Bellow 1963: 15–16]. Я согласен с тем, что мы рождаемся в определенном времени и месте, в языке и культуре, не по своему выбору, однако каждый из нас делает из них что-то свое, уникальное. Бабель родился в то время и в том месте, которые стали перекрестком истории, и сам погиб как жертва обстоятельств, которые он видел слишком ясно, возможно, раньше многих других. Культурная идентичность может формироваться индивидуальной личностью, но она вырастает из литературного, этнического и языкового контекста. Как отмечают Дэвид Тео Голдберг и Майкл Крауш во введении к исследованию метафизических и философских смыслов еврейской идентичности, идентичность в такой же степени является культурным и социальным образованием, как и следствием личных обстоятельств, и всегда находится в процессе становления [Goldberg, Krausz 1993: 1]. Однако для того чтобы точно понимать индивидуальность писателя внутри интерактивных пересечений между его личностью и культурной средой, мы должны изучить три параметра: текст, контекст и интертекст.

Литературный дебют Бабеля совпал с периодом возрождения еврейского национального самосознания и культуры после кишиневских погромов. Как показал Кеннет Мосс [Moss 2009][6], освобождение евреев в феврале 1917 года от царских ограничений дало толчок множеству разнообразных и противоречивых направлений развития еврейской культуры, будь то на иврите, идише или русском языке[7], от бундизма до сионизма.

---

[6] См. также статью Давида Шнеера о литературной политике и культуре светского идиша [Shneer 2004].

[7] Светский еврейский социализм, по названию группы — *Бунд* ('союз' — идиш; полное название — *Алгемейнер идишер арбетербунд ин Лите, Пойлн ун Русланд* — Всеобщий союз еврейских рабочих в Литве, Польше и России). — *Прим. пер.*

Эти различные направления представляли собой концепции будущей еврейской идентичности, формирующейся на основе культуры, а не религии. Тем не менее многие евреи, захваченные яростью и восторгом радикальных перемен в Советской России, рассматривали политику как средство достижения культурных и идеологических замыслов и попали в водоворот событий, поскольку большевики подавили существовавшие еврейские общинные организации и постепенно взяли под контроль культурное производство. Приход к власти коммунистов позволил многим евреям занять места в новых советских учреждениях (включая партийное управление и ЧК) и среди «белых воротничков» (включая издательское дело и литературу); трагедия заключалась в том, что насаждение коммунизма означало экономическую катастрофу для и без того разоренных войной еврейских местечек — *штетлов*.

Бабель вырос среди замечательной смеси идиша, иврита, русского и украинского языков, в крупном еврейском культурном центре — Одессе, которая с первой половины XIX века привлекала иностранцев, в том числе французского губернатора и евреев-негоциантов из Галиции[8]. Космополитичные пространства города — Опера, «Литературка», Ришельевская гимназия, многонациональный порт — открыли евреям русскоязычную культуру[9]. На самом деле, как показал историк Джон Клиер, одесские «портовые евреи» извлекали выгоду из своеобразного положения города и развивали новые формы современной еврейской общины [Klier 2001: 173–178][10].

И до Февральской революции произведения евреев выходили в петербургской печати: из Одессы в столицу приехали Семен Юшкевич[11] и сам Бабель, а после потрясений большевистского

---

8   См. ранние описания космополитизма Одессы в [Де-Рибас 1894] и [Кирпичников 1896: 383–420].

9   См. [Lecke, Sicher 2023].

10 См. подробнее в третьей главе.

11 С. С. Юшкевич (1868–1927) — прозаик и драматург, автор рассказов «Портной. Из еврейского быта» (1897) и «Распад» (1902) о жизни еврейской бедноты; использовал характерную для Одессы специфику языка. — *Прим. пер.*

переворота и Гражданской войны влиться в русскую литературу стало легче, поскольку этнические различия имели теперь гораздо меньшее значение, чем классовое происхождение. Бабелю до краха царизма удалось опубликовать манифест, где он призывал литературного мессию из Одессы, русского Мопассана. В статье «Одесса» (1916) он пророчествовал, что этот космополитический порт на Черном море сможет принести солнце в русскую литературу. Из Одессы сможет прийти столь необходимый России литературный мессия, утверждал он, который освободит ее от ледяной хватки Петербурга, чтобы вдохнуть жизнь в удушающую прозу, полную скучных рассказов о напыщенных провинциальных городах севера: «Чувствуют — надо освежить кровь. Становится душно. Литературный Мессия, которого ждут столь долго и столь бесплодно, придет оттуда — из солнечных степей, обтекаемых морем» (Собрание сочинений, 1: 48). Бабель формирует свою поэтическую идентичность по образцу Мопассана, своего вдохновителя и признанного литературного мастера, но пишет как еврей из города Одессы:

> Половину населения его составляют евреи, а евреи — это народ, который несколько очень простых вещей очень хорошо затвердил. Они женятся для того, чтобы не быть одинокими, любят для того, чтобы жить в веках, копят деньги для того, чтобы иметь дома и дарить женам каракулевые жакеты, чадолюбивы потому, что это же очень хорошо и нужно — любить своих детей. Бедных евреев из Одессы очень путают губернаторы и циркуляры, но сбить их с позиции нелегко, очень уж стародавняя позиция. Их и не собьют и многому от них научатся. В значительной степени их усилиями — создалась та атмосфера легкости и ясности, которая окружает Одессу (Собрание сочинений, 1: 43)[12].

Именно в Одессе сосуществование различных культур — несмотря на этническую напряженность, например, между греками и евреями — сделало возможным естественное развитие на этой периферии Российской империи «малого модернизма». К концу

---

[12] См. [Klier 2001: 173–178]. См. также третью главу этой книги.

XIX века треть населения города составляли евреи; их доля увеличилась с притоком беженцев во время Первой мировой войны, и, несмотря на эмиграцию и потрясения, вызванные революцией и Гражданской войной, это стимулировало дальнейшую миграцию из *штетлов* и других районов, в результате чего в 1923 году их численность достигла 41,1 % от общей численности населения [Altshuler 1998: 14, 36, 40, 225]. Нельзя забывать и о культурных контактах между евреями, русскими и украинцами периода расцвета модернизма в начале XX века, ставших основополагающими для формирования современной еврейской культурной идентичности и, впоследствии, израильской литературы. Одесса была одним из относительно свободных городов Российской империи, открытым для западного влияния в архитектуре, политике, искусстве и культурной жизни в целом, не говоря уже о более «левантийском» или средиземноморском образе жизни. Влияние Запада и, в частности, Мопассана, как мы увидим в одной из последующих глав, сформировало эстетику Бабеля — наряду с его собственной одесской *joie de vivre*[13] (Собрание сочинений, 1: 43–59).

Культурная память Одессы вызывает ностальгию по воображаемой карнавальной свободе и еврейской бедности, а также по буржуазному достатку. Перед годами коммунизма и нацистским геноцидом это был уникальный центр еврейской культуры. Приоткрыть этот исчезнувший мир — значит читать через призму бывших *маскилим*[14] и эмигрантов, очерков и романов Жаботинского[15], а также через рассказы самого Бабеля [Zipperstein 1999: 63–86]. Миф о «старой Одессе» обрел дальнейшую мифологизацию в народных песнях, антологиях и фильмах, с характерным юмором прославляющих мифический фольклор «еврей-

---

[13] Радостью жизни (франц.). — *Прим. пер.*

[14] Приверженцы движения «Гаскала», «еврейского Просвещения»: «Гаскала» — еврейское просветительское и общественное течение, возникшее во второй половине XVIII века. — *Прим. пер.*

[15] В. Е. Жаботинский (1880–1940) — одесский фельетонист, писавший под псевдонимом Альталена, во время погромов — участник еврейской самообороны, в 1930-х годах — вождь ревизионистского движения; писал на русском и на иврите. — *Прим. пер.*

ской» преступности. Одесский язык превратился впоследствии в закодированный эвфемизм для обозначения еврейской национальности. Фактически одессит стал комическим персонажем, хитрым аферистом периода НЭПа, таким как Остап Бендер (хотя он никогда не идентифицируется как еврей или одессит), умеющим договариваться и находить способ справиться с советской системой[16]. Одесский миф сместился с классического *топоса* русской культурной идентичности и превратился в образ «еврейского» города порока и греха.

Этот вымысел легко перерос в легенды, прославляющие романтику бандитизма в 20-х годах, когда финансовые спекуляции были объявлены большевистским режимом вне закона, и большевики боролись с контрабандой. Буржуазный образ жизни угас, писатели уехали или эмигрировали, кафе превратились в рабочие клубы. В 1926 году город был официально украинизирован (кампания «коренизации»), синагоги закрылись, и последние еврейские сионистские учреждения оказались под запретом. Дальнейшее уничтожение сохранившейся памяти о дореволюционной жизни одесских евреев пришлось на период холокоста, когда Одесса была оккупирована румынами-фашистами, а евреи города были убиты. Исчезновение «еврейской» Одессы породило ностальгию в виде запоздалого постсоветского импульса пожилых одесситов, а также эмигрантов в Ашдоде и на Брайтон-Бич прославлять мифологизированное прошлое, что было зафиксировано в фильме израильского режиссера Михаль Боганим «Одесса, Одесса» (2005). Культурная память Одессы обрела собственную жизнь[17]: одессизмы и одесские предания наложили свой отпечаток на популярную российскую песню и юмор [Rothstein 2001; Nakhimovsky 2003]. Более того, одесский миф живет в постсоветской художественной литературе, например в романе Ирины Ратушинской «Одесситы» (1998) и в романе Рады Поли-

---

[16] Американский историк Джаррод Танни считает, что зашифрованное еврейство Остапа Бендера связано с «преступной» Одессой [Tanny 2011: 104–107].

[17] Мориц Фридберг предпринял попытку реконструировать социальную жизнь Одессы на основе интервью с советскими эмигрантами в [Friedberg 1991].

щук «Одесские рассказы, или Путаная азбука памяти» (2005), а также в эмигрантской и русско-американской литературе [Wanner 2019: 121–144].

Одесские предания, литература и язык демонстрируют еще одно измерение межкультурной идентичности в русской прозе Бабеля, ибо эта точка соприкосновения еврейской и русской культур, смешанных с сильным французским, итальянским и другими иностранными влияниями, породила так называемую юго-западную школу русской литературы. К ней относятся и Бабель, и Э. Г. Багрицкий, Ю. К. Олеша, В. М. Инбер, К. Г. Паустовский, Л. И. Славин, В. П. Катаев, а также Ильф и Петров. С начала 1920-х годов эти молодые таланты привносили теплое одесское солнце в московские литературные круги. Собственно, большинство из них приобрели славу именно в 20-е в Москве, где они стали частью литературной волны региональных и экзотических голосов, романтики преступного и подпольного миров. При Сталине такие претензии на независимость литературных групп стали подозрительными и рискованными. Критик-формалист В. Б. Шкловский вскоре был вынужден отречься от своей программной статьи о «юго-западной школе» писателей, которая не соответствовала централизованной схеме партийного контроля над литературой, объявленной на Всесоюзном съезде советских писателей в 1934 году — схеме, становившейся все более нетерпимой к индивидуализму и сепаратизму, не говоря уже о «попутчиках», каковыми были большинство одесситов [Шкловский 1933].

Все-таки Ю. К. Щеглов утверждает «установленным фактом», что «юго-западная школа» привнесла в русскую реалистическую традицию западноевропейский прозаический стиль и открыла границы русской литературы через интертекстуальность [Shcheglov 1994: 653]. Пожалуй, только одесский еврей мог соединить Пушкина и Шолом-Алейхема или осмелиться выдвинуть «одесского Мопассана» на роль русского литературного мессии. Ребекка Стэнтон выражается точнее, называя это, скорее, случаем возвращения, а затем и присвоения русской литературной традиции, связанной с Пушкиным, который навсегда остался связан с Одессой после написания там «Евгения Онегина» [Stanton 2003:

117]. Одесский текст противопоставляется петербургскому, как пишет сам Бабель в «Одессе», и одесские прозаики и поэты давно создали в русской литературе свою независимую традицию: помимо «Морица Сефарди» и «Калейдоскопа» Осипа Рабиновича, издались в Одессе во второй половине XIX века русско-еврейская печать, фельетоны, романы[18]. Семен Юшкевич и Л. О. Коренман (Кармен)[19] писали о местной одесской жизни задолго до того, как Бабель сделал Беню Крика королем бандитов [Бар-Селла 2018: 8–30]; этой темы касался Юшкевич в романе «Леон Дрей» (1913–1917). Более того, в его же пьесе «Король» (1908) описывается восстание сыновей мещанина-магната, подобное восстанию сыновей Менделя в пьесе Бабеля «Закат» (1928). Одесский преступный мир исследовался также Куприным в «Гамбринусе» (1906) и «Обиде» (1906), где рассказывается об одесских бандитах, которые открещиваются от погромщиков. И все же Одессу чаще всего «вспоминают» благодаря одесским рассказам Бабеля.

Загадка Бабеля

Русская проза Бабеля считалась новаторством. Критик и редактор советского журнала «Красная новь» А. К. Воронский в 1925 году (когда Бабель еще не опубликовал ни одной книги) заявил, что для прозы Бабеля характерны «твердость, зрелость, уверенность, нечто отстоявшееся, есть выработка, которая дается не только талантом, но и упорной, усидчивой работой», что эта проза превосходит многие произведения советской беллетристики и отражает поворот от новаторства к реалистическому классицизму [Воронский 1925: 101]. Он, писал Воронский, в некото-

---

[18] О. А. Рабинович (1817–1869) — писатель, издатель, общественный деятель, считается основоположником одесской литературной традиции и русско-еврейской литературы. — *Прим. пер.*
Об одесском тексте см. [Верникова 2020]. См. также [Каракина 2006; Кудрин 2012].

[19] Л. О. Коренман, также Л. О. Корнман, псевдоним — Л. О. Кармен (1876–1920) — прозаик и поэт, автор реалистических рассказов об одесской бедноте. — *Прим. пер.*

ром смысле эпичен, ему близок революционный дух, но есть что-то почти языческое, нехристианское в его увлечении плотью. Бабель стоит в одном ряду с Платоновым, Олешей (также одесситом), Булгаковым, Пильняком и «Серапионовыми братьями» из окружения Замятина — ведущими русскими модернистами. Замятин в статье «О литературе, революции и энтропии и прочем» называл писателя еретиком, который смотрел на мир под углом 45 градусов, с палубы корабля во время шторма:

> Матрос на мачте — нужен в бурю. Сейчас — буря, с разных сторон — слышны SOS. Еще вчера писатель мог спокойно разгуливать по палубе, щелкая кодаком (быт); но кому придет в голову разглядывать на пленочках пейзажи и жанры, когда мир накренился на 45°, разинуты зеленые пасти, борт трещит? [Замятин 1955: 252].

Замятин отметил, что блестящее владение Бабеля сказом в «Иисусовом грехе» не позволило ему забыть, что у него есть мозг, как это часто случается в орнаменталистской прозе:

> Бабель <...> помнит, что кроме глаз, языка и прочего — у него есть еще и мозг, многими писателями сейчас принимаемый за орган рудиментарный, вроде appendix'a: коротенькая новелла приподнята над бытом и освещена серьезной мыслью [Замятин 1955: 225].

Шкловскому принадлежит такая известная формула, касающаяся его стиля: «Смысл приема Бабеля состоит в том, что он одним голосом говорит и о звездах, и о триппере» [Шкловский 1924: 154]. Но возможно, именно этот новаторский стиль отличает Бабеля как аутсайдера, рассматривающего Россию с фокусом на гротеске, абсурде и трагизме того, что по сути своей свойственно человеку.

Частично загадка культурной идентичности кроется в интертекстуальности, характерной для модернизма, который обновил традиционные формы искусства и литературы, такие как фольклорные мотивы и мифы, одновременно сталкиваясь с современностью, темпом городской жизни и насилием войны. Это определение справедливо как для русского модернизма, так и для еврейского возрождения 1912–1925 годов. Интертекстуальность лежала в основе еврейской письменности на протяжении веков, а использование языковой игры помогало евреям избегать столкновений с цензорами, инквизиторами и враждебными режимами в Испании и в России. Более того, тот факт, что Бабель и другие русские евреи часто бывали многоязычны, позволил им создавать варианты подтекстовых смыслов для еврейских читателей, как будет показано в следующих главах. В начале XX века идиш, иврит и русский не были отдельными сферами культурной деятельности. Иными словами, российские евреи не только писали на нескольких языках; получив возможность свободно перемещаться внутри российского общества, они смогли обращаться к разным аудиториям, иногда одновременно. Заявление Давида Шнеера, что Бабель не сочинял на идише, а потому не может претендовать на роль культурного переводчика [Shneer 2004: 231, n1], подразумевающее, что Бабеля следует исключить из истории советской еврейской культуры, не учитывает переводы Бабеля с идиша, его погружение в идишскую классику. Аналогичным образом, утверждение Кеннета Мосса о том, что в условиях жесткой конкуренции между ивритским культурным проектом (впоследствии реализованным в Земле Израиля) и идишем (на котором был основан созданный в 1920-е годы в Советском Союзе крупный социалистический культурный центр) русский язык не сыграл значительной роли в формировании послереволюционной советской еврейской интеллигенции [Moss 2009: 69–70], сбрасывает со счетов роль тех еврейских художников и писателей, которые свободно перемещались как в русских, так и в еврейских кругах; другие — например, Мандельштам, Пастернак, Багрицкий — удалились от еврейства.

Действительно, советские евреи-коммунисты, боровшиеся за утверждение идиша в качестве языка советской еврейской культуры, вели безнадежную битву с русским языком, который был мощной ассимиляционной и социально мобилизующей силой. Гарриет Мурав показала, что русская еврейская литература использовала наследие и темы идишского модернизма, а также коллективную память о погромах, отметив, что Бабель «оглядывался через плечо на идиш» [Мурав 2022: 21]. Я буду утверждать, что Бабель жил в светской идишской традиции и не только восхищался (взаимно) ведущими деятелями идишской культуры, но и, как и они, ожидал социалистического будущего, при этом оплакивая утрату еврейского культурного прошлого. Его рассказы выходили в переводе на идиш; его собственные переводы классических и современных идишских писателей, его киноработы свидетельствуют о погружении в идиш; к тому же, как я покажу, идиш дышит в закодированных подтекстах его русской прозы.

Раньше евреи были в русской культуре нежеланными гостями, а после захвата власти большевиками они быстро заполнили вакуум, оставшийся от старой русской интеллигенции. Россия была для них, как говорится, родной землей, а русский язык для этого поколения был родным, хотя это и вызывало споры — между Корнеем Чуковским, Жаботинским и другими в 1908 году[20], а также на конференции в Черновцах[21]. Но вопрос самоидентичности русско-еврейского писателя не был простым. В письме к Горькому в 1922 году Лев Лунц, один из ведущих участников «Серапионовых братьев», говорил о внутреннем конфликте, «этическом противоречии» между ярко выраженным и сильным чувством еврейской идентичности и верностью России и русской литературе:

> Но я — *еврей*. Убежденный, верный, и радуюсь этому. А я — *русский* писатель. Но ведь я русский еврей, и Россия — моя родина, и Россию я люблю больше других стран. Как примирить это? — Я для себя примирил все, для меня это ясно и чисто, но другие думают иначе. Другие говорят: «не может еврей быть русским писателем» [Лунц 2003: 546].

Бабель же представляет себя примером русского писателя, верного еврейству и еврейскому быту. Элис Нахимовски в своей

---

[20] Статьи Чуковского «Евреи и русская литература» и Жаботинского «О "Евреях и русской литературе"». — *Прим. пер.*

[21] Международная конференция о решении языкового вопроса для еврейской культуры, прошла в 1908 году в городе Черновцах. — *Прим. пер.*

книге о русских еврейских писателях указывает на тексты Бабеля как на «самую насыщенную в русской литературе картину еврея, находящегося между двумя мирами» [Nakhimovsky 1992: 106].

Евреи быстро научились быть чувствительными к обвинениям в «национализме», особенно если у них было бундовское или сионистское прошлое, которое требовалось скрывать. Теперь они пытались переродиться в лояльных советских граждан, чтобы отличаться от старого («плохого») еврея и претендовать на статус нового («хорошего»), уже отрезавшего себя от своего буржуазного (этнического) происхождения: согласно партийной пропаганде, погромный опыт был феноменом феодального царизма, а национальные различия — симптомом классовой борьбы, вследствие чего антисемитизм исчезнет вместе с капиталистической системой. Выбор в пользу русского языка становился заявлением об идеологической идентичности, поскольку идиш и иврит откликались на старый уклад и преемственность еврейского национального существования. Русский язык, в свою очередь, можно было закодировать средствами «скрытого языка» Чужого.

Дистанция, которая отделяет советского еврея, пишущего на русском языке, от еврейского прошлого, измеряется его политкорректным декларированием своей классовой принадлежности и готовностью осудить еврейскую религию и буржуазию. В произведении комсомольского поэта Михаила Светлова «Стихи о ребе» (1923) рассказчик устремлен в будущее, и он поворачивается на восток, к Иерусалиму, традиционному направлению еврейской молитвы, только для того, чтобы посмотреть, не идет ли его товарищ-комсомолец. И ребе, и священник обречены на гибель вместе со старым миром. Они оба заклеймены стереотипным обвинением в финансовых спекуляциях, то есть в экономическом саботаже и антикоммунистическом, нелояльном поведении. Закат окрашивает *штетл* и его темную, пустую синагогу в цвет красного знамени, которое заменяет выцветший Талмуд. Поэма Светлова «Хлеб» (1929) обнаруживает новое родство между евреем Самуилом Либерзоном, пострадавшим в погромах, и русским бывшим погромщиком Игнатием Можаевым — это классовая солидарность отцов, потерявших своих сынов, которые сражались за новый режим. Светлов, во всяком случае, вспоминал о еврейском прошлом с некоторой меланхолией и болью и описывал еврейского революционера-мученика как нового Моисея на советском Синае, как гордого потомка Маккавеев.

Эдуард Багрицкий, одесский поэт, в «Происхождении» (1930) проклял свое еврейство и совершил типичный для себя разрыв с еврейскими ритуалами, потерявшими для революционной еврейской молодежи всякий смысл. В излюбленных темах Багрицкого — охоте и рыбалке — мало специфически еврейского [Shrayer 2000]. Когда речь заходит об определении коллективной памяти для будущего поколения, Багрицкий в «Разговоре с сыном» (1931) обращается к архетипическому образу перьев, летящих во время погрома[22], но следующему поколению завещает надежду на интернационалистическую вселенную, где подобного не будет. Все-таки Багрицкий, исповедующий атеизм и увлекшийся романтикой коммунистической революции, продолжал ностальгировать по родным берегам. В «Возвращении» (1924) и в посмертно опубликованной длинной поэме «Февраль» (1933–1934) он удивлялся тому, как такой же хилый еврейский мальчик, как он сам, стал поэтом, любящим природу и женщин. Он не скрывает своего обрезания и не шутит, подобно идишскому поэту Ицику Феферу[23]: «ну и что, что я обрезан?» Бабель, друг и соратник Багрицкого по Одессе, восхвалял его после смерти от туберкулеза в 1934 году за то, что он сочетал в себе дух комсомола и «Бен Акивы» (Собрание сочинений, 3: 373)[24].

---

[22] Перья и пух из подушек, разорванных ворвавшимися в дом погромщиками. — *Прим. пер.*

[23] Ицик Фефер (1900–1952) — поэт, писавший на идише, бундист. Расстрелян как участник Еврейского антифашистского комитета С. Михоэлса. — *Прим. пер.*

[24] Бней Акива (Сыны Акивы) — молодежное движение религиозной сионистской партии «Поэль мизрахи» (основана в Польше в 1929 году); учитывая их идеологическую направленность и преследование сионистской деятельности в Советском Союзе, упоминание о них вызывает недоумение. Бабель, вероятно, имел в виду самого рабби Акиву, знаменитого мудреца времен Талмуда, который был замучен римлянами за свою преданность иудаизму.

Примеры Светлова, Уткина[25] и Багрицкого иллюстрируют парадокс советского еврея-коммуниста, которому приходилось доказывать свою лояльность коммунизму и советскому государству, демонстративно отрицая все, что хоть сколько-нибудь похоже на «национализм», то есть все еврейское. Но отрыв от собственной памяти о прошлом и семье не решал проблемы идентичности. Евреи, менявшие свои имена на «нейтральные» русские или фамилии — на демонстративно связанные с революцией, все равно должны были доказывать свою ненависть к этническому прошлому в большей степени, чем их нееврейские товарищи (что не помогло им, когда в ходе послевоенной «антикосмополитической» кампании Сталина многие писатели и критики были «разоблачены» в печати посредством публикации их подлинных фамилий). Евсекция[26] проявила особое рвение в преследовании всех форм религии и сыграла важную роль в подавлении еврейских культурных учреждений, после чего сама была ликвидирована [Gitelman 1972]. Однако в первое десятилетие после революции евреям было проще справиться с антисемитскими стереотипами в русской литературе, поскольку дискриминация была официально ликвидирована вместе со старым порядком. Но труднее оказалось справиться с предрассудками в широких массах. Так, например, в небольшом романе «Человек, падающий ниц» (1928) писателя-конформиста М. Э. Козакова[27] рассказывается о болезненном опыте антисемитизма, который никуда не делся, несмотря на официальную политику и пропаганду партии. В «Иване-да-Марье» (1920–1928) Бабеля, где описывается поволжская реквизиция зерна в 1918 году, рассказчику напоминают, что он еврей, который всегда будет инородцем в своей родной России.

---

[25] И. П. Уткин (1903–1944) — поэт, журналист, автор поэмы «Повесть о рыжем Мотэле, господине инспекторе, раввине Исайе и комиссаре Блох» (1925) о переменах, происходящих в *штетле* после революции. — *Прим. пер.*

[26] Евсекция, или еврейская секция ВКП(б), создавалась с 1918 года. Ликвидирована в 1930 году. — *Прим. пер.*

[27] М. Э. Козаков (1897–1954) — писатель, драматург, в частности, автор трагисатирических рассказов и романа «Крушение империи» о Февральской революции. — *Прим. пер.*

Двойная запись

В антологии «Испанские и португальские поэты, жертвы инквизиции» (1934) советский еврейский поэт и критик В. Я. Парнах сравнивал еврейских поэтов в России с марранами[28]. Эта аналогия была впервые проведена в картине Моисея Маймона «Марраны» (1893), намекавшей на преследование московских евреев царской полицией. Осознавая свой марранский статус, писатели, подобные Бабелю, могли кодировать подтекст своей русской прозы для тех еврейских читателей, которые владели «скрытым языком» евреев [Gilman 1986] — своего рода «двойной записью»[29]. «Двойная запись» обеспечивала идеологическое прикрытие, в то время как тайный подтекст говорил об ином культурном и языковом знании, а также об ином понимании исторических событий с точки зрения многовекового еврейского страдания. В противоположность этому, Мандельштам и Пастернак отстаивали культурные формы русскости и христианства, а вечный хамелеон Эренбург менял кожу в соответствии с изменениями режима и партийной политики, как некоторые люди меняют обувь, когда она перестает подходить [Sicher 1995: 112–164; Лежнев 1927: 95–118]. Поэты Багрицкий, Уткин, Светлов, каждый по-своему, отвернулись от еврейского прошлого, используя идиш и еврейские отсылки, чтобы идентифицировать себя по отношению к тому, что они скорее отвергали, чем разделяли [Friedberg 1984: 27–29]. Напротив, в «Истории моей жизни» А. И. Свирского герой Давид возвращается к идишу, после того как пережитый погром вызывает у него желание покинуть Россию [Свирский 1936: 214].

---

[28] Потомки испанских евреев, принявших христианство в конце XV века, после предписания евреям покинуть страну или креститься. Они тайно сохранили иудейские обряды, но жили как христиане, в постоянном страхе раскрытия. — *Прим. пер.*

[29] В английском *double entry bookkeeping* — термин бухгалтерского учета, согласно которому каждая финансовая операция имеет равные и противоположные последствия как минимум на двух разных счетах; получается игра слов, когда речь идет одновременно о двойном бухгалтерском учете и о двойной писательской идентичности для разных читательских публик. — *Прим. пер.*

Тем не менее в послереволюционные годы идиш мог сливаться в разговорном русском языке и в литературе с диалектами, регионализмами и сленгом, но для евреев он оставался знаком идентификации культурной и этнической принадлежности, а также обозначал художественные и идеологические переходы, например, в использовании Эль Лисицким каллиграфии и ивритских текстов для иллюстраций к «Шифс-карте» Эренбурга [Sicher 1995: 65–70; Wechsler 1995]. И, конечно, идиш был очевидным элементом одессизмов и уголовного сленга в ранних рассказах И. А. Ильфа (Файнзильберга), а также в его и Е. Петрова сатире «Двенадцать стульев» (1928), напоминающей рассказы Шолом-Алейхема о Менахем-Менделе [Шолом-Алейхем 1988–1990, 2: 7–118]. И все же из всех евреев, писавших на русском языке после Октябрьской революции, никто не владел еврейскими подтекстами в большей степени, чем Бабель, и ни для кого из них еврейская идентичность и идиш не были столь естественными и врожденными, как для Бабеля.

Моя книга показывает, что культурная идентичность Бабеля сложна; это пример признанного советского еврейского писателя, для которого русская культура была своей, но который при этом смог ввести в русскую литературу сильных и независимых еврейских персонажей, уверенных в своей идентичности [Safran 2002]. Бабель как писатель, в полной мере принадлежащий как русской, так и еврейской культуре, уловил жестокую иронию в положении еврея, живущего в обоих мирах и понимающего, что новый социалистический строй уничтожает еврейское прошлое. При этом сам Бабель, похоже, никогда не терял надежды на то, что социализм принесет лучшее будущее.

В первой главе исследуется судьба Бабеля как писателя, отказавшегося поступиться своей литературной целостностью в эпоху, когда очень мало тех, кто не шел на компромисс, оставалось в живых. Через литературную карьеру Бабеля мы увидим, какие противоречия и конфликты скрывались за загадкой Бабеля. Это история литературной политики в сталинской России, а также личная трагедия, закончившаяся гибелью в расцвете сил великого писателя, который так и не смог писать «на заказ».

Вторая глава этой книги посвящена анализу подтекстов в рассказах Бабеля. В частности, рассматриваемые мною случаи — игривые каламбуры и двусмысленность в идише — рассказывают о работе отсылок в рамках многоязычной литературной полисистемы. Контекст апокалиптических настроений в Петрограде во время революции и Гражданской войны по-новому освещается в рассказе «Шабос-Нахаму» (1918).

В третьей главе обсуждается одесский контекст. В Одессе Бабель знал Бялика[30] и Менделя Мойхер-Сфорима[31], входивших в число крупнейших деятелей современной литературы на иврите и идише. В «Конармии» есть удивительные отголоски стихов Бялика, которые большинство еврейских читателей знали наизусть в оригинале или в русском переводе. Внимательное чтение отрывков из «Конармии» обнаруживает эти интертекстуальные подсказки к «двойной записи» Бабеля. Встреча Лютова со своим альтер эго, Ильей Брацлавским, — это не выдумка еврейского коммуниста, а раскрытие забытого эпизода из советской еврейской истории и ивритской литературы.

Еврейские коммунисты были обманутыми идеалистами, которые хотели воплотить видения пророков в строительстве социалистического общества. Но Бабель в своем понимании истории никогда не терял чувства иронии. Радикальная историческая перспектива достигается им через «мидрашическое»[32] прочтение мифа. Мы увидим в четвертой главе, что «мидрашистский» подход не только приводит к поразительным сопоставлениям, но и показывает, что история представляет собой цикличность, а не диалектичность, как в ортодоксальной марксистской интерпретации. В дополнение к этому появляются альтернативные

---

[30] Хаим Нахман Бялик (1873–1934) — поэт, писал на иврите, занимался преподаванием; автор «Сказания о погроме», поэмы о погромах в Кишиневе (1903). — *Прим. пер.*

[31] Менделе Мойхер-Сфорим (1832–1917) — писатель, считается основоположником светской литературы на идише. — *Прим. пер.*

[32] Мидраш — вид еврейской литературы и иудаистической экзегезы, небуквальное толкование Библии. — *Прим. пер.*

точки зрения на историю: еврейская и русская, каждая из которых имеет свои литературные и культурные референты.

Любовь Бабеля к Мопассану выразилась в чем-то большем, чем прямое литературное влияние, и в пятой главе рассматривается, как Бабель образно перерабатывает рассказы французского писателя в спор о цене, которую приходится платить художнику за гений и славу. Это также спор об этике искусства, поскольку в двух рассказах Бабеля («Гюи де Мопассан» и «Поцелуй») с объединенными интертекстуальными голосами Мопассана и Чехова сталкивается Толстой. Из рассказов Бабеля и его собственных переводов Мопассана выстраивается размышление об искусстве и художнике, ставится вопрос о личной и моральной цене творческого успеха без отказа от радости жизни одесского еврея, даже если, как Гоголь и Чехов до него или как его современник Зощенко, он видит вокруг себя лишь пошлость[33].

Сравнение в следующей главе рассказов «Конармии» с другими текстами о Гражданской войне в России, такими как «Чапаев» Фурманова или «Разгром» Фадеева, приводит к вопросу, насколько Бабель отличается от современников. Я покажу, что Бабель — дитя своего времени и в то же время оригинальный голос в советской прозе 1920-х годов. Тем не менее его тексты отличает необыкновенное эстетическое качество повседневного опыта современности, какое мы находим у Конрада, Джойса и Вулф. В частности, дневник, который Бабель вел во время похода Буденного в Польшу в 1920 году, и черновики «Конармии» свидетельствуют о глубокой душевной ране, моральной дилемме между идеалами революции и собственной еврейской судьбой, когда Бабель стал свидетелем жестокости войны и страданий евреев. Творчество Бабеля — это ярко выраженное модернистское изображение войны и тревожный лиризм жестокого пейзажа. Конармейские рассказы заслуживают сравнения с другими модернистами, писавшими на иврите и идише, в том числе с одним из них, находившимся по другую сторону русско-польского фронта, — идишским романистом Израэлем Рабоном, чей шоки-

---

[33] О рецепции Чехова того времени см. [Семанова 1966: 165–169].

рующий рассказ о той же войне перекликается с некоторыми эпизодами «Конармии».

Последняя глава переносит нас на другую, более страшную арену боевых действий — речь о кампании по коллективизации. Здесь уже не будет двусмысленности. Бабель был свидетелем сталинской насильственной коллективизации украинских деревень в 1929–1930 годах и был потрясен ужасами массового выселения, депортации и разрушения традиционного уклада: во имя сталинизма миллионы людей были высланы из родных мест или погублены. И отстраненность рассказчика «Конармии» переходит на еще более беспристрастный уровень шокирующего морального наблюдения. Так и не завершенная книга Бабеля, «Великая Криница», выделяется своей мощной сдержанностью на фоне «Поднятой целины» Шолохова или вялой конформистской прозы 1930-х годов.

Сравнительное прочтение Бабеля позволяет переосмыслить его как сложную фигуру, не принадлежавшую ни одной литературной группе, чье иконоборческое искусство было очень созвучно модернизму своего времени. При этом, совершая свой личный выбор между разными женщинами и странами, будучи советским автором и борясь за выживание в эпоху идеологических требований и чисток, он оставался глубоко еврейским писателем по своему мировоззрению и литературным традициям. И это, возможно, его самый оригинальный вклад в русскую литературу.

Глава 1
Случайный свидетель истории

Краткий очерк короткой жизни писателя

Начало

Исаак Бабель родился на Молдаванке, в убогом рабочем районе Одессы, 13 июля (30 июня по старому стилю) 1894 года в семье Эммануила Исааковича, родившегося в Белой Церкви в 1863 или 1864 году, и Фени (Фейге) Ароновны, дочери Аарона Моисеева и Хаи-Леи Швехвель, родившейся в 1862 году. Первоначальная фамилия семьи была Бобель, но Эммануил Исаакович изменил ее около 1911 года на Бабель [Цукерман 1981; Погорельская, Левин 2020: 19–23][1]. В 1899 году Бабели переехали в Николаев, где Эммануил Исаакович работал в фирме Бирнбаума, торговавшей сельскохозяйственными машинами. Позднее он открыл в Одессе свою торговую фирму. Исаак учился в Коммерческом училище имени С. Витте, где процент еврейских учеников был выше благодаря финансовой поддержке школы местными евреями[2]: «Процентная норма была трудна в нашей гимназии, всего пять процентов. Из сорока мальчиков только два еврея могли поступить в приготовительный класс. Учителя спрашивали этих мальчиков хитро, никого не спрашивали так замыслова-

---

[1] См. также [Александров 2011: 23–25].

[2] О детстве Бабеля в Николаеве см. [Погорельская, Левин 2020: 23–33].

то, как нас» (Детство: 36). Так описывает приготовительные экзамены в одесскую гимназию, в реальное училище, и в коммерческое училище более чем десятью годами ранее русско-еврейский журналист и будущий руководитель сионистов-ревизионистов Владимир (Зеэв) Жаботинский: «С 1888 года был введен закон, согласно которому в государственные учебные заведения принимался один еврей на девять христиан, и поэтому возросла конкуренция между экзаменующимся Моисеева закона. Поступить удавалось лишь настоящим вундеркиндам или тем, чьи родители давали солидный куш учителям, а я был гол с обоих боков» [Жаботинский 1985: 15].

В 1905 году юный Исаак был отправлен обратно в Одессу, на Тираспольскую улицу, к тете Кате (Гитл), после чего семья поселилась на соседней улице, Дальней. Затем они переехали на Ришельевскую улицу, в фешенебельный центр города. В январе 1906 года Бабель поступил в Коммерческое училище имени Николая I. «Там обучались сыновья иностранных купцов, дети еврейских маклеров, сановитые поляки, старообрядцы и много великовозрастных бильярдистов. На переменах мы уходили, бывало, в порт на эстакаду, или в греческие кофейни играть на бильярде, или на Молдаванку пить в погребах дешевое бессарабское вино» («Автобиография», Детство: 7)[3].

Ни «Автобиография» Бабеля, написанная в 1924 году для подтверждения идеологического авторитета советского писателя, скрывавшего свою крайне индивидуальную личность за декларируемой лояльностью советского писателя, порвавшего с буржуазным еврейским прошлым, ни так называемые автобиографические рассказы не имеют строгого отношения к фактам. Отец Бабеля, например, был не особенно успешным коммерсантом[4]. Это отнюдь не еврейский маклер или брокер, как, например, Менахем-Мендель Шолом-Алейхема или бабелевский Цудечкис

---

[3] Ср. [Жаботинский 1985: 18]. См. также: [Кацис 2019; Погорельская, Левин 2020: 35–54].

[4] В 1912 году из 25 фирм по продаже сельскохозяйственных машин пять принадлежали евреям [Еврейская энциклопедия 1908–1913, 12: 60].

в рассказе «Справедливость в скобках». Мать Бабеля, Феня, по свидетельству дочери писателя Натали Бабель, была совсем не похожа на Рахиль из рассказов о детстве в Одессе, которые считаются автобиографическими и были задуманы для сборника «История моей голубятни». О своей книге Бабель писал родным: «Сюжеты все из детской поры, но приврано, конечно, многое и переменено, — когда книжка будет окончена, тогда станет ясно, для чего мне все то было нужно»[5]. Однако фантазии «лживого мальчика» из рассказа «В подвале» все же вносят некую поэтическую правду в реальную жизнь его сумасшедшего деда, опального раввина из Белой Церкви, и его вечно пьяного дяди Симона-Вольфа. Более того, позиция вымышленного рассказчика, вспоминающего свое детство, создает, как мы увидим, ироническую дистанцию с историческими событиями, которые он так болезненно переживает.

Нет ничего более естественного, чем изучение иврита, Библии и Талмуда дома под руководством *меламеда*, или репетитора. Бабель, однако, пишет в своей «Автобиографии», будто это было исключительно по настоянию отца, в рамках семейного давления на мальчика, которого с утра до вечера заставляли учить множество предметов (Детство: 7). У Жаботинского тоже был домашний репетитор по ивриту (не кто иной, как знаменитый писатель Равницкий![6]), так что, видимо, для одесских родителей среднего класса было вполне обычным делом прививать какие-то зачатки иудаизма и иврита своим сыновьям, которых заставляли добиваться успехов в учебе, чтобы поступать в вузы или становиться богатыми коммерсантами. Жаботинский и Бабель оказались среди других русскоязычных этнических меньшинств в государственной школе и могли испытывать гордость за свое еврейское происхождение, но в то же время идентифицировать себя с русской культурой, которая для многих ассимилированных евреев

---

[5]   Письмо к матери из Молоденово, 14 октября 1931 года (Собрание сочинений, 4: 297).

[6]   Иехошуа Хоне Равницкий (1859–1944) — литературный критик, публицист, идеолог сионистского движения. — *Прим. пер.*

была ключом к «культурности» и социальному успеху [Жаботинский 1985: 16]. И все же с наступлением реакции после 1881 года, «Майских законов»[7] и погромов, а затем — с усилением социальных волнений и насилия в начале XX века перед евреями стоял выбор между революционным социализмом и сионизмом. Зажиточные ассимилированные евреи, описанные Жаботинским в его одесском романе «Пятеро» [Жаботинский 1936][8], были «русскими во всех смыслах, кроме одного, который теперь имел наибольшее значение: способности прокладывать свой путь в обществе, все более разделявшемся по национальному признаку» [King 2011: 157]. Бабель повзрослел уже после революции 1905 года и погромов, когда Жаботинский (на 14 лет старше его) больше не жил в Одессе, а описанный им мир уже пребывал в упадке. Бабель встречался с Жаботинским лишь однажды, в Париже в 1935 году, согласно его показаниям на допросе в НКВД, и вообще имел с ревизионистским лидером мало общего [Соколянский 2002].

В романе «Пятеро» рассказывается о примечательной семье, Мильгромах, с которой подружился рассказчик и за которой он наблюдает во время революции 1905 года. Жаботинский, со своим критическим взглядом на еврейскую буржуазию, изображает упадок ассимилированных еврейских нуворишей, их моральную и духовную дегенерацию по мере того как революционные движения начинают угрожать закону и порядку, распространяя свои идеи среди молодого поколения, движимого аморальным стремлением найти выход своей энергии, будь то в распутных и преступных приключениях или в подпольных политических и террористических ячейках [Nakhimovsky 1992; Scherr 2011][9]. Что примечательно в романе Жаботинского и в его

---

[7] «Майские законы», или «Майские правила», или «Временные правила» — так называли циркуляр Кабинета министров «О порядке приведения в действие правил о евреях», изданный в 1882 году и вводивший серьезные ограничения для евреев на покупку и аренду земли, а также на ведение торговли. — *Прим. пер.*

[8] См. также [King 2011: 156].

[9] См. также [Katz 2002].

автобиографии, написанной под идеологическим углом эмиграции и приверженности ревизионистскому сионизму, так это сознательная самоидентификация в качестве еврея, гордое этническое соперничество. Сколь бы русифицированными и далекими от еврейской традиции ни были евреи из среднего класса, они все же представляли собой мир, отдельный от еврейских масс Молдаванки и Пересыпи. Однако, как заключила Рошель Сильвестр на основе своего исследования одесской прессы 1910-х годов, эта среда среднего класса (как еврейского, так и русского) была довольно ограниченной, и ее привлекали не литературные клубы интеллектуальной элиты, а сенсационные сообщения о преступности и проституции или мелодрамы и комедии о еврейских родителях, борющихся с брачными планами своих непутевых детей [Sylvester 2005]. Их дети, напротив, часто тянулись к революционным и другим социалистическим движениям, а также к сионизму, который пользовался большой популярностью (одно время в сионистскую молодежную группу входил и Бабель)[10].

Бабель занимался игрой на скрипке — без большого успеха, но, вероятно, и без большой неохоты, у П. С. Столярского (1871–1944) — прототипа Загурского в «Пробуждении», хотя его родителям вряд ли требовалось полагаться на его удачу как музыканта, чтобы вытащить себя из нищеты, как маклерам и лавочникам в рассказе Бабеля. Бабель обладал неутолимой жаждой знаний: «Учись, ты добьешься всего — богатства и славы. Ты должен все знать» (Детство: 34), — выражают это в его произведении «Детство. У бабушки» слова вымышленной бабушки, которая плохо говорит по-русски вперемешку с польским и идишем и не умеет читать и писать (бабушка Бабеля по материнской линии, Хая-Лея Тодресова, родившаяся в Одессе в 1841 году, была неграмотной). Юный Бабель прятался со своими книгами под обеденным столом, где при свете свечи, скрытой длинной скатертью, читал часами напролет:

---

[10] По сведениям его сестры Марии, которые приводятся в [Stora-Sandor 1968: 18–20].

Дома с утра до ночи заставляли заниматься множеством наук. Отдыхал я в школе. Школа моя называлась Одесское коммерческое имени императора Николая I училище. <...> Там обучались сыновья иностранных купцов, дети еврейских маклеров, поляки благородного происхождения, старообрядцы и много великовозрастных бильярдистов. На переменах мы уходили, бывало, в порт на эстакаду, или в греческие кофейни играть на бильярде, или на Молдаванку пить в погребах дешевое бессарабское вино (Детство: 7).

Тем не менее одноклассник вспоминает, что Бабель, который в 13–14 лет прочитал все 11 томов карамзинской «Истории государства Российского», превосходил в своих ответах учителя истории. Учитель французского языка, месье Вадон, которого Бабель удостоил упоминания в «Автобиографии», действительно заинтересовал нескольких учеников французской литературой. Бабель тайком писал свои задания по французскому языку во время уроков немецкого, время от времени отпуская несдержанные восклицания, которые привлекали внимание недальновидного герра Озецкого:

Озецкий всегда в этих случаях, обращаясь к Бабелю (он называл его Бабыл), произносил одну из двух фраз: «Babyl, machen Sie keine faule Witzen!» или «Aber Babyl, sind Sie verrückt?» («Оставьте свои плоские шутки», «Вы что, с ума сошли?») [Берков 1989: 203].

Бабеля часто можно было увидеть с книгами Расина, Корнеля и Мольера. Записные книжки, относящиеся к этому периоду, свидетельствуют о том, что он много читал: Чехова, Розанова — противоречивого религиозного философа с причудливыми взглядами на евреев, а также на пол и секс; имеется и интересное упоминание об английском историке искусства XIX века Уолтере Патере[11]. Между листами тетради аккуратно вложено обычное школьное сочинение о Пушкине. Однако не осталось никаких

---

[11] О возможном влиянии Патера на Бабеля см. [Bullock 2009].

следов рассказов на французском языке, упомянутых в «Автобиографии».

Однако процентная норма не позволила Бабелю поступить
в Одесский университет, и в сентябре 1911 года он был принят
в Киевский коммерческий институт. Во время учебы в Киеве
Бабель общался с местной ассимилированной еврейской интел-
лигенцией, в том числе с семьей делового партнера его отца Бориса (Дов-Бера) Гронфейна, на дочери которого Евгении (Жене),
начинающей художнице, он женился в 1919 году. Впервые о литературных амбициях Бабеля его школьные друзья узнали из
пьесы, которую он читал им между 1912 и 1914 годами во время
одного из своих приездов домой из Киева [Берков 1989: 204].
Именно в это время появился первый известный нам рассказ
Бабеля, опубликованный в 1913 году в киевском журнале «Огни».
В рассказе «Старый Шлойме» описывается, как дряхлый еврей
Шлойме, видя своего сына, ассимилирующегося и переходящего
в другую веру под социально-экономическим давлением, приходит сначала к почти забытой вере своих предков, а затем — к са-
моубийству. Поводом для рассказа послужил судебный процесс
над Менделем Бейлисом, открывшийся в Киеве в 1911 году
и ставший крупнейшей антисемитской кампанией со времен
«дела Дрейфуса», которое получило мировую огласку. Летом
1913 года ограничения против евреев были введены и в Коммерческом институте, однако Бабелю удалось успешно завершить
обучение в 1915 году, после того как из-за войны институт эва-
куировали в Саратов [Погорельская, Левин 2020: 58]. Рассказ
появился в контексте дебатов по «еврейскому вопросу», и анти-
еврейские постановления придали остроту его завершению, совершенно необъяснимому для современного читателя, — само-
убийству старика Шлойме. Труп дряхлого старца покачивается
возле дома, где он оставил теплую печь и «засаленную отцовскую
Тору» (Детство: 14) — брошенное наследие старшего поколения
(«Тора» понимается в более широком смысле иудаизма и религиозного права), которое было отвергнуто вместе с этнической
идентичностью русифицированными евреями, надеявшимися на
экономическое продвижение и социальное признание. Недоска-

Илл. 1. Бабель со своим
отцом. Николаев,
1902 год

занность громче всякого пафоса говорит о дилемме еврея, раз-
рывающегося между надеждой и отступничеством, в обществе,
которое не принимает евреев даже после того, как они оставили
веру своих отцов. Выселение евреев из деревень после суда над
Бейлисом — это фон, который объединяет рассказ Бабеля с Шо-
лом-Алейхемом, как я покажу во второй главе. В рассказе подчеркивается отчаяние, которое охватило российское еврейство.
    Неизменный интерес Бабеля к еврейскому вопросу подтвер-
ждает также его недатированная и неоконченная рукопись, написанная в дореволюционной орфографии, — «Три часа дня».
Еврей Янкель пытается помочь своему русскому домовладельцу,
отцу Ивану, спасти сына, арестованного в Москве за избиение
пьяного крестьянина. Эти необыкновенные отношения между
евреем и православным священником позволяют Бабелю увидеть
жестокие и зачастую абсурдные парадоксы жизни русского еврея:
русскому нужен еврей за его предпринимательские способности,

Илл. 2. Бабель и его товарищи по училищу (слева направо:
А. Вайнтруб, А. Крахмальников, И. Бабель, И. Лившиц)

умение обращаться с деньгами, в то время как еврей заботится
о своем шефе, не обращая внимания на его антисемитские настроения.

Вхождение еврейского интеллектуала в русскую литературу во
времена царского режима часто стоило ему определенной дегра-
дации ради права проживания в Петербурге или Москве. Своего
рода исключением в этом смысле был Л. О. Пастернак, еврейский
художник из Одессы и отец знаменитого поэта, обосновавшийся
в Москве в 1890-е годы. Бабелю повезло, он поселился там на
законных основаниях и не испытывал неудобств в семье инже-
нера Л. И. Слонима, изучая право в Психоневрологическом институте[12] — гуманитарном вузе, известном революционной ак-
тивностью своих студентов. Тем не менее в «Автобиографии» он
хвастал, хотя и несправедливо, что у него не было вида на жи-
тельство, которое требовали от евреев, и он жил в подвале
с пьяным официантом, скрываясь от полиции: «В Петербурге мне
пришлось худо, у меня не было "правожительства", я избегал
полиции и квартировал в погребе на Пушкинской улице у одного растерзанного пьяного официанта» (Детство: 7)[13].

---

[12] Ныне — Национальный медицинский исследовательский центр психиатрии
и неврологии имени В. М. Бехтерева. — *Прим. пер.*

[13] См. также [Погорельская, Левин 2020: 73–78].

Здесь необходимо сделать еще одну поправку к «Автобиографии» Бабеля. В ней подчеркивается, что своим вхождением в литературу Бабель полностью обязан Горькому, и описывается, как Бабель безуспешно пытался пристроить свои рукописи в редакции различных русских журналов. Однако, как мы видели, его настоящий дебют произошел при совсем других обстоятельствах. По сути, кроме двух рассказов, изданных Горьким, Бабель успел в 1916–1918 годах опубликовать в петроградских журналах несколько очерков и эротических рассказов. Рассказы «Мама, Римма и Алла» и «Элья Исаакович и Маргарита Прокофьевна» Горький напечатал в своем литературном журнале «Летопись» в ноябре 1916 года. В первом рассказе измотанная русская женщина из среднего класса, пытающаяся свести концы с концами во время длительного отсутствия мужа, обнаруживает, что ее дочь пытается сделать аборт; в другом — одесский еврей Эли Гершкович уклоняется от исполнения законов о прописке, ночуя у русской проститутки Маргариты Прокофьевны:

> Проститутка встала. Лицо у нее сделалось скверное.
> — Ты еврей?
> Он посмотрел на нее через очки и ответил:
> — Нет.
> — Папашка, — медленно промолвила проститутка, — это будет стоить десятку.
> Он поднялся и пошел к двери.
> — Пятерку, — сказала женщина.
> Гершкович вернулся (Детство: 16).

Удивительно, но между ними возникает взаимопонимание, и их взаимная симпатия преодолевает барьеры между двумя маргиналами, страдающими от царских дискриминационных законов.

В автобиографическом очерке «Начало» (1938) Бабель рассказывает, что ему было предъявлено обвинение в попытке ниспровергнуть существующий строй и порнографии, предположительно из-за рассказов, появившихся в «Летописи», а также, возможно, из-за истории о вуайеристе в публичном доме, не вошедшей в журнал Горького, — ранней версии рассказа «В щелочку», появившейся после Февральской революции. Как он шутил, от тюрьмы его спасло то, что в феврале 1917 года народ поднялся и сжег его обвинительный акт вместе со зданием суда.

Очерки и проза Бабеля, опубликованные в петроградских журналах в 1916–1918 годах под псевдонимом «Баб-Эль» («Врата Бога» по-арамейски), включают его литературный манифест «Одесса» (1916). Там он взывает к литературному мессии из Одессы, русскому Мопассану, и отвергает Горького как ненастоящего «певца солнца». «Автобиография» умалчивает об этом программном призыве к омоложению закоснелой провинциальной литературы под влиянием южного солнца, а также о том, что Бабель описывал ужасы революционного Петрограда в меньшевистской газете Горького «Новая жизнь», которую Ленин закрыл в июле 1918 года за язвительные нападки на него. Горький использовал эту газету, чтобы выразить свою убежденность в значимости интеллигенции для возрождения нравственных ценностей, и призывал к отказу от насилия в политике, а после Октября — к восстановлению свободы личности. В своих репортажах Бабель остро подмечал недостатки нового режима, но продолжал отстаивать гуманные идеалы революции, будь то в учреждении для слепых или в родильном доме. В очерке «Вечер» с подзаголовком «из петербургского дневника» (1918) Бабель рассказывает: «Я не стану делать выводов. Мне не до них. Рассказ будет прост» (Собрание сочинений, 1: 303). Объективный взгляд журналиста выхватывает детали, раскрывающие общую картину. Он беспристрастно показывает жестокость и насилие летнего вечера в революционном Петрограде. Заканчивается очерк контрастной сценой веселья в кафе, где немецкие военнопленные наслаждаются сигарами: «начались белые ночи». Читателю открывается печальная правда о том, что происходило за кулисами большевистского захвата власти. Бабель понимал, что является свидетелем истории, но, как и во всем, что он писал, подходить к ней близко было опасно.

В «Автобиографии» отсылки к службе Бабеля на Румынском фронте (откуда он, видимо, был эвакуирован по состоянию здоровья) всячески отвлекают внимание от его неучастия в событиях Октябрьской революции, как и упоминания его службы в Наркомпросе и ЧК, где он, как и многие представители интеллигенции, возможно, некоторое время работал переводчиком, получая за это паек, необходимый для выживания в голодные годы военного коммунизма. Однако Натали Бабель, основываясь на том, что ей рассказывала мать, отрицает, что Бабель когда-либо работал в ЧК, а сотрудник архива ФСБ В. С. Христофоров в 2014 году сообщил, что никаких свидетельств его службы в ЧК не найдено [Погорельская, Левин 2020: 25–26; Пирожкова 2013: 268–269]. В «Вечере» рассказчик — это посторонний наблюдатель, который заглядывает в здание, где располагается местная ЧК, и видит, как молодого заключенного забивают до смерти. Однако служил ли Бабель в ЧК и в каком качестве — это в конечном счете предмет догадок, подкрепленных подробными описаниями чекистов в рассказах Бабеля «Вечер у императрицы», «Дорога» и «Фроим Грач», а также его собственным неоднократным хвастовством, что он там работал. Возможно, это было сделано для того, чтобы расположить к себе московские власти и усилить его мифическую славу, особенно когда после возвращения в Россию в 1928 году ему было необходимо дистанцироваться от русских эмигрантов в Париже. О том, что он подвергся более или менее жесткому бойкоту со стороны русских эмигрантов в Париже как агент ЧК, Бабель намекнул в речи, произнесенной им в защиту от обвинений в политических девиациях и идеологической нелояльности на заседании секретариата писательской организации ФОСП в Москве 13 июля 1930 года[14].

В послереволюционный период Бабель был занят написанием рассказов на эротические темы («Doudou», «Сказка про бабу», «Иисусов грех») и экспериментировал в «орнаменталистском» стиле («Баграт-Оглы и глаза его быка») для неоконченных серий «Петербург 1918» и «Офорты». Шкловский вспоминает, каким был Бабель в Петрограде 1919 года:

---

[14] Стенограмма хранится в: ИМЛИ. Ф. 86. Оп. 1. Д. 5, 1.

Бабель писал мало, но упорно. Все одну и ту же повесть о двух китайцах в публичном доме. <...> Китайцы и женщины изменялись. Они молодели, старели, били стекла, били женщину, устраивали и так, и эдак. Получилось очень много рассказов, а не один [Шкловский 1924: 153].

Это в итоге стало рассказом «Ходя», но, как и во многих других стилистических экспериментах Бабеля того периода, существовал целый ряд вариантов на схожую тему.

Тогда же Бабель написал свое эстетическое кредо: рассказ «Линия и цвет», в котором настаивает на художественном, а не только политическом ви́дении, на необходимости и линии, и цвета. А. Ф. Керенский, глава Временного правительства России, которого рассказчик встречает в финском санатории, предпочитает видеть мир без очков, как импрессионистическую цветную картину, в которой он может представить себе все, что пожелает. Рассказчик ему советует:

— Подумайте, вы не только слепы, вы почти мертвы. Линия, божественная черта, властительница мира, ускользнула от вас навсегда. Мы ходим с вами по саду очарований, в неописуемом финском лесу. До последнего нашего часа мы не узнаем ничего лучшего. И вот вы не видите обледенелых и розовых краев водопада, там, у реки. Плакучая ива, склонившаяся над водопадом, — вы не видите ее японской резьбы. Красные стволы сосен осыпаны снегом. Зернистый блеск роится в снегах. Он начинается мертвенной линией, прильнувшей к дереву и на поверхности волнистой, как линия Леонардо, увенчан отражением пылающих облаков. А шелковый чулок фрекен Кирсти и линия ее уже зрелой ноги? Купите очки, Александр Федорович, заклинаю вас... (Собрание сочинений, 1: 264–265).

Очкастый Троцкий (это его упоминание впоследствии было исключено из текста наряду с другими упоминаниями о Троцком в произведениях Бабеля) завершает рассказ бескомпромиссным ви́дением судьбы революционной России, четко обозначенной *линии* партии. В июне 1917 года, когда Керенский возглавляет

Временное правительство, а путиловцы идут в поход, очкастый еврей превращается в человека действия с ясным ви́дением истории:

> Митинг был назначен в Народном доме. Александр Федорович произнес речь о России — матери и жене. Толпа удушала его овчинами своих страстей. Что увидел в ощетинившихся овчинах он — единственный зритель без бинокля? Не знаю...
> Но вслед за ним на трибуну взошел Троцкий, скривил губы и сказал голосом, не оставлявшим никакой надежды:
> — Товарищи и братья... (Собрание сочинений, 1: 266).

Напряжение между ви́дением художника и ви́дением человека действия пронизывает бо́льшую часть произведений Бабеля. Пародируемый еврейский интеллигент в очках за письменным столом, завидующий людям действия и запинающийся, лишь на мгновение появляется в «Одесских рассказах», а в книге «Конармия» (1926) Лютов, вымышленное альтер эго Бабеля, представлен как одновременно ироничная и неоднозначная фигура очкастого еврея-интеллигента, пытавшегося быть «лютым» среди казаков в жестоком мире войны. В 1921–1923 годах Бабель работал одновременно и над «Одесскими рассказами», и над «Конармией»[15]. Первые начали появляться с 1921 года, с рассказов «Король» и «Справедливость в скобках». Хотя в советские издания вошли только четыре произведения из цикла «Одесских рассказов», ранее были опубликованы девять рассказов, принадлежащих к тому же циклу, и сохранилась также неподписанная рукопись «Кольцо Эсфири»; действие в ней происходит в Одессе сразу после Гражданской войны, а ее стиль напоминает молодого Ильфа[16].

---

[15] См. [Сливкин 1997].

[16] Оригинал рукописи, переданный Бабелем машинистке одесского журнала «Моряк» Лемке Земсковой, не сохранился, и поэтому не представляется возможным окончательно установить авторство текста, который, вероятно, датируется примерно 1923 годом. См. [Пирожкова 2013: 502–507].

Илл. 3. Беня Крик. Рисунок Эдуарда
Багрицкого. Советский диафильм,
до 1934 года

«Одесские рассказы» обращены к довоенным временам, когда
Одесса переживала период своего расцвета. Беня Крик — король,
новый «еврей с мускулами» — как будто заменил тощего еврейского интеллигента и ассимилированного еврея, желающего быть
«евреем в своем доме и человеком на улице» (по знаменитой
фразе Иехуды-Лейба Гордона). Эта наделенная силой мужественность роднит одесских гангстеров с казаками из «Конармии»,
с малиновыми жилетами и неослабевающим насилием. В обоих
случаях очкастому еврейскому интеллектуалу трудно преодолеть
еврейскую схоластику и стать мужчиной. У большевиков, однако,
не было ностальгии ни по прошлому Одессы, ни по анархии,
и постепенно поздние одесские рассказы приобретают оттенок
печального сожаления о том, что было искоренено во имя советского будущего. «Конец богадельни» и «Фроим Грач» рассказывают о конце этоса, конце эпохи[17].

---

[17] См. [Sicher 2023].

Сценарий фильма 1927 года «Беня Крик», основанного на «Одесских рассказах», заканчивается тем, что Беню во время Гражданской войны расстреливают красные, как в действительности Моше-Якова Винницкого, известного также как Мишка Япончик. Конечно, Мишка Япончик, послуживший моделью для Бени Крика, был отвратительным бандитом, каторжником, освобожденным в Февральскую революцию и терроризировавшим одесскую буржуазию в годы Гражданской войны. Романтического в его истории мало, несмотря на легенды о нем как о ставшем Робин Гудом анархисте, который, по преданию, говорил: «Не стреляйте в воздух, не оставляйте свидетелей» [Шкляев 2004: 17–29][18]. Но Бабель, возвращаясь к дореволюционным одесским героям преступного мира, проецирует в прошлое ностальгию по образу жизни, которого больше нет, и сопротивляется официальному дискурсу, согласно которому в социалистическом советском обществе не оставалось места ни бандитам, ни тем более еврейским традициям. По понятным идеологическим причинам киноверсия «Одесских рассказов» «Беня Крик» могла закончиться только тем, что победившие большевики ликвидировали главаря банды, как было и в реальной жизни, когда большевики в конце концов заманили в засаду и убили Винницкого[19]. На его похоронах в Вознесенске 4 августа 1919 года присутствовали Миньковский и знаменитый хор из Бродской синагоги, как в фильме и в рассказе «Как это делалось в Одессе», когда Беня хоронит и незадачливого Савку Буциса, и бедного Мугинштейна, случайно убитого Буцисом во время налета.

Другим заметным отличием фильма является то, что защитником народных масс Молдаванки выступает русский мастерпекарь Собков, который организует борьбу с их бесчувственным эксплуататором Тартаковским. Тартаковский, комичная жертва вымогательства Бени Крика в рассказах, в фильме представлен

---

[18] О мифах, окружавших Япончика, см. [Briker 1994: 129–131; Tanny 2011: 76–78, 160–167; Савченко 2012].

[19] О сотрудничестве Миши Япончика с большевиками и о его «ужасном конце» см. [Budnitskii 2012].

как буржуй, сочувствующий белым, что задает правильную идеологическую линию. Вступление Винницкого в ряды большевиков было сугубо конъюнктурным, и в этом отношении Беня Крик из фильма 1927 года ближе к историческим фактам. Решение большевиков ликвидировать бандитского главаря, после того как он попытался дезертировать со сформированным им батальоном, превращено в грубый пропагандистский прием, и фильм завершается тем, что новый плановый социализм сметает и бандитов, и буржуазную эксплуатацию благодаря усилиям таких пролетарских вождей, как Собков.

Однако в «Карле-Янкеле» (1931), рассказе о суде над *моэлем* (человеком, выполняющим ритуальное обрезание), социалистическое будущее изображается как двойственная надежда на лучший мир для будущих поколений. Такие «процессы» в 1920-е годы были частью репрессий против традиционного еврейского прошлого; обычно в них было еще меньше подобия справедливости, чем в рассказах Бабеля, и тем, кто признавался виновным в религиозных обрядах, выносились смертные приговоры. Любого, кто выступал в этих процессах против воли «народа», обычно арестовывали. В рассказе Бабеля несчастного младенца называют в честь как еврейского, так и марксистского патриархов — неоднозначное слияние судеб[20].

Еврей на коне

В «Автобиографии» Бабель рассказывает о своем семилетнем молчании после встречи с Горьким, во время которого он ходил «в люди»: он присоединился к зернозаготовительной экспедиции С. В. Малышева в Поволжье летом 1918 года (реквизиция зерна для голодающих в Петрограде), что легло в основу рассказа «Иван-да-Марья» (1932), и находился в Первой конной армии С. М. Буденного с мая по сентябрь 1920 года, что легло в основу «Конармии».

---

[20] См. [Avins 1998]; Анна Штернщис упоминает судебный процесс о неудавшемся обрезании, проходивший в Одесском оперном театре в 1928 году [Shternshis 2006: 95].

Рассказы Бабеля о Конармии восходят к его размышлениям о Первой мировой войне. В 1920 году четыре рассказа под заголовком «На поле чести» появились в недолговечном одесском журнале «Лава» под редакцией журналиста-коммуниста С. Б. Ингулова и поэта В. И. Нарбута. Три из них были адаптациями очерков на французском языке Западного фронта Гастона Видаля, чьи идеалы патриотизма и чести превращаются у Бабеля в ироничное осуждение бессмысленных жестокостей войны. Тем летом ненасытное любопытство и стремление к журналистскому опыту привели Бабеля (с помощью Ингулова) на должность военного корреспондента «Юг-РОСТА» (Южный отдел Российского телеграфного агентства), прикрепленного к Первой конной армии, возглавляемой легендарный С. М. Буденным. После тысячекилометрового марша конница Буденного вытеснила поляков с Украины и вторглась на территории Галичины и Волыни, тогда еще в значительной степени населенные евреями, среди которых было много набожных хасидов. Бабель взял русский псевдоним Кирилл Васильевич Лютов, под которым писал для фронтовой пропагандистской газеты «Красный кавалерист», но скрыть свою еврейскую принадлежность среди казаков было непросто. В дневнике, который он тогда вел, он описал дилемму, связанную с необходимостью быть свидетелем жестокого обращения с еврейскими семьями, у которых его селили и некоторые из которых страдали от недавних польских погромов[21]. По прибытии в Житомир в начале июля 1920 года, после отступления поляков, Бабель описывает страшную разруху. Антисемитизм, распространенный в частях Красной армии, лишил Бабеля надежды на сочувствие его товарищей к тяжелому положению евреев. Некоторые красные казаки, в том числе члены 6-й дивизии Первой конной армии, также участвовали в погромах — например, при отступлении из Польши в сентябре 1920 года. Шестая дивизия была разоружена и расформирована, а специальный трибунал приговорил винов-

[21] Дневник. Житомир, 5 <июля> 1920 года (Собрание сочинений, 2: 223); запись ошибочно датирована июнем, однако обширное вторжение началось именно в июле.

ных к суровому наказанию; командирам Книге и Апанасенко (в рассказах Павличенко) был вынесен смертный приговор, но его заменили 15 годами каторжных работ и понижением в воинском звании. В августе 1920 года Вардин, начальник политического отдела Первой конной армии, написал в отчете, что войска Буденного, три четверти которых составляли крестьяне и казаки, лишь проявляли в отношении евреев предвзятость, но не были антисемитами. Однако погромы, которые не ограничивались шестой дивизией, показали масштабы антисемитского насилия среди большевистских войск, которые в какой-то момент подхватили клич своих идеологических врагов: «Спасай Россию, бей жидов и комиссаров» [Будницкий 2005: 438–493].

В погромах, произошедших в Украине, в Белоруссии и на юге России в 1918–1920 годах, погибло около 210 000 человек [Милякова, Зюзина 2005][22]. Наблюдая за грабежами и изнасилованиями, совершаемыми казаками, Бабель жалеет местных евреев, которые уже пострадали от рук поляков и белых, украинцев и партизанских отрядов, а теперь теряют то немногое, что у них осталось, из-за своих большевистских освободителей. Поселившись в Житомире вскоре после занятия города красными у семьи Учеников, он рассказывает им, что его мать была еврейкой, а также историю о дедушке, который был раввином в Белой Церкви (это похоже на историю мальчика из рассказа «В подвале»). Бабель защищает напуганную семью Учеников от мародеров, но в других случаях, когда его товарищи жестоко обращались с местным еврейским населением, он молчал, лишь рассказывая жителям разрушенных *штетлов* сказки о большевистской утопии в Москве. В статьях, которые Бабель написал для фронтовой газеты «Красный кавалерист» под псевдонимом Кирилл Лютов, он рассказывал о житомирском погроме и призывал красноармейцев отомстить за жертвы[23]. В основе статьи «Недобитые убийцы»[24] лежит похожее негодующее описание погрома, учиненного белыми казаками

---

[22] См. также [Чериковер, Шехтман 1923–1932].

[23] Рыцари цивилизации // Красный кавалерист. 1920. 14 августа.

[24] Недобитые убийцы // Красный кавалерист. 1920. 17 сентября.

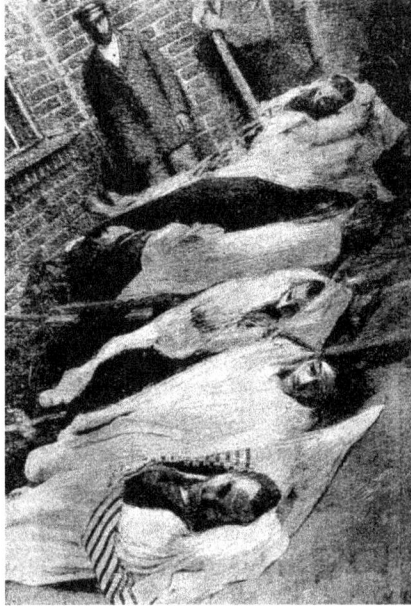

Илл. 4. Евреи Житомира, убитые польскими погромщиками в 1920 году

в Комарове. Дневник лег в основу рассказов, повествующих о внутреннем конфликте еврейского интеллектуала Лютова, зажатого между мессианскими идеалами социализма и насилием революции, между своими оторванными корнями в еврейских традициях загнивающего мира и враждебностью казаков-антисемитов, презирающих его за интеллектуальный гуманизм[25]. После нескольких недель работы в штабе, куда его призвали писать отчеты для политотдела (ответственного за партийную дисциплину и пропаганду в рядах) или служить фельдшером и переводчиком на допросах военнопленных, Бабель начинает сомневаться в своих идеалах и в целях революции:

> У меня тоска, надо все обдумать, и Галицию, и мировую войну, и собственную судьбу (Леснев, 26 июля 1920 года. Собрание сочинений, 2: 264).

---

[25] См. [Avins 1994].

> Почему у меня непроходящая тоска? Потому, что далек от дома, потому что разрушаем, идем как вихрь, как лава, всеми ненавидимые, разлетается жизнь, я на большой непрекращающейся панихиде (6.8.20. Хотин. Собрание сочинений, 2: 285).

> Все бойцы — бархатные фуражки, изнасилования, чубы, бои, революция и сифилис. Галиция заражена сплошь (28.7.20. Хотин. Собрание сочинений, 2: 267).

Временами Бабель скорбит о судьбах революции (23–24 августа), в других случаях он впадает в отчаяние от насилия и анархии, наступивших на территориях, которые еще не оправились от разрушений Первой мировой войны. В конце августа он становится свидетелем расстрела пленных (сюжет рассказа «Их было девять»). К еврейскому Новому году в начале сентября, после «чуда на Висле», когда большевики отступали по галицийской грязи, залитой дождем, он с радостью встречает еврейскую хозяйку, которая готова принять его в своем доме. В найденном между страницами дневника фрагменте письма, написанного, по-видимому, в середине августа жене Евгении Борисовне, Бабель дает понять, что устал от войны и не считает себя идеалистом:

> Я пережил здесь две недели полного отчаяния, это произошло от свирепой жестокости, не утихающей здесь ни на минуту, и от того, что я ясно понял, к[а]к непригоден я для дела разрушения, к[а]к трудно мне отрываться от старины, от того, <...> что было м<ожет> б<ыть> худо, но дышало для меня поэзией, как улей медом, я ухожу теперь, ну что же, — одни будут делать революцию, а я буду, я буду петь то, что находится сбоку, что находится поглубже, я почувствовал, что смогу это сделать, и место будет для этого и время (Детство: 362).

В этих строках отчетливо видна дистанция между автором и вымышленным Лютовым из рассказов «Конармии», а также обеспокоенность самого Бабеля по поводу насильственных средств революции и разрушения гуманитарных ценностей, которые она принесла.

Дневник явно велся с целью записать впечатления от польской кампании для дальнейшей литературной переработки, в нем часто встречаются портреты бойцов, заметки: «описать», «запомнить». Ранний черновик рассказа о еврейском местечке Демидовка, написанный в реалистическом стиле, сохранился на вырванной, по всей видимости, из дневника бумаге (что может объяснить отсутствие некоторых страниц в рукописи). Это свидетельствует о раннем этапе создания рассказов «Конармии» и позволяет предположить, что Бабель брал материал непосредственно из своих ранних впечатлений для модернистской обработки, позволяющей дистанцироваться от своего прежнего личного взгляда на события, как мы увидим ниже, в шестой главе. Черновики рассказов, написанные на узких листках бумаги через некоторое время после войны, свидетельствуют о замысле более масштабного произведения с более традиционным повествованием от третьего лица. Они показывают, что Бабель использовал только половину первоначальных планов. Но дело в том, что немногое из отброшенного удовлетворило бы требования критиков ввести в книгу героев-коммунистов. Более «положительной» картине противоречили бы такие исключенные из «Конармии» рассказы, как «У батьки нашего Махно», где говорится об изнасиловании еврейской женщины, или «Их было девять», где описывается расстрел заключенных.

Почти половина рассказов «Конармии» были напечатаны в Одессе в течение 1923 года, практически в том же виде, в каком они были позднее переизданы в Москве, но к моменту выхода в 1926 году первого издания, когда Сталин уже покинул политику международной революции, идеал Ильи Брацлавского о синтезе Маймонида и Ленина, еврейской поэзии с коммунизмом можно было уже признать заблуждением. Книга заканчивалась рассказом «Сын рабби», в котором описывается смерть Брацлавского на забытой станции и происходит отождествление рассказчика с его идеалистической мечтой. Однако в то время уже нельзя было открыто говорить о тяжких страданиях евреев — как при поляках, так и при большевиках, и многое приходилось прятать в подтексте или косвенных намеках. Например, порядок расположения глав заставляет усомниться в справедливости убийств и жестокостей, совершаемых во имя революции. В первом рассказе «Переход через Збруч» рассказчик поселяется в доме жертв погрома, делая вид, что не осознает своего родства со страдающими евреями. «Кладбище в Козине» занимает середину книги и описывает безымянные могилы многих поколений евреев — жертв казаков, от Богдана Хмельницкого до Буденного; рассказ заканчивается вопросом, который вторит беременной еврейке из «Перехода через Збруч»: почему смерть не пощадила евреев? Не случайно рассказ «Кладбище в Козине» расположен между двумя рассказами о злобной мести казаков. Однако права на отмщение у евреев обычно не было. «Кладбище в Козине» — это поэма в прозе о могилах неотомщенных еврейских жертв казацкого предшественника Буденного, того самого Хмельницкого, который зверски вырезал от 18 000 до 20 000 евреев.

Последний рассказ первого издания «Конармии», «Сын рабби», заканчивается смертью родного брата Лютова Ильи Брацлавского и поражением советских войск, что отражает отчаяние Лютова от невозможности воплощения в жизнь идеалов большевистской революции — и от собственной неспособности стать человеком действия, стать мужчиной. В 1933 году Бабель добавил в качестве новой концовки «Конармии» рассказ «Аргамак», тем самым покончив с диалектикой принятием Лютова казаками, но не раньше, чем он нажил себе новых врагов. Лютов научился ездить с казаками, но не победил свое гуманистическое отвращение к убийству, как мы читаем в конце «Смерти Долгушова». В 1937 году появился еще один рассказ — «Поцелуй», представляющий собой новый, но столь же амбивалентный финал книги (так и не принятый самим Бабелем в прижизненных изданиях), в котором цикл завершился бы отходом советских войск за старую польскую границу, а также логическим разрешением конфликта первого рассказа цикла «Переход через Збруч». Любовная же интрига заканчивалась с поспешным отъездом рассказчика, который обещал перевести семью Елизаветы Алексеевой в Москву.

Поразительный взлет и страшное падение Бабеля

Во второй половине 1920-х годов Бабель был признан одним из самых талантливых молодых писателей в советской литературе — и в то же время его, наряду с другими «попутчиками», марксистские критики стали атаковать как враждебного революции, не познавшего принципы классовой борьбы. Публикация рассказов «Конармии» в журнале «Красная новь» в 1924 году вызвала упреки со стороны легендарного командующего Первой конной армией С. М. Буденного в статье «Бабизм Бабеля». Буденный и его армия обрели статус легенды как в ревизионистской историографии Октябрьской революции, так и в литературе. Его имя пригодилось в боевой кампании «Пролеткульта», а критики из левого журнала «На посту» жаждали крови «попутчиков»; критики пролетарских писателей из групп «Октябрь» и «Кузница» жестко осуждали любые попытки выразить художественную точку зрения, хоть в какой-то степени неоднозначную по отношению к большевистской революции.

С трибуны журнала «Октябрь» Буденный обрушился на описание Бабелем Первой конной армии как на клевету [Буденный 1924][26]. Чтобы дать удовлетворительную картину, гремел Буденный, автор должен быть марксистом и показать диалектику классовой борьбы. Бабель здесь назван «гражданином», а не «товарищем», и изображен как белогвардеец-буржуй, который «по природе своей» идеологически враждебен («будучи по природе мелкотравчатым и чуждым нам»), что, возможно, было лукавой ссылкой на еврейскую принадлежность Бабеля:

> Гражданин Бабель рассказывает нам про Конную Армию бабьи сплетни, роется в бабьем барахле-белье, с ужасом по-бабьи рассказывает о том, что голодный красноармеец где-то взял буханку хлеба и курицу; выдумывает небылицы, обливает грязью лучших командиров-коммунистов, фантазирует и просто лжет [Буденный 1924: 196].

---

[26] Статью для Буденного по инициативе Ворошилова написал С. Н. Орловский, первый секретарь Реввоенсовета Первой конной армии.

Илл. 5. Первая
конная армия,
1920 год

В редакторском предисловии нападки Буденного названы «ценными», а также дается обещание, что за ними последует обсуждение всего творчества Бабеля — и это до того, как Бабель выпустил хоть одну книгу!

Естественно, Буденный вполне мог возмутиться, читая описания того, как армейские командиры, в том числе и он сам, с помощью силы и угроз предводительствуют недисциплинированной группой людей в буйстве, не имеющем четкого идеологического или военного направления. Грабежи, убийства, изнасилования, подробности касательно нехватки боеприпасов и провианта, изображение невежественных, неграмотных казаков не могли понравиться человеку, который во главе казачьей армии прошел тысячу километров в борьбе с врагами большевизма и в 1935 году стал маршалом Советского Союза. Буденный занимал сторону Сталина в борьбе против Троцкого и Тухачевского и был заинтересован в том, чтобы снять со Сталина возможную ответственность за разгром, закончившийся победой поляков. К этому времени Сталин отказался от всемирной революции, и историю Первой конной армии пересматривали как триумфальное повествование о доблестных подвигах.

Вылазка Буденного усилила нападки «Октября» на беспартийную художественную литературу, в том числе на рассказы Бабеля, которые публиковались в ведущем литературном журнале «Красная новь». Эти нападки были направлены непосредственно против редактора журнала А. К. Воронского, старого большевика, ставшего объектом затяжной полемики, которая в 1927 году закончилась исключением его, уже больного и сломленного человека, из партии и ссылкой в Липецк. Бабель, не примкнувший ни к одному из лагерей и отнесенный критиками к «попутчикам», был скомпрометирован еще и тем, что опубликовал свои рассказы в «ЛЕФе» Маяковского — журнале футуристического Левого фронта искусств, позиция которого также подвергалась атакам со стороны «Октября» и ортодоксальных марксистских критиков[27]. Как оказалось, нападки Буденного на Бабеля только подкрепили его популярность в Москве, поскольку его рассказы стали сенсацией.

В своем ответе Буденному[28] Бабель подтвердил подлинность выдуманного им образа, сославшись на письмо С. Мельникова, одного из героев повести «История одной лошади», первоначально озаглавленной «Тимошенко и Мельников» — который, кстати, не только подтвердил слова Бабеля о событиях польско-советской кампании, но и посетовал на то, что Бабель не показал разграбление Ровно красными войсками, а также попытался исправить одну деталь в рассказе (из партии он не выходил)[29]. Бабель бесхитростно извинился за то, что оставил настоящие имена своих героев без изменений, и действительно изменил эти и некоторые другие имена для полной публикации книги. Готовя к печати первое издание «Конармии», Бабель сообщил своему редактору в Госиздате Д. А. Фурманову, автору эпопеи о Гражданской войне «Чапаев» и наиболее активному участнику РАПП[30], что не знает,

---

[27] О месте «Конармии» в борьбе за литературную свободу см. [Белая 1989а].

[28] Письмо в редакцию // Октябрь. 1924. № 4. С. 228.

[29] Письмо редактору «Красной нови», 4 июля 1924 года. РГАЛИ. Ф. 602. Оп. 1. Д. 1718.

[30] Российская ассоциация пролетарских писателей, оформилась в январе 1925 года как основной отряд Всесоюзной ассоциации пролетарских писателей (ВАПП), которая существовала с 1924-го и теоретическим органом которой был журнал «На посту».

как заменить «"обвиняемые" фразы», после чего заверил его: «Никто за это к нам не придерется. Опасные места я выбросил даже сверх нормы» (письмо Д. А. Фурманову, 4 февраля 1926 года. Собрание сочинений, 4: 50)[31]. Сопротивление Бабеля политической цензуре с помощью притворной наивности и ухищрений оказалось не вполне успешным, и последующие издания «Конармии» подверглись сокращениям и ревизиям. Нападки Буденного на «Конармию» не были забыты, и Горький в 1928 году, в период обострения конфликта между идеологией и искусством, был вынужден вновь выступить в защиту Бабеля [Горький 1928в]. Буденный повторил свою атаку на якобы порнографическую клевету Бабеля, обвинив автора в том, что тот был всего лишь в тылу Первой конной армии. В ответ Горький похвалил изображение казаков в «Конармии», так как Бабель «украсил» казаков Первой конной «лучше, правдивее, чем Гоголь запорожцев». Нападки на Бабеля, писал Горький, еще не переселившийся в Россию, были необоснованными, а его бесспорный художественный талант полезен для марксистского дела [Горький 1928б][32]. Считается, что дискуссию прекратил лично Сталин, но она возобновлялась всякий раз, когда имя Бабеля всплывало в советской прессе.

В Москве в середине 1920-х годов происходил переход от относительной свободы к острым идеологическим столкновениям. В 1924 году умер Ленин, его сменил Сталин. В коротком произведении о мятеже на борту иностранного корабля «Ты проморгал, капитан!», датированном днем похорон Ленина, Бабель использовал для политического утверждения стилистические контрасты, но это был слабый материал, и Бабель ничего не сделал, чтобы смягчить двусмысленность позиции повествователя в рассказах «Конармии». В литературных журналах разгорелась полемика о том, должно ли некритическое изображение больше-

---

[31] Об отношениях Бабеля с Фурмановым см. [Куванова 1965].

[32] В рукописи письма в архиве Горького гораздо более острый язык, но издатели «Правды» убедили Горького смягчить тон. См. письмо от 29 ноября 1928 года Анне Слоним (Собрание сочинений, 4: 255).

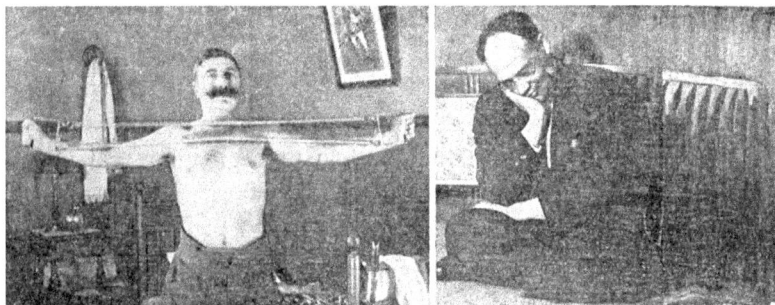

Илл. 6. Шуточный комментарий к газетной полемике между Буденным и Горьким в журнале «Чудак», 1 декабря 1928 года. Фото из журнала «Чудак», № 1 за 1928 год. С. 14

вистской революции быть единственным мерилом оценки писателей, и 29 ноября 1924 года рассказы «Конармии» стали предметом публичной дискуссии, организованной газетой «Вечерняя Москва». В. Г. Вешнев в статье «Молодая гвардия» посетовал на то, что Бабель и другие «попутчики» подвергают Октябрьскую революцию моральному осуждению, а не поддерживают. Результат такой независимости мнения и настойчивого стремления к свободе писателя Вешнев отчетливо увидел в поэтизированном изображении Бабелем одесских бандитов и казаков [Вешнев 1924]. Аналогичным образом критик Г. Е. Горбачев, сравнивая Бабеля с Гейне и высоко оценивая его новаторский вклад в русскую литературу, тем не менее утверждал, что романтизм Бабеля неприемлем в нынешнее революционное время. Он назвал Бабеля циничным эстетом, который поддержал красных, а не белых, исходя из личных выгод [Горбачев 1925]. Попытки менее буквалистски настроенных критиков доказать, что Бабель использовал художественные приемы для проникновения в глубинные истины и что взгляд отчужденного интеллигента Лютова можно воспринимать как идеологическое утверждение не в большей степени, чем образы казаков в сказах, вызывали лишь раздражение тех критиков, которые не терпели гуманитарную интеллигенцию [Лежнев 1925; Лежнев 1926]. Недаром Горький жаловался, что Бабеля плохо прочли и не поняли [Горький 1963a][33].

Несмотря на славу и известность, которые принесли ему «Конармия» и «Одесские рассказы», Бабеля отталкивали низкие литературные стандарты, вульгарный материализм, растущее ограничение творческой свободы, и он избегал литературных кругов. В письме от 12 мая 1925 года к сестре за границу он жаловался:

> Душевное состояние оставляет желать лучшего — меня, как и всех людей моей профессии, угнетают специфические условия работы в Москве, то есть кипение в гнусной, профессиональной среде, лишенной искусства и свободы творчества, теперь, когда я хожу в генералах, это чувствуется сильнее, чем раньше (Собрание сочинений, 4: 22).

«Попутчики» подвергались нападкам, и Бабель был в числе тех, кто обратился в ЦК с просьбой прекратить кампанию против них. Однако постановление 1925 года объявило о нейтралитете партии на литературном фронте, и истерическая кампания против «попутчиков» усилилась, в результате чего к концу десятилетия верх взяла пролетарская фракция РАПП. Хотя Бабель мог бы вписаться в художественную литературу о Гражданской войне, как Фадеев с «Разгромом» или Леонов, изобразивший преступный мир в «Воре», фактически он выделялся как диссонирующий голос к концу НЭПа, когда от писателей требовалось направить свои перья на строительство социализма.

Возвращение к еврейскому детству в Одессе

Вопреки ожиданиям приверженцев идеологии, требующих от писателей сосредоточиться на Октябрьской революции и строительстве социализма, Бабель вернулся в свое одесское детство и проследил жизнь еврейского интеллигента до и после октября

---

[33] Вишневский написал «Оптимистическую трагедию», пьесу о Первой конной армии Буденного.

1917 года. Это был цикл рассказов «История моей голубятни», в котором одесский еврейский рассказчик проходит через художественное осознание — в «Пробуждении» и «Ди Грассо», литературное ученичество — в «Гюи де Мопассане» и Октябрьскую революцию — в «Дороге». Хотя рассказ «Дорога» (переработанный вариант «Вечера у императрицы») был начат в начале 1920-х годов, идеологическое давление сталинской диктатуры заметно в шаблонном финале, когда рассказчик достигает цели своего трудного путешествия (которое является скорее уроками антисемитизма, чем идеологии) и вступает в ЧК, радуясь товариществу и счастью. Однако в «Дороге» не обходится без иронии в отношении того, что ранее преследовавшийся еврей примеряет на себя одеяние русской царской семьи. Получивший новые права и возможности, еврей-жертва, ставший победителем, может в буквальном смысле облачиться во власть своих бывших мучителей.

Цикл «История моей голубятни» не понравился бы идеологам, требующим рассказов о современной России: ведь он не только возвращает к дореволюционному прошлому без корректного политического пересмотра истории, но и пересматривает еврейскую культурную идентичность с оглядкой на погромы. По сути, Бабель подвергает пересмотру трактовку темы еврейского детства в современной ивритской и идишской литературе, в которой патриархальная семья и традиционное обучение в хедере сдерживают ребенка, стремящегося вырваться в языческий мир природы и светской культуры [Luplow 1984; Bar-Yosef 1986]. В автобиографиях и мемуарах поколения Бабеля «культура» — это неизменно русская культура, культура Пушкина, Достоевского, Толстого, и она отождествляется с современностью и революцией. Не зря историк Юрий Слезкин озаглавил свой коллективный портрет революционного поколения «Первая любовь Бабеля» [Слезкин 2005: 143–265].

Первую попытку литературных воспоминаний Бабеля о еврейском детстве в Одессе фактически можно обнаружить в его рассказе 1915 года «Детство. У бабушки», который демонстрирует жесткое противоречие между напряженной, удушливой атмосферой замкнутого еврейского мира и совершенно чужой Россией тургеневской «Первой любви». Страстная чувственность и жестокое насилие тургеневского вымышленного мира вторгаются в еврейский дом, когда отец Владимира ударяет Зинаиду по голой руке хлыстом (глава 21) и перед наблюдающим мальчиком открывается скрытая сторона человеческой любви. В оригинальном тургеневском тексте мальчику позже снится, что отец бьет Зинаиду по лбу, но у Бабеля отец бьет девушку по щеке.

> Я слышал свист хлыста, его гибкое кожаное тело остро, больно, мгновенно впивалось в меня. Меня охватывало неизъяснимое волнение. На этом месте я должен был бросить чтение, пройтись по комнате. <…> Темнеющая комната, желтые глаза бабушки, ее фигурка, закутанная в шаль, скрюченная и молчащая в углу, жаркий воздух, закрытая дверь, и удар хлыстом, и этот пронзительный свист — только теперь я понимаю, как это было странно, как много означало для меня (Детство 31–32).

Мальчик чувствует боль от режущего его кнута, статус жертвы при этом переносится с хозяйки на еврейского мальчика, и, задыхаясь от жары в тесной, темной комнате, он сразу же застывает от этого необычного ощущения, больше всего на свете желая убежать и никогда не возвращаться. Бабушка ничего не понимает — она не читает по-русски и надеется, что мальчик станет богатырем, возможно потому, что смешивает слово «богатырь» с «богачом» (на идише: «гвир») (Детство: 31). Она убеждает мальчика в необходимости «все знать», потому что, будучи сама неграмотной, видит в знании залог социальной мобильности и успеха. Мальчик глубоко переживает эротическую силу своего чтения, бессознательно интериоризируя реальное насилие погромов и преследований, но также проецируя на себя бессилие и пассивность заключенного в удушающее ментальное гетто еврейского дома среднего класса, которое требовало интеллектуальной или деловой хватки, а не физических достижений.

Переживание литературного текста предполагает культурную идентификацию, которая была характерна для восходящих, аккультурированных российских евреев. Перформативная роль литературного текста может стать своеобразной инициацией или проверкой культурной идентичности; как правило, это касается стихов русского национального поэта Пушкина. Как показывает Слезкин, среди ассимилированных евреев среднего класса приобретение русской культуры являлось входным билетом в русское общество, несмотря на дискриминацию царского режима и погромы 1881 и 1904–1905 годов [Слезкин 2005: 171–192][34]. Вспомните мальчика из «Истории моей голубятни», «навзрыд» декламирующего Пушкина на вступительном экзамене в гимназию (Детство: 47). Русские евреи, стремившиеся влиться в русское общество, таким способом приобретали культурное и общественное признание, поэтому чтение русских классиков уподоблялось ритуалу инициации (наподобие ритуала *бар-мицва*) на пути к культурной зрелости. Однако вхождение в русское общество не проходит легко.

Поступление мальчика в гимназию празднуется как победа евреев, Давида над Голиафом, но голубей, которых мальчик заработал успешной сдачей экзаменов, у него отбирает во время погрома калека Макаренко. Нельзя не заметить, что на руке Макаренко — следы проказы, а голуби считались древним средством от этой болезни. Голубь, конечно же, является жертвенной птицей в храмовом ритуале, предписанном еврейской Библией, и когда внутренности птицы раздавливаются о лицо мальчика, он проходит обряд посвящения, открывающий ему глаза на жестокий взрослый мир насилия и антисемитизма. Катерина, жена калеки, яростно ругает еврейских мужчин и их вонючее семя, так что инициация мальчика — это не только пробуждение его оскорбленной сексуальности как обрезанного еврея, но и, как ни странно, обретение возможности видеть мир таким, каков он есть на самом деле, во всей его жестокости:

> Она еще сказала о нашем семени, но я ничего не слышал больше. Я лежал на земле, и внутренности раздавленной птицы стекали с моего виска. Они текли вдоль щек, изви-

---

[34] См. также [Senderovich 2022].

ваясь, брызгая и ослепляя меня. Голубиная нежная кишка
ползла по моему лбу, и я закрывал последний незалепленный
глаз, чтобы не видеть мира, расстилавшегося передо мной.
Мир этот был мал и ужасен. Камешек лежал перед глазами,
камешек, выщербленный, как лицо старухи с большой че-
люстью, обрывок бечевки валялся неподалеку и пучок
перьев, еще дышавших. Мир мой был мал и ужасен. Я закрыл
глаза, чтобы не видеть его, и прижался к земле, лежавшей
подо мной в успокоительной немоте. Утоптанная эта земля
ни в чем не была похожа на нашу жизнь и на ожидание
экзаменов в нашей жизни. Где-то далеко по ней ездила беда
на хромой и бодрой лошади, но шум копыт слабел, пропадал,
и тишина, горькая тишина, поражающая иногда детей
в несчастье, истребила вдруг границу между моим телом
и никуда не двигавшейся землей. Земля пахла сырыми не-
драми, могилой, и цветами. Я услышал ее запах и заплакал
без всякого страха. Я шел по чужой улице, заставленной
белыми коробками, я шел в убранстве окровавленных
перьев, один в середине тротуаров, подметенных чисто, как
в воскресенье, и плакал так горько, полно и счастливо, как
не плакал больше во всю мою жизнь (Детство: 45–46).

Ксенофобный стереотип выхолощенного еврея как бы подчеркивается тем, что его дядю Шойла, торгующего на Рыбной улице,
находят убитым с рыбой во рту и еще одной, торчащей из штанов
(Детство: 47). Вспоминается и умирающий Илья Брацлавский со
спущенными штанами: «Девицы, уперши в пол кривые ноги не-
затейливых самок, сухо наблюдали его половые части, эту чахлую,
курчавую мужественность исчахшего семита» (Детство: 229).
Интернализация выхолощенности маркирует русского еврея как
сексуально неполноценного, а отстранение повествовательного
взгляда в рассказах «История моей голубятни» и «Первая любовь»
делает опыт инаковости эстетическим.

Посвящая «Историю моей голубятни» Горькому, покровителю
русских писателей и защитнику евреев в царское время, Бабель
пытается разрешить противоречие между желаемой идентичностью начинающего русского писателя и реальностью погромов,
в которых он как еврей сам является жертвой. Как Бабель якобы
сказал Паустовскому:

— Я не выбирал себе национальности. <...> Я еврей, жид. Временами мне кажется, что я могу понять все. Но одного я никогда не пойму — причину той черной подлости, которую так скучно зовут антисемитизмом [Паустовский 1960: 151–152].

И действительно, только после того, как мы поняли, что значит антисемитское насилие для ошеломленного еврейского мальчика, «История моей голубятни» заканчивается этим банальным, хорошо знакомым словом — погром.

Можно задаться вопросом, как такой опыт антисемитизма сочетается со стремлением к русской культурной идентичности. В «Первой любви», которую планировалось опубликовать вместе с «Историей моей голубятни» (письмо к Горькому, 25 июня 1925 года, Собрание сочинений, 4: 32), мы наблюдаем за событиями погрома в Николаеве и его последствиями через тот же текст, который мальчик читал бабушке в произведении «Детство. У бабушки». Название рассказа иронически отсылает к повести Тургенева, и мальчик вновь сталкивается с жестокой чувственностью тургеневского русского мира, на этот раз в своем увлечении Г. А. Рубцовой, женой русского офицера, приютившей семью во время погрома (возможно, семья Рубцовых действительно приютила Бабелей, которые во время погрома не пострадали) [Погорельская, Левин 2020: 30–34][35]. Чтобы завоевать ее любовь, он воображает, что состоит, как сын торговца углем Мирон, в еврейских отрядах самообороны, вооруженный винтовкой, и сражается во время погрома с мародерами. Однако его собственное еврейское тело слабо и невротично, от долгой учебы он страдает мигренью. Загрязненный и оскверненный стекающими по нему внутренностями мертвой птицы, мальчик воплощает эротическую фантазию. Галина моет его, потом целует в губы и обещает своему «маленькому раввину», что он будет женихом (что иронически напоминает Лопахина из «Вишневого сада»):

---

[35] Как отмечают Погорельская и Левин, Бабель изменял исторические факты и даты.

Рубцов, податной инспектор, слыл в нашем городе справедливым человеком, он водил знакомство с евреями. И когда с японской войны приехал офицер, сын старика, все мы увидели, как дружно и счастливо они зажили. Галина Аполлоновна по целым дням держала мужа за руки. Она не сводила с него глаз, потому что не видела мужа полтора года, но я ужасался ее взгляда, отворачивался и трепетал. В ликующих ее глазах я видел удивительную постыдную жизнь всех людей на земле, я хотел заснуть необыкновенным сном, чтобы мне забыть об этой жизни, превосходящей мечты. Галина Аполлоновна ходила, бывало, по комнате с распущенной косой, в красных башмаках и китайском халате. Под кружевами ее рубашки, вырезанной низко, видно было углубление и начало белых, вздутых, отдавленных книзу грудей, а на халате розовыми шелками вышиты были драконы, птицы, дуплистые деревья (Детство: 49).

Сексуальная фантазия о сладострастной русской женщине в откровенном экзотическом платье проецирует самоуничижение мальчика в его восприятии своего еврейства и актуализирует напряжение между бесстрастным героизмом казаков, скачущих в воображаемое ущелье, и деградацией собственного отца, стоящего на коленях в грязи (в отличие от сильного и мужественного отца мальчика в повести Тургенева). В первой публикации «Первой любви» к отцу рассказчика обращаются как к Бабелю, что обостряет личностный кризис и подчеркивает отчужденность мальчика от своей личности. Травматические события этого дня (описанные в предыдущем рассказе, «История моей голубятни») преждевременно превратили его из непонятливого мальчика в неловкого подростка, плавающего в собственной блевотине, которую он бессовестно извергает перед Галиной, силясь удержать свою фантазийную власть над этой зрелой женщиной в китайских шелках. Вступление мальчика во взрослую жизнь — это глубоко еврейский опыт насилия, связанный с притягательностью языческой власти и сексуальности. Эротическая сила угрожающего насилия проявляется в увлечении мальчика запретным, сексуализированным объектом желания, оторванным от отца, который барахтается в грязи, унижаясь перед казацким всадником.

Именно его портрет (его еврейское «я») был выброшен из разграбленной лавки. Мальчик, кажется, может стать мужчиной только в том случае, если преодолеет свой еврейский недостаток мужественности — физическое испытание, еще более трудное, чем вступительный экзамен в российскую гимназию. Во взгляде Галины на мужа, вернувшегося с Русско-японской войны, мальчик открывает для себя постыдное знание о сексуальности. Это знание лишает его дара речи и доводит до икоты — врач утверждает, что эта болезнь «случается у одних евреев и среди евреев она бывает только у женщин». Эта концовка приписывает причину раннего угасания рассказчика антисемитскому насилию: «начало недугов, терзающих меня, и причины раннего, ужасного моего увядания» (Детство: 57). В последующих изданиях эта фраза была убрана, видимо, чтобы не создавалось впечатление, будто антисемитские беды царского времени продолжались и после революции — как это и было на самом деле.

Парадоксальное соединение и чередование русской и еврейской идентичностей, неизменно завораживающее Бабеля, скрывало под собой конфликтное «я», стыдящееся еврейской физической и социальной неполноценности [Gilman 1991]. Поэтому не стоит удивляться тому, что властную мужественность казаков из «Конармии» разделяют одесские бандиты. В отличие от интеллигента с очками, заикающегося за столом, о котором рассказывает Арье-Лейб в одесском рассказе «Как это делалось в Одессе», Беня Крик — человек действия, который знает, что делать:

Так вот — забудьте на время, что на носу у вас очки, а в душе осень. Перестаньте скандалить за вашим письменным столом и заикаться на людях. Представьте себе на мгновенье, что вы скандалите на площадях и заикаетесь на бумаге. Вы тигр, вы лев, вы кошка. Вы можете переночевать с русской женщиной, и русская женщина останется вами довольна. Вам двадцать пять лет. Если бы к небу и к земле были приделаны кольца, вы схватили бы эти кольца и притянули бы небо к земле. А папаша у вас биндюжник Мендель Крик. Об чем думает такой папаша? Он думает об выпить хорошую стопку водки, об дать кому-нибудь по морде, об своих конях — и ничего больше. Вы хотите жить, а он заставляет вас умирать двадцать раз на день. Что сделали бы вы на месте Бени Крика? Вы ничего бы не сделали. А он сделал. Поэтому он Король, а вы держите фигу в кармане (Детство: 246).

Еврейский интеллектуал в очках вполне мог бы позавидовать людям действия. Восприятие еврейского недостатка мужества исторически можно рассматривать с учетом послереволюционной перспективы тех евреев, которые возлагали свои надежды на новый общественный строй — на идеологию, обещавшую социальную справедливость и освобождение от «еврейской судьбы».

Предыдущее поколение обратилось к социализму, выучив русский язык и открыв для себя науку и литературу, но мальчик в «Пробуждении» «пробуждается» к природе и к своему стыду за слабость еврейского тела. Это безнадежная борьба между еврейским наследием — требованием учиться и прославиться — и морем, где мальчишки целыми днями бегают голыми. Смолич, приютивший еврейских слабаков из бараков Молдаванки, — бронзовый бог, приобщающий мальчика к красоте русской природы. Ведь для того, чтобы следовать литературным примерам Тургенева и Дюма (которых он тайно читает, пряча за своими нотами), нужно отречься от еврейской судьбы. Но тогда он — мечтательный, лживый мальчик, который никогда не преодолеет водобоязнь франкфуртских раввинов и еврейские неврозы. Отец мальчика, к сожалению, охвачен иллюзией богатства и социального статуса, запретного для евреев, и полностью полагается на виртуозность мальчика, чтобы вырваться из безысходной нищеты и кровавых гонений на еврейскую семью в России.

Голод или удушье?

Пока Бабель в Москве пытался утвердиться как писатель, рушилась его семейная жизнь. После смерти отца в марте 1924 году Бабель был обременен обязанностями кормильца, что еще больше мешало ему сосредоточиться на писательской деятельности. В феврале 1925 года его сестра Мария вместе с мужем

Илл. 7. Бабель с сестрой
Марией в Бельгии, 1928 год

Григорием Шапошниковым эмигрировала в Бельгию, а в июле
следующего года к ним присоединилась мать, после того как
стало ясно, что Мария не хочет возвращаться в Россию — для
поездки она в любом случае была слишком больна. Жена Бабеля
Евгения (Женя), художница, летом 1925 года одна уехала в Париж,
хотя Бабель изначально планировал, что они отправятся туда
вместе. Отъезд Бабеля за границу задержала смерть его тестя,
Бориса Вениаминовича, которая потребовала его присутствия
в Киеве для решения сложных юридических вопросов. Было
решено, что Бабель возьмет с собой за границу мать Жени —
Берту Давыдовну, которая перешла из одной крайности в другую,
сначала держась с ним холодно, а потом обожая своего знаменитого зятя. Однако время с 1927 по 1928 год, проведенное Бабелем
за границей, не решило его проблем — ни творческих, ни семей-
ных. Надежды на то, что брат Жени Лев, богатый американский
финансист, приедет и заберет старуху, не оправдались, и она

осталась обузой, истощающей их финансовые и эмоциональные ресурсы. К тому же Женины картины не приносили стабильного дохода, чтобы содержать их всех. Неоднократно умолявший семью вернуться к нему в Россию Бабель, вероятно, был прав, когда уверял их, что материальные условия жизни в Союзе — медицинское обслуживание, образование, питание — лучше, чем те, которые они могли себе позволить в Европе, особенно после краха на Уолл-стрит в 1929 году и последовавшей за ним депрессии. Но тогда он занимал привилегированное положение и имел доступ к роскоши, закрытой для рядового советского гражданина.

Конечно, тех рублей, которые он зарабатывал в Советском Союзе, в Брюсселе и Париже, едва хватало на самое необходимое, что делало борьбу за сбор денег и их получение за рубежом не только напряженной, но порой и бесполезной.

Оказалось, что условия работы на капиталистическом Западе благоприятствовали кропотливым и медленным творческим методам Бабеля не больше, чем идеологическое давление советских редакторов и критиков. Переговоры с американскими театрами ни к чему не привели, а единственный известный нам проект, которым Бабель занимался во время своего второго визита в Париж в 1932–1933 годах, также провалился. Это был сценарий фильма о жизни террориста и двойного агента Евно Азефа, запланированный для режиссера А. М. Грановского, с которым Бабель работал над фильмом 1925 года по рассказам Шолом-Алейхема о Менахем-Мендле «Еврейское счастье». Бабель понял, что эта задача отнимает больше времени, чем планировалось; кроме того, работа с политическими эмигрантами, такими как бывший меньшевик и критик советской власти Б. И. Николаевский, исторический консультант фильма, была нецелесообразна для советского гражданина, желающего вернуться в Россию. Тем временем по Москве поползли неприятные слухи о том, что Бабель может не вернуться.

Переписка Бабеля показывает, что ему не удалось освоиться в качестве независимого профессионального писателя за границей, как, например, В. В. Набокову. В выступлениях перед советской аудиторией в 1933 году Бабель выразил свой взгляд на

Илл. 8. Бабель и Женя, Идельсбад, Бельгия. 1928 год

жалкую пустоту и нищету эмигрантской жизни, и хотя он выделил Набокова как одного из немногих успешных русских писателей-эмигрантов, он не нашел в прозе последнего ничего ценного: «Писать умеет, только писать ему не о чем»[36].

В серии парижских рассказов, написанных Бабелем (из которых до нас дошли два, «Улица Данте» и «Суд»), пристально рассматривается маргинальная жизнь эмигрантов, гнусные интриги и скандалы, причем больший интерес они представляют как виньетки на эротические темы. Бабель, похоже, не особо интересовался жизнью русской эмиграции. Его русские публикации за границей в 1920-е годы ограничивались изданиями рассказов, опубликованных в Москве (хотя французские переводы его произведений пользовались большим успехом).

В отличие от русских эмигрантов, Бабель никогда не смог бы смириться с работой парижским таксистом или галантерейщиком.

---

[36] ИМЛИ. Ф. 86. Оп. 1. Д. 6.

Бабель жил в долгах, временами без гроша в кармане, и его доходы зависели от гонораров в Советской России. Он ценил личную свободу, предлагаемую Западом, но Париж, при всей своей веселости, стал провинциальным, в нем не было той широты идей, к которой он привык в России[37]. Вернувшись осенью 1928 года в Россию, чтобы разобраться с Жениным наследством и другими неупорядоченными делами, он заявил, что в Париже чувствовал себя не совсем самим собой. Он писал, что вполне готов поехать за границу, но работать он все равно должен в России:

> Несмотря на все хлопоты — чувствую себя на родной почве хорошо. Здесь бедно, во многом грустно — но это мой материал, мой язык, мои интересы. И я все больше чувствую, как с каждым днем я возвращаюсь к нормальному моему состоянию, а в Париже что-то во мне было не свое, приклеенное. Гулять за границей я согласен, а работать надо здесь (письмо к матери, 20 октября 1928 года. Собрание сочинений, 4: 244).

Письма последующих лет свидетельствуют о невероятном интересе, который вызывали у Бабеля огромные перемены в Советском Союзе. Даже принимая во внимание тот факт, что письма за границу писались с расчетом на цензуру, нельзя не увидеть в них искреннего энтузиазма по поводу нового общества, которое приходило на смену феодальной царской России, где еврей не мог быть равноправным гражданином. Изнурительные поездки Бабеля в последующие месяцы и годы в колхозы, на заводы в Днепропетровске, в еврейские колхозы и (несмотря на хроническую астму) на рудники, несомненно, были не просто ответом на призыв к писателям вступить в ряды строителей социализма, а искренним стремлением понять поразительную трансформацию советского общества и ту ужасную цену, которую оно за это платит. К сожалению, приближалось время, когда преданность партии должна была стать полной, и писатели больше не могли публиковаться за границей или делить свою

---

[37] Письмо к Исайе Лившицу 10 января 1928 года [Погорельская 2007: 28].

Илл. 9. Бабель и Натали. 1933 год

жизнь между Парижем и Москвой. Привилегии советского писателя покупались ценой личного выбора. С течением времени конформизм требовал все больших компромиссов.

В июле 1929 года у Жени родилась дочь Натали, которую Бабель хотел назвать более еврейским именем Юдифь, и появление этой «Махно», как Бабель называл внезапно обрушившегося на него отпрыска, стало дополнительным стимулом для попытки воссоединения семьи в России, о чем свидетельствует его заявление на предоставление писательской квартиры для себя и своей семьи в Москве от 19 января 1930 года[38]. Бабель вернулся в Россию один, якобы потому, что Жене пришлось присматривать за матерью в Париже после отъезда брата в Америку. Чтобы убедить свою семью воссоединиться с ним в России, Бабель заверил их, что

---

[38] ИМЛИ. Ф. 86. Оп. 1. Д. 8.

Илл. 10. Бабель и его сын Михаил. 1927 год

готов начать семейную жизнь и что с прошлым покончено; это была ссылка на его отношения в Москве, с апреля 1925 года, с русской актрисой Т. В. Кашириной, у которой был от него сын Михаил, позже усыновленный человеком, за которого Каширина выйдет замуж в 1929 году, известным писателем Всеволодом Ивановым[39].

Следующая поездка за границу в 1932–1933 годах была разрешена только после долгих усилий и личных обращений к Кагановичу, а также вмешательства Горького. Но воссоединить семью Бабелю все же не удалось, и в письмах к родным он часто жаловался, что эмоциональное напряжение разлуки, не говоря уже о постоянном состоянии тревоги матери и сестры, сказывается на его работе и нервах. Это стремление к стабильности и посто-

---

[39] См. [Иванова 1987: 271–301; Иванова 1992; Погорельская, Левин 2020: 245–250].

янная потребность в душевном покое для того, чтобы писать, несомненно, были мотивами его решения создать новую семью.

В 1932 году, перед отъездом в Париж, Бабель познакомился с инженером московского метрополитена А. Н. Пирожковой, и в 1934 году она поселилась у него. В 1937 году у них родилась дочь Лидия. Любопытно, что в опубликованных письмах Бабеля к родным за границу о них нет ни одного упоминания. Разрозненность его жизни делает загадку Бабеля еще более интригующей. Сам он любил довольно пикантно — и совершенно безосновательно — представлять Антонину Николаевну как дочь сибирского священника. Бабеля просто забавляла сама идея совместного проживания еврея и дочери священника:

> Узнав, что мой отец рано осиротел и был взят в дом священника, где воспитывался от 13 до 17 лет, он тотчас же переделал моего отца в попа и всем рассказывал, что женился на поповской дочке, что поп приезжает к нему в гости и они пьют из самовара чай. Все это Бабель обращал в уморительные сценки, а меня называл «поповной». Паустовский долгое время был убежден, что это — правда. Однако мой отец умер в 1923 году, то есть задолго до того, как я познакомилась с Бабелем, и никогда не имел никакого отношения к церкви. Но Бабеля это не остановило. Ему нравилась сама ситуация — еврей и поп [Пирожкова 2013: 263].

Время, проведенное на конезаводе в Хреновом Воронежской области летом 1926 и весной 1929 года или в деревне Молоденово в 20 километрах от Москвы в 1930–1932 годах, научило Бабеля тому, что только тишина и покой вкупе со свободой от финансовых и душевных тревог могут дать ему возможность сосредоточиться на творчестве. Захватывающий природный ландшафт снискал этой местности репутацию русской Швейцарии, и именно в этой пасторальной обстановке Бабель мог отдохнуть от московских забот и хлопот. Молоденово было идеальным убежищем, до которого нелегко было добраться во время зимних метелей или весенних паводков, но при этом оно оставалось в пределах досягаемости для посылок тети Кати с провизией

Илл. 11. Молоденово, 1931 год

и другими полезными вещами. Когда реки не разливались, Бабель мог спокойно провести несколько дней в московских государственных учреждениях и редакторских конторах или у друзей. Молоденово было удобно еще и тем, что неподалеку стоял дом Горького, с которым Бабель сдружился еще в Сорренто.

Разочарование Бабеля из-за терний на пути становления полностью независимым профессиональным писателем усиливалось необходимостью выполнять подработки и выторговывать у редакторов авансы за неоконченные или не подлежащие публикации рассказы. Приходилось придерживаться идеологически правильного поведения, чтобы получить разрешение на выезд за границу, а также деньги на жизнь и семью. В сочетании с астматическими заболеваниями и дорогостоящим лечением зубов это мешало писательскому развитию и ставило его на своего рода беговую дорожку, с которой он, казалось, никогда не сможет сойти, поскольку отказывался и от массового производства материалов на заказ и от кропотливого писательского мастерства. В. П. Полонскому, редактору «Нового мира», он писал:

Несмотря на безобразные мои денежные обстоятельства, несмотря на запутанные мои личные дела, я ни на йоту не изменю принятую мною систему работы, ни на один час искусственно и насильно не ускорю ее. Не для того стараюсь я переиначить душу мою и мысли, не для того сижу я на отшибе, молчу, тружусь, пытаюсь очиститься духовно и литературно, — не для того затеял я все это, чтобы предать себя во имя вре́менных и не бог весть каких важных интересов (письмо от 31 июля 1928 года из Идельсбада, Бельгия. Собрание сочинений, 4: 231).

Ситуацию ухудшала катастрофическая щедрость Бабеля, из-за которой он стал легкой добычей своих бедствующих родственников, чьи настойчивые просьбы о помощи мешали его работе и отвлекали необходимые финансовые средства.

Тем временем Бабель раскрывался как драматург. Написанная в 1925–1926 годах, в период расцвета его романа с Тамарой Кашириной, пьеса о падении Менделя Крика и возвышении его сына Бени «Закат» (1928) аллегоризирует закат русского еврейства, которое не может противостоять неизбежным историческим переменам. Пьеса не была понята критикой, которая обрушилась на нее как на анахронизм. Действие ее происходит в 1913 году в Одессе — ушедшем еврейском мире; поэтому неудивительно, что пьеса провалилась на московской сцене в то время, когда критики требовали описаний строящегося социализма. Это не удержало Бабеля от дальнейших попыток писать пьесы. В 1935 году его пьесу «Мария», часть задуманной трилогии о Гражданской войне, прекратили репетировать в Вахтанговском и Еврейском театрах Москвы, хотя она и успела появиться в печати. Помимо гоголевской по духу комедии о сошедшем с ума городе и пьесы о герое Гражданской войны Г. И. Котовском, которого он знал, Бабель приступил к работе над продолжением «Марии» под названием «Чекисты». Однако, как заключает С. Н. Поварцов на основании дневниковых записей Фурманова о встречах с Бабелем в 1925–1926 годах и интервью с современниками Бабеля, это была не пьеса, а роман, отрывки из которого Бабель читал на одной из частных встреч в 1937 году. Как отмечает Поварцов, с 1930 года тема ЧК была для писателей запретной, но это, видимо, не останавливало Бабеля даже в разгар чисток [Поварцов 1996: 2–22][40].

Борьба за более насыщенную и скупую прозу прослеживается и в романе «Великая Криница», действие которого происходит в период сталинского «великого перелома» и насильственной коллективизации, приведшей к гибели от голода или депортации миллионов крестьян. Кроме того, ускоренная индустриализация (процесс форсированного наращивания промышленного потенциала СССР, осуществлявшийся с мая 1929 года) опиралась на «стахановцев», которых поощряли к перевыполнению норм. При этом от писателей ожидали радужной картины советских заводов и колхозов. Судя по двум сохранившимся главам «Великой Криницы» и анонсам предстоящих рассказов в советской прессе, Бабель, по-видимому, задумывал книгу слабо связанных между собой рассказов по типу «Конармии». Здесь нет отчужденного интеллигента, раздираемого кризисом идентичности, и зачастую исчезает яркая образность «Конармии». Скудная проза нагнетает ужас сплошной коллективизации, который становится еще более шокирующим из-за отсутствия каких-либо оправданий или комментариев (как мы увидим в седьмой главе).

Другой рассказ о трансформациях СССР, который западные критики часто воспринимают как раболепный конформизм, — это «Нефть», впервые опубликованная в 1934 году. История рассказана в форме письма женщины, Клавдии, работающей в нефтедобывающей отрасли, которая отмечает немыслимо за-

---

[40] Пьеса о Котовском была написана в 1937 году (см. записку Бабеля Исае Лившицу, дающую ему право забрать гонорар, от 17 мая 1937 года [Погорельская 2007: 99]). Друг Бабеля Т. Стах вспоминает, что Бабель работал над романом о ростовском ЧК, когда его арестовали [Стах 2004]. Пирожкова, однако, не вспоминает, что Бабель работал над романом о ЧК в период их совместной жизни, но предполагает, что работа велась в 1925 году. См. [Пирожкова 2013: 579].

вышенные планы и репрессии специалистов по планированию и производству (эта отсылка позже удалена цензурой). Клавдия сообщает:

> К тому времени остро стал вопрос о Викторе Андреевиче. Тут подоспело решение ЦК о том, чтобы в отмену прежнего варианта пятилетки довести в 1932 году добычу нефти до 40 миллионов тонн. Разработать материалы поручили плановикам, то есть Виктору Андреевичу. Он заперся у себя, потом вызывает меня и показывает письмо. Адресовано президиуму ВСНХ. Содержание: слагаю с себя ответственность за плановый отдел. Цифру в сорок миллионов тонн считаю произвольной. Больше трети предположено взять с неразведанных областей, что означает делить шкуру медведя, не только не убитого, но еще не выслеженного... Далее, с трех крекинг-установок, действующих сегодня, мы перескакиваем, согласно новому плану, к ста двадцати в последнем году пятилетки. Это при дефиците металла и при том, что сложнейшее производство крекингов у нас не освоено... Кончалось письмо так: подобно всем смертным я предпочитаю стоять за высокие темпы, но сознание долга... и прочее и прочее (Собрание сочинений, 3: 130–131).

Несмотря на такие завышенные требования партии и угрозы неприятностей, Клавдия не отступается от защиты более реальных целей производства. Однако она не теряет энтузиазма по поводу масштабности предстоящей задачи, продолжая восхищаться рождением новых взглядов на жизнь, а также Москвой как огромной строительной площадкой.

Цена молчания

Опасность политических обвинений нависла над Бабелем задолго до сталинских чисток 1937 года — в тот момент, когда из-за него публично поссорились Буденный и Горький. Если первоначальная атака Буденного лишь позабавила Бабеля и увеличила продажи «Конармии», то теперь на вопрос о лояльности Бабеля, казалось, отвечала его неспособность создать идеологически подходящий материал. Опасность, в которой оказался Бабель, осознал и Горький, выступивший в 1928–1929 годах в защиту подвергшихся линчеванию писателей и еврейских авторов. Горький попытался сгладить некоторые пагубные идеологические последствия творчества Бабеля, утверждая, что нельзя из идеологических соображений игнорировать художественную ценность [Горький 1928а; Горький 1929: 2].

В 1929 году дело Замятина и Пильняка продемонстрировало отсутствие в Советской России творческой свободы. Теперь писатель рисковал своей репутацией, проживая или публикуясь за границей. В послужном списке Бабеля были записаны оба этих факта. Ему было предъявлено еще более серьезное обвинение в антисоветских заявлениях в польской прессе, после того как в 1930 году варшавская газета «Литературные новости» («Wiadomości literackie») опубликовала интервью, которое Бабель якобы дал Александру Дану (Александру Вайнтраубу) и в котором он будто бы сказал, что ему надоел большевистский режим и что он смирился с эмиграцией на солнечную Французскую Ривьеру. Коммунистическое правление, согласно «цитате» Бабеля, породило только смерть и болезни, а солнце последний раз светило ярко в 1914 году [Dan 1930].

Примечательно, что сообщение о разговоре с Бабелем на Лазурном берегу не было датировано, так что могло возникнуть впечатление, будто Бабель все еще находится за границей. На самом деле Бабель вернулся из Франции в 1928 году, а статья представляла собой грубую переработку его рассказа «Гедали» из «Конармии», хотя для некоторых партийных аппаратчиков она оказалась достаточно убедительной, несмотря на пародийно-истерический стиль, не свойственный настоящему Бабелю[41]. Польский эмигрант, коммунист Бруно Ясенский воспользовался

---

[41] Интервью было опубликовано вторично в парижской газете «Последние новости» («Dernières nouvelles») 13 июня 1930 года и в том же году появилось в переводе на иврит в израильском журнале «Писания» («Кетувим»). Потом израильский поэт Авраам Шлонский, считая интервью достаточно правдоподобным, перепечатал его без комментариев в своем ивритском сборнике рассказов Бабеля: Сипурим. Тель-Авив: Сифриат Поалим, 1963. С. 342–343.

«интервью» для доказательства сомнительной лояльности Бабеля как советского писателя [Ясенский 1930]. Ясенский, член ВКП(б) с 1930 года, ставший крупной фигурой в советской литературе, был избран секретарем Международного объединения рабочих писателей и работал главным редактором центрального органа МОРПа — журнала «Интернациональная литература» (но был репрессирован в 1937 году). Бабель немедленно направил в редакцию «Литературной газеты» письмо, в котором указал, что интервью он, разумеется, не давал. Но, поскольку Ясенский поставил вопрос о праве Бабеля называть себя советским писателем, от того потребовали публичного объяснения. На заседании секретариата писательской организации ФОСП 13 июля 1930 года Бабель защищался, заявляя о своей безусловной преданности. В соответствии со своей обычной тактикой мистификации, он повторил историю о своем ученичестве у Горького и объяснил молчание характерной для него затянувшейся творческой работой над новой книгой. Далее он заявил, что после выхода «Конармии» и «Одесских рассказов» он действительно исчез из литературы, но это произошло потому, что он уже не мог писать в прежней манере. Он дошел до того, что отказывается от стиля «Конармии»:

> После семилетнего перерыва, в течение шести месяцев печатались мои вещи. Потом я перестал писать потому, что все то, что было написано мною раньше, мне разонравилось. Я не могу больше писать так, как раньше, ни одной строчки. И мне жаль, что С. М. Буденный не догадался обратиться ко мне в свое время за союзом против моей «Конармии», ибо «Конармия» мне не нравится (Собрание сочинений, 3: 362).

По словам Бабеля, его молчание было, по сути, самой большой услугой, которую он мог оказать советской литературе, поэтому он отказался от преимуществ, которые давала слава, и уехал в деревню, в колхозы, чтобы узнать советскую жизнь изнутри. Этого требовали идеологи-демагоги, хотя и не совсем в том смысле, который имел в виду Бабель. Чувствуя необходимость отмежеваться от «попутчиков», чей день прошел, и понимая, что в новом политическом климате его уклончивость может считаться преступлением, Бабель изобразил себя человеком, которого больно обидели, и притворился удивленным, что ему нужно заявлять о своей невиновности:

> Мне не приходило в голову в течение всего этого времени, что нужны были с моей стороны декларации о моем отношении к Советской власти, как человеку, честно прослужившему десять лет в сов[етском] учреждении, не пришло бы в голову дать подписку о том, что он из этого учреждения ничего не украдет.
>
> Недавно я был с триумфом отправлен от фининспектора, ибо оказался единственным писателем в СССР, не обложенным подоходным налогом. Все мое состояние — полтора чемодана и долг ГИЗу.
>
> Я еще раз повторяю, я думал, что весь этот разговор я поведу через три месяца, через мою книгу (Собрание сочинений, 3: 363).

Он взялся судиться с польской газетой и в результате выиграл суд[42].

3 сентября 1930 года варшавская газета «Литературные новости» («Wiadomości literackie») в своем заголовке на всю полосу первой страницы опубликовала сообщение о сенсационном судебном процессе в Варшаве, который возбудил против нее Бабель. Газета резюмировала статью Ясенского в «Литературной газете» и напечатала ответ Александра Дана на письмо Бабеля в «Литературную газету», в котором тот протестовал, что не был на Ривьере и никогда не слышал о Дане. Дан объяснил, что встретил русского, представившегося Бабелем, осенью 1926 года (когда Бабеля, как известно, не было во Франции) и позже «реконструировал» разговор, прочитав немецкий перевод «Конармии». Польская газета заявила, что стала жертвой этой уловки, но при этом утверждала, что «интервью» отражает дух того, что Бабель действительно написал в «Конармии». Кроме того, она отметила

---

[42] Стенограмма заседания секретариата писательской организации ФОСП 13 июля 1930 года. ИМЛИ. Ф. 86. Оп. 1. Д. 5, 1.

репрессивную атмосферу в советской литературе, о которой свидетельствовали самоубийство Маяковского и нападки Ясенского на Бабеля. Бабелю со своей стороны пришлось доказывать свою непричастность к зарубежной антисоветской кампании[43]. Но обещанная им книга, оправдывающая его плодотворное молчание, так и не увидела свет.

Если Бабель надеялся, что его уединенное существование в Молоденово приблизит день, когда он снова увидит свою семью, то это оказалось напрасной мечтой. Бабель умолял мать и сестру: «Не толкайте меня, *mes enfants* [мои дети], под руку, — если бы вы знали, до чего нужны твердость и спокойствие этой руке» (письмо из Молоденово, 14 октября 1931 года. Собрание сочинений, 4: 298). Он понимал, что интенсивная работа над новыми рассказами привела к появлению огромного количества заметок и черновиков, но мало что из этого было пригодно для публикации. В результате попытки отправить деньги за границу жене и получить паспорт для матери превратились в бесконечный бег по кругу.

К концу 1931 года Бабелю все же удалось опубликовать рассказы из книги «История моей голубятни» и одну главу из книги о коллективизации «Великая Криница». Неудачей обернулась публикация еще одного одесского рассказа, «Карл-Янкель», — о матери, судимой за обрезание ребенка, поскольку этот рассказ привлек внимание иностранной прессы и вскоре после публикации в Москве был перепечатан в эмигрантской газете в Париже[44]. Бабель попытался приуменьшить результаты политических импликаций разоблачения советского антисемитизма, заявляя, что текст был напечатан в искаженном и некорректном виде:

> Удивляюсь тому, что в зарубежной прессе пишут о таких пустяках, как «Карл-Янкель». Рассказ этот неудачен и к тому же чудовищно искажен. <...> Вообще, то, что печатается,

---

[43] См. его письмо к редактору «Литературной газеты», 17 июля 1930 года (Собрание сочинений, 4: 282).

[44] Последние новости. 1931. Декабрь. № 39. С. 3–4.

есть ничтожная доля сделанного, а основная работа произ-
водится теперь. С похвалами рано, посмотрим, что будет
дальше. Единственное, что достигнуто, — это чувство
профессионализма и упрямства и жажда работы, которых
раньше не было (Письмо к матери и сестре из Москвы,
2 января 1932 года. Собрание сочинений, 4: 300).

В это время Бабель ожидал разрешения на выезд за границу
и на выдачу иностранной валюты, поэтому он не мог позволить
себе новых волнений, подобных варшавской провокации.
К 1932 году Бабель «молчал» уже шесть лет без новой книги, что
совпадает с первым периодом его «ухода в народ» в «Автобиографии». В переработанном окончании «Автобиографии», которое он подготовил в том же году, он объяснял свое молчание тем,
что бродит по стране и набирается сил для новой работы:
«Снова настала для меня пора странствий, молчания и собирания
сил. Я стою теперь перед началом новой работы»[45]. И все же Бабель в очередной раз оказался не в ладах с идеологической орто-
доксией. Партия брала литературу под контроль так же, как и все
остальные сферы жизни. От писателей требовалось подчиниться диктату социалистического реализма, который предполагал
беспрекословную верность партийному контролю (партийность),
демонстративное признание классового конфликта регулятором
человеческих отношений (классовость), отождествление себя
с народом (народность). Учреждение Союза писателей СССР
привело к появлению мощного органа, способного как наказы-
вать нерадивых членов, так и раздавать привилегии тем, кто был
в фаворе у власти. Первый съезд советских писателей в 1934 году
оказался историческим прощанием с остатками индивидуальной
свободы и разнообразия в искусстве.

В своем предисловии к английскому переводу сборника рассказов Бабеля 1955 года ведущий американский критик Лайонел
Триллинг назвал речь Бабеля на Первом съезде советских писателей в 1934 году «странным перформансом»:

---

[45] Рукопись хранится в РГАЛИ. Ф. 1559. Оп. 1. Д. 3. Опубликовано в: (Детство:
7–8).

...Под ортодоксальностью этой речи скрывается некий тайный замысел. Это чувствуется по язвительно проявляющимся в ней остаткам гуманистического уклада. Как будто юмор, часто причудливый, как будто ирония и заученное самоуничижение — это выстраданные утверждения свободы и самоценности; как будто Бабель обращается к своим коллегам-писателям на мертвом языке... [Trilling 1994: 343].

Триллинг видит политические последствия в бабелевском объявлении себя «мастером молчания». По правилам требовалось восхвалять И. В. Сталина, вождя народа, объединившегося в борьбе за коммунизм, и Бабель отметил эту «единую борьбу народа», но сказал, что борьба эта — борьба с банальной пошлостью, которую он считал «контрреволюционной» [Луппол и др. 1934: 279]. Сталин назвал писателей «инженерами человеческих душ», но Бабель напомнил слушателям, что их профессия требует «различия в чувствах, вкусах и методах работы». Сейчас волнующее время — снимаются первые строительные леса со здания социализма, но писатели не справятся со своей задачей, если будут кричать о счастье через мегафоны, как это обычно делают в эти дни в сталинской пропаганде. Если так пойдет и дальше, шутил Бабель, то признания в любви будут звучать через громкоговорители, как объявления на спортивном стадионе.

Бабель вызвал своим юмористическим протестом против культа личности аплодисменты и смех, но он, несомненно, говорил искренне, когда возлагал на самих писателей ответственность за адекватное описание исторических преобразований в Советском Союзе. Прежде всего, писатели несли ответственность перед читателем (то есть не перед партией). Советский читатель требовал литературы, и в его протянутую руку нельзя было положить камень, а только «хлеб искусства». Массовая литература не годится, это должна быть качественная литература, литература идей. Писатель должен поразить читателя неожиданностью искусства. Что касается уважения к читателю, то Бабель заявил, вызвав смех аудитории: «Я заговорил об уважении к читателю. Я, пожалуй, страдаю гипертрофией этого чувства. Я к нему испытываю такое беспредельное уважение, что немею, замолкаю (*смех*)». (Собрание сочинений, 3: 38).

Утверждение о том, что писатель должен знать колхозы и заводы изнутри и вблизи, на что требуется много времени и размышлений, было для Бабеля способом оправдать свое молчание. Возможно, он был излишне оптимистичен или ироничен, полагая, что в Советском Союзе можно сохранить различия между писателями в условиях массового конформизма. Горький поддерживал идею Союза писателей именно из-за его цели организовать писателей для коллективной работы по строительству новой социалистической культуры [Лупполь и др. 1934: 225–226]. Однако именно против коллективной работы выступал на съезде И. Г. Эренбург, а Ю. К. Олеша в своей речи настаивал на необходимости быть самим собой, просил дать ему свободу посвятить себя мечтам новой советской молодежи, поскольку описывать заводы он не может. Бабель знал, что в Советском Союзе он не может писать свободно: «Если заговорили о молчании, то нельзя не сказать обо мне — великом мастере этого жанра (*смех*)» (Собрание сочинений, 3: 39).

Но он понимал, что на капиталистическом Западе ни одному издателю не было бы дела до того, может ли он сказать что-то другое и важное:

> Надо сказать прямо, что в любой уважающей себя буржуазной стране я бы давно подох с голоду, и никакому издателю не было бы дела до того, как говорит Эренбург, кролик я или слониха. Произвел бы меня этот издатель, скажем, в зайцы и в этом качестве заставил бы меня прыгать, а не стал бы — меня заставили бы продавать галантерею. А вот здесь, в нашей стране, интересуются — а он кролик или слониха, что у него там в утробе, причем и не очень эту утробу толкают, — маленько, но не очень (*смех, аплодисменты*), и не очень допытываются, какой будет младенец: шатен или брюнет, и что он будет говорить и прочее. Вот, товарищи, я этому не радуюсь, но это, пожалуй, живое доказательство того, как в нашей стране уважаются методы работы, хотя бы необычные и медлительные (Собрание сочинений, 3: 39).

Однако среди смеха Бабель сделал важное заключение с двойным дном:

> Вслед за Горьким мне хочется сказать, что на нашем знамени должны быть написаны слова Соболева, что все нам дано партией и правительством и отнято только одно право — плохо писать.
> Товарищи, не будем скрывать. Это было очень важное право, и отнимают у нас немало (*смех*). Это была привилегия, которой мы широко пользовались.
> Так вот, товарищи, давайте на писательском съезде отдадим эту привилегию, и да поможет нам бог. Впрочем, бога нет, сами себе поможем (*аплодисменты*) (Собрание сочинений, 3: 39–40).

Право писать плохо было привилегией, которой писатели злоупотребляли, и, отказавшись от нее, они должны были взять на себя ответственность за свое творчество и свободу[46].

О значении Первого съезда советских писателей можно судить по тому, с какой яростью смущенный советский литературный истеблишмент воспринял появившуюся за несколько месяцев до открытия съезда книгу Макса Истмена «Художники в униформе: Исследование литературы и бюрократии». В ней была представлена картина, сильно отличающаяся от той, которую хотела дать партия. Подробно описывая дела Замятина и Пильняка, Истмен разоблачал систематические репрессии против свободы творчества. В главе «Молчание Исаака Бабеля» он восхваляет Бабеля за то, что тот не продал свое перо аппаратчикам, и восхищается его молчанием — изменническим поступком, за который ему грозило суровое наказание. Истмен догадывается, что Бабель выжил не благодаря своей уклончивости, а благодаря важным связям и особым привилегиям, предоставленным лично Сталиным Горькому — главному защитнику Бабеля. Публика, смеявшаяся над упоминанием Бабеля о его молчании, несомненно, слышала

---

46 Триллинг, кажется, понял это выражение иначе — что право писать плохо само по себе было правом, от которого было нелегко отказаться [Trilling 1994: 343].

о скандальной книге Истмена. Напрасно Эренбург отстаивал право Бабеля, Олеши и Пастернака писать как они хотели и что хотели. Для Бабеля, как и для М. А. Булгакова и Н. Р. Эрдмана, единственной возможностью было молчание.

Молчание — также сопротивление

В 1936 году критик И. Г. Лежнев отметил десятилетие «молчания» Бабеля с момента выхода первого издания «Конармии» [Лежнев 1936]. Стало ясно, что молчание само по себе может быть расценено как предательство, и писателей призвали продемонстрировать свою лояльность Сталину [Перцов 1936]. Однако Бабель, как и другие «писатели молчания», не сложил пера. Молчание Бабеля, по сути, было плодотворным, но, к сожалению, всякий раз, когда казалось, что он близок к завершению своей работы, усиливающиеся репрессии делали ее публикацию невозможной.

Правда в том, что его книга о коллективизации «Великая Криница» была бы в годы сталинских репрессий еще менее приемлема, чем откровенные описания насилия и жестокости в «Конармии», которые все еще привлекали огонь марксистской критики. Вряд ли ее удовлетворило бы возвращение к старым темам, таким как «Одесские рассказы» и «История моей голубятни». Бабеля интересовали крайности, гротеск, ненормальность, а партия требовала конформизма и посредственности. С. Г. Гехт вспоминал об утраченном рассказе, который Бабель читал Эренбургу в 1938 году, «У троицы»: «...это история гибели многих иллюзий, история горькая и мудрая» [Эренбург 1990, 2: 486][47]. Роман об одесских бандитах в шахтах и на фабриках Донбасса, «Коля Топуз», тоже был утрачен [Пирожкова 2013: 315–316]. Не сохранилось следов и бабелевских рассказов о Кабардино-Балкарии, основанных на впечатлениях от пребывания по заданию «Правды» в Нальчике в гостях у Б. Э. Калмыкова, легендарного первого секретаря Кабардино-Балкарской области, безжалостно репресси-

---

[47] См. также [Гехт 1989: 59–60].

ровавшего в начале 1920-х годов интеллектуальную элиту и классовых врагов. Калмыков впал в немилость и был арестован в ноябре 1938 года, возможно потому, что Сталин не мог терпеть конкурирующих культовых фигур, тем более тех, кто успешно модернизировал свой регион и превратил его в то, что Бабель назвал жемчужиной среди советских областей, раем, изобильным и дающим богатые урожаи [Пирожкова 2013: 208–222]. 26 апреля 1935 года Бабель выступил в Доме советских писателей в Москве с двухчасовой лекцией, в которой описывал свои рассказы о Кабардино-Балкарии для планируемой Горьким антологии, посвященной второй пятилетке. Бабель намеревался использовать этот материал для заказа в партийном издательстве Политиздат, где работал его друг Исай Лившиц. Кроме того, Бабель зарабатывал деньги халтурами в кино и разными издательскими заданиями, не успевая завершить литературные проекты, которые уже не могли быть опубликованы. Давление на него усилилось, и он понимал, что шансы снова увидеть семью зависят от того, насколько хорошо он «отработает».

Очередное писательское задание привело Бабеля в донбасский горнопромышленный район в центре стахановского движения. Там он подружился с местным коммунистом В. Я. Фурером, молодым протеже Кагановича. В конце 1936 года Фурер покончил жизнь самоубийством, оставив длинное письмо, в котором объяснял, что больше не может мириться с арестами невиновных людей [Пирожкова 2013: 224–229][48].

Парижский антифашистский конгресс писателей-интернационалистов 1935 года оказался для Бабеля последним кратковременным поводом навестить семью. Бабель и Пастернак были отправлены туда только после того, как французские левые пожаловались на их отсутствие в составе советской делегации. Конгресс дал возможность для советской пропаганды, но ущемление личной и творческой свободы в СССР, а также споры внутри советской делегации и фракционность французских левых в значительной степени дискредитировали эти усилия. Неудиви-

---

48 См. также [Роговин 1996].

Илл. 12. Бабель, Михаил Кольцов, Андре Мальро и Горький. Феодосия, Крым. 9 марта 1936 года

тельно, что, как писал в своих воспоминаниях Эренбург, импровизированные выступления Пастернака и Бабеля были встречены бурными аплодисментами:

> В 1935 году в Париже собрался Конгресс писателей в защиту культуры. Приехала советская делегация; среди нее не оказалось Бабеля. Французские писатели, инициаторы конгресса, обратились в наше посольство с просьбой включить автора «Конармии» и Пастернака в состав советской делегации. Бабель приехал с опозданием — кажется, на второй или на третий день. Он должен был сразу выступить. Усмехаясь, он успокоил меня: «Что-нибудь скажу». Вот как я описал в «Известиях» выступление Исаака Эммануиловича: «Бабель не читал своей речи, он говорил по-французски, весело и мастерски, в течение пятнадцати минут он веселил аудиторию несколькими ненаписанными рассказами. Люди смеялись, и в то же время они понимали, что под видом веселых историй идет речь о сущности наших людей и нашей культуры: "У этого колхозника уже есть хлеб, у него есть дом, у него есть даже орден. Но ему этого мало. Он хочет теперь, чтобы про него писали стихи..."» [Эренбург 1990, 1: 470].

Илл. 13. Бабель
и Эйзенштейн, 1936 год

По возвращении в Москву Бабель читал обязательный доклад о путешествии в рамках публичного обсуждения итогов съезда и отметил заботу и внимание, которые советские писатели, выезжающие за рубеж, получали от родины, несомненно, намекая на то, что его передвижения были ограничены, а сам он находился под наблюдением[49].

Ситуация становилась для Бабеля все хуже. Шкловский, связанный с осужденными формалистами в литературной критике, отрекся от ереси «юго-западной», или одесской школы русской литературы (в которую входили Бабель, Багрицкий, Олеша, Ильф и Петров). Всемирно известный кинорежиссер С. М. Эйзенштейн также оказался в сложной ситуации и был вынужден признать

---

[49] Широким фронтом против фашизма: Товарищи И. Бабель, В. Киршон и К. Луппол о Конгрессе защиты культуры // Литературная газета. 1935. 15 августа.

свои «идеологические ошибки» в самокритичной речи 25 апреля
1937 года. В 1936 году Эйзенштейн работал с Бабелем над изме-
ненной версией «Бежина луга», адаптацией тургеневского рассказа о мальчике Степке, который предает своего отца, замышляя
сжечь колхоз, как в легенде о советском комсомольце Павлике
Морозове (ныне считающейся вымышленной). Эйзенштейн задумал фильм как картину монументальной борьбы старой
и новой России, отцов и детей, которая заканчивается мучени-
ческой смертью во имя победившего социализма. Фильм был
запрещен, и ответственность за это легла не только на плечи
Эйзенштейна, но и на его сотрудников[50].

Убийство первого секретаря Ленинградского обкома партии
С. М. Кирова в 1934 году, после его выступления за примирение
с оппонентами руководства, дало Сталину повод активизировать
преследования и показательные процессы над политическими
врагами, в том числе Л. Б. Каменевым и Г. Е. Зиновьевым. Доносы
и террор усилились, достигнув кульминации в Большом терроре
1937 года. Общественная кампания 1936 года против «троцкизма»
и «формализма» в искусстве, разгоревшаяся после атаки Карла
Радека на Джойса и модернизм, дала еще одну возможность
свести старые счеты и потребовать деклараций о благонадежно-
сти. «Антиформалистская» кампания по искоренению остатков
нонконформизма открылась публичной атакой в «Правде»
в начале 1936 года на композитора Д. Д. Шостаковича, затем
последовали нападки на Эйзенштейна и В. Э. Мейерхольда. Выступление Бабеля 26 марта 1936 года на общественном собрании
писателей «против формализма» звучит как признание собственной вины за молчание, которое, по его словам, было результатом
того, что он не смог превратить свои впечатления от поездок по
колхозам и фабрикам в нечто интересное и, как следствие, при-
годное для публикации («О работниках новой культуры». Собрание сочинений, 3: 364–369). Бабель не был готов продать свою
душу и вел себя максимально сдержанно, когда ему приходилось
выступать на публичных собраниях с разоблачениями «троцки-

---

[50] См. [Пирожкова 2013: 280–284].

стов» и «формалистов»[51]. Он говорил о сохранении культурных ценностей и человеческой порядочности, видя, что они рушатся, и далее объяснял свое молчание недовольством собой. Его привередливость была, по его словам, чертой его тяжелого характера, отличавшей его от других, которые писали многословные романы о жизни на фабрике[52]. Подпись Бабеля редко встречается на коллективных письмах, осуждающих какого-либо «врага народа», которые писателей заставляли подписывать для публикации в официальных газетах; подписание не всегда было добровольным[53].

Выиграть время у редакторов, выдававших авансы за рассказы, которые Бабель не успевал сдать, становилось все труднее, а из-за накопившихся долгов ему угрожали судебные приставы[54]. К счастью для Бабеля, приставам было велено оставить необходимую мебель, например письменный стол; одним из заседателей оказался поэт Б. А. Слуцкий, практикант юридического института.

> Старичок судебный исполнитель сказал:
> — Сегодня иду описывать имущество жулика. Выдает себя за писателя. Заключил договоры со всеми киностудиями, а сценариев не пишет. Кто хочет пойти со мной?
> — Как фамилия жулика? — спросил я.
> Исполнитель полез в портфель, покопался в бумажках и сказал:
> — Бабель, Исаак Эммануилович.
> Мы вдвоем пошли описывать жулика.

---

51 См., например, стенограмму речи Бабеля 16 марта 1936 года. ИМЛИ. Ф. 41. Оп. 1. Д. 228. Л. 87–93; Собрание сочинений, 3: 364–369.

52 Отредактированная стенограмма замечаний Бабеля, сделанных на вечере молодых писателей, организованном журналом «Литературная учеба» в Союзе писателей, 28 сентября 1937 года (Собрание сочинений, 3: 392–404).

53 Редкий пример можно увидеть в: Ложь, предательство, смердяковщина // Литературная газета. 1937. 26 января. С. 4 (специальный выпуск, посвященный показательным процессам, включавший подписи многих советских писателей).

54 Письмо Ефиму Зозуле из Переделкино, 14 октября 1938 года (Собрание сочинений, 3: 353–354).

К тому времени, к сентябрю 1938 года, я перечел нетолстый томик Бабеля уже десятый или четырнадцатый раз. <...> Бабель жил недалеко от прокуратуры и недалеко от Яузы, в захолустном переулке. По дороге старик объяснил мне, что можно и что нельзя описывать у писателя.

— Средства производства запрещено. У певца, скажем, рояль нельзя описывать, даже самый дорогой. А письменный стол и машинку — можно. Он и без них споет. У писателя нельзя было описывать как раз именно письменный стол и машинку, а также, кажется, книги. Нельзя было описывать кровать, стол обеденный, стулья: это полагалось писателю не как писателю, а как человеку.

В квартире не было ни Бабеля, ни его жены. Дверь открыла домработница. Она же показывала нам имущество.

<...> В сентябре 1938 года в квартире Бабеля стояли: письменный стол, пишущая машинка, кровать, стол обеденный, стулья и, кажется, книги. Жулик знал действующее законодательство. Примерно в этих словах сформулировал положение судебный исполнитель [Слуцкий 2005: 173–174].

Это повторялось снова и снова: Бабель брал авансы у издателей, чтобы выиграть время для работы над своими рассказами, а затем не справлялся с исполнением. Бабель неустанно объяснял родственникам за границей:

Работаю я больше, чем когда-либо, но, как видите, внешнего толка пока нет. Жизнь не хочет помедлить у письменного стола и пяти минут, выразить в художественном образе философию этого бурного движения задача благодарная, но такой трудности, с какой я в жизни моей еще не встречался. На компромисс — внутренний или внешний — идти я не умею, вот и приходится терпеть, углубляться и ждать. Много времени и сил отнимают всякие безымянные работы для денег, добываю я их столько, что хватило бы выстроить дом и дачу и купить автомобиль и кататься по всем Крымам и Кавказам, но все уходит на ликвидацию старых парижских долгов и на посылки Енте [Жене], причем для нее это капля в море, мало ощутительная, а у нас это состояние; так что и морального удовлетворения, сознания того, что я действительно ей помогаю, нет у меня. Все это надо в корне пере-

менить, и если бы получить передышку, отвлечься от заказ-
ных работ, обратиться к рассказам (для переводов) — это
было бы посущественней, но передышки этой никак выкро-
ить не могу. Из всего этого следует, что у меня нет ни мину-
ты свободного времени.
Писанье — это сейчас не сидение за столом, а езда, участие
в живой жизни, подвижность, изучение материалов, связь
с каким-нибудь предприятием или учреждением, и иногда
с отчаяния констатируешь, что не поспеваешь всюду, куда
надо (Москва, 14 ноября 1934 года. Собрание сочинений,
4: 332–333).

Более того, как свидетельствуют письма Бабеля из Парижа
и Сорренто 1932–1933 годов, он опасался, что цензура может не
принять его новое произведение. Из пяти рассказов, которые он
отослал Горькому в надежде, что они вернут ему благосклонность
в России, два («Фройм Грач» и «Мой первый гонорар») при жизни Бабеля опубликованы не были.

Погибли и влиятельные друзья Бабеля со времен Гражданской
войны — Якир и Тухачевский, но более глубокий и личный удар
нанес в 1936 году уход Горького, его главного защитника и на-
ставника. Горький все больше замыкался в себе, его раздражало
грубое поведение Сталина и его соратников; сын Горького Максим
скоропостижно скончался при загадочных обстоятельствах в мае
1934 года, и Сталин, возможно, хотел убрать старика с дороги.
Бабель писал после смерти Горького:

Великое горе по всей стране, а у меня особенно. Этот человек был для меня совестью, судьей, примером. Двадцать лет
ничем не омраченной дружбы и любви связывают меня
с ним. Теперь — чтить его память — это значит жить и работать — и то и другое делать хорошо (письмо матери из
Москвы, 19 июня 1936 года. Собрание сочинений, 4: 340).

Смерть одесситов — Эдуарда Багрицкого в 1934 году и Ильи
Ильфа в 1937 году — оставила Бабеля одиноким. Несколько
писателей были арестованы, среди них Осип Мандельштам, со-
сланный в Воронеж, и драматург Николай Эрдман, свидетелем

второго ареста которого Бабель стал во время отдыха на Кавказе с Пирожковой [Пирожкова 2013: 200–205]. В своей хвалебной речи о Багрицком на первую годовщину его смерти в 1935 году Бабель сожалел, что поэт не смог осуществить их общую мечту — уехать на пенсию в солнечную Одессу [Багрицкий 1936: 160–161]. Он и не мог подозревать, что он сам не успеет дожить до старости на приморской даче.

«Не дали мне закончить»

Насколько сталинский террор поколебал природный оптимизм Бабеля и его идеалистическую веру в лучшее будущее? Как он оценивал свои шансы на выживание и чем рисковал, пока хранил свое «молчание»? Что в конце концов привело Бабеля к гибели? Сколько он успел написать того, что не дошло до нас? Прежде всего, следует помнить о полном разрыве между писательской и личной жизнью Бабеля. Немногим доводилось видеть то, что он писал, или то, что лежало в пресловутом сундуке с рукописями. Роющимся в таком сундуке Бабель изображен на карикатуре, озаглавленной «Чемодан 1919» и сопровождавшей публикацию рассказа «Гюи де Мопассан» 1932 года, вместе с эпиграфом из пушкинского «Скупого рыцаря»: «Я каждый раз, когда хочу сундук свой отпереть, впадаю в жар и трепет... Бог знает, сколько горьких воздержаний, обузданных страстей, тяжелых дум, дневных забот, ночей бессонных все это стоило?»[55] Антонине Николаевне строго запрещалось смотреть на рукописи, над которыми работал Бабель, а отсутствие у нее литературного образования способствовало привычной для Бабеля скрытности, в отличие от той относительной открытости, которую он проявлял в переписке со своей русской возлюбленной, Тамарой Кашириной.

К тому же Бабель был предельно далек от политической конъюнктуры. Он не был членом партии. Ведя отшельнический образ жизни в Молоденово, он упорно сопротивлялся попыткам привлечь его к «консультациям» с ударниками труда. Позже, когда

---

[55] Скупой литературный рыцарь // 30 дней. 1932. № 6. С. 35.

ему предложили писательскую дачу в Переделкино, Бабель был озабочен главным образом достаточной удаленностью домов друг от друга, что обеспечило бы ему уединение и возможность заниматься писательством: «...когда узнал, что дачи очень удалены друг от друга и с собратьями встречаться не придется, решил переехать» (письмо к матери, 16 апреля 1938 года. Собрание сочинений, 4: 352). Это были времена, рассказывал Бабель Эренбургу, когда человек мог разговаривать только ночью в постели со своей женой, и то только под одеялом [Эренбург 1990, 2: 158]. В конце 1937 года Эренбург вернулся из Испании, где слухи о чистках дошли до русских журналистов и добровольцев Гражданской войны, часть из которых была отозвана в Москву:

> «Мудрого ребе» я нашел печальным, но его не покидали ни мужество, ни юмор, ни дар рассказчика. Он мне рассказал однажды, как был на фабрике, где изъятые книги шли на изготовление бумаги; это была очень смешная и очень страшная история. В другой раз он рассказал мне о детдомах, куда попадают сироты живых родителей. Невыразимо грустным было наше расставание в мае 1938 года... [Эренбург 1990, 1:471].

Беседы Бабеля в Москве с венгерским коммунистом Эрвином Синко и в Париже с эмигрантом Борисом Сувариным, писавшим биографию Сталина, показывают, что он был в курсе ежедневных арестов и осознавал, что происходило внутри партии [Sinkó 1962; Суварин 1980]. По свидетельству Н. Я. Мандельштам, московская квартира Бабеля оставалась одним из последних убежищ, куда семьи пропавших без вести могли обратиться за поддержкой и советом, и он безуспешно пытался ходатайствовать за них [Мандельштам Н. 1970: 340–341]. По словам Пирожковой, Бабель куда-то уходил и возвращался удрученный, пытаясь успокоить родственников жертвы [Пирожкова 2013: 310–311; Пирожкова 2006: 472–475].

В 1937 году он обратился в Союз писателей с жалобой на то, что его книг больше нет в книжных магазинах и библиотеках; последнее издание сборника его рассказов вышло в 1936 году под жесткой цензурой. В новогоднем послании на 1939 год Бабель выразил завуалированный протест по поводу изъятия из обращения произведений Л. Н. Толстого[56]; репрессиям подвергались не только живые писатели. Бабель занимал ряд редакционных постов, но кольцо сжималось [Христофоров 2015]. Теперь мы знаем, что за Бабелем с 1934 года велась слежка, и его мнения о показательных процессах и политической ситуации записывались. Примерно за год до ареста Бабеля НКВД внедрил в его семью осведомителя в лице Я. Е. Эльсберга, работавшего в издательстве «Академия». Пирожкова привыкла к тому, что к ней приходят и останавливаются самые разные гости, поэтому ее не насторожила услужливость Эльсберга, который молниеносно приглашал ремонтников или декораторов. Бабеля, видимо, лишь позабавило, что однажды вечером Эльсберг сопровождал Пирожкову в оперу и привез домой на шикарном черном автомобиле [Пирожкова 2013: 417–418; Пирожкова 2006: 511–513][57].

Ежов, начальник НКВД с 1936 года, подозревал Бабеля в любовной связи с его женой, Евгенией Соломоновной (урожденной Фейгенберг), которая была давней одесской подругой Бабеля. В 1936 году Бабель работал вместе с ней над международным журналом «СССР на стройке»; зимой 1938 года она покончила с собой после ареста близкого друга[58]. Евгения Соломоновна организовывала званые вечера, на которых присутствовали ведущие писатели и партийные аппаратчики, в том числе бывшие чекисты. Известно, что Бабель часто бывал в доме Ежова. Осип Мандельштам поинтересовался, почему Бабеля тянет к «милиционерам»: «Распределить, где выдают смерть? Вложить пер-

---

[56] Литературные мечтания // Литературная газета. 1938. 31 декабря. С. 5.

[57] В период оттепели роль Эльсберга и других доносчиков в аресте писателей была расследована, и в 1962 году его исключили из Союза писателей, хотя позже он был восстановлен в должности [Конквест, 1974: 604]. Эльсберг также считал недооцененным талант Бабеля [Эльсберг 1971: 162–165]. Подробное описание слежки за Бабелем и его ареста см. в [Погорельская, Левин 2020: 510–530].

[58] О противоречивых отношениях Бабеля с Евгенией Соломоновной см. [Лившиц-Азаз 2022: 237–248].

сты? — Нет, — ответил Бабель, — пальцами трогать не буду, а так потяну носом; чем пахнет?..» [Мандельштам О. 2009: 341]. Бабель хотел понять, как Ягоде и Ежову удалось спровоцировать такой нечеловеческий террор, но для того, чтобы удовлетворить писательское любопытство, ему пришлось подойти слишком близко. Однажды он спросил Ягоду, что делать, если его арестуют, и Ягода ответил, что он должен все отрицать; позже он считал Ягоду более человечным, чем Ежова [Пирожкова 2013: 260]. Ежов был снят со своего поста и заменен Берией, а затем в апреле 1939 года сам был арестован.

В начале 1939 года Бабель решил жить в Переделкино отдельно, чтобы работать над своей новой книгой. После успешного завершения он намеревался пригласить к себе из Москвы Пирожкову и их дочь Лидию. Оставалось закончить пару киносценариев — трилогию о Горьком, которую Бабель пообещал взять на себя его вдове[59], и сценарий детского фильма «Старая площадь, 4»[60] о дирижабле СССР-1, который Бабель написал всего за 20 дней (письмо матери и сестре из Ленинграда, 20 апреля 1939 года. Собрание сочинений, 4: 355). Бабель съездил в Ленинград, чтобы завершить кое-какие дела по своей киноработе, но успел посетить друзей и осмотреть достопримечательности, вызвав к себе Пирожкову под предлогом внезапного приступа астмы. В его последнем письме от 10 мая 1939 года сообщалось, что теперь он поселится в Переделкино: «...заканчиваю последнюю работу кинематографическую (это будет фильм о Горьком) и скоро приступаю к окончательной отделке заветного труда — рассчитываю сдать его к осени» (Собрание сочинений, 4: 356).

В пять утра 15 мая 1939 года Пирожкову разбудили четыре сотрудника НКВД, спрашивавшие Бабеля. Татьяна Стах, старая знакомая Бабеля, ночевала в его московской квартире и была свидетельницей обыска, в ходе которого были изъяты рукописи

---

[59] См. [Пирожкова 2013: 318]. Фильм «Мои университеты» вышел в 1940 году, но имя Бабеля в нем отсутствовало.

[60] «СССР В-1» — дирижабль мягкого типа, спроектированный и построенный в 1930–1932 годах для учебных и тренировочных целей.

Бабеля и титульные листы книг, а также вписанные в них посвящения (в том числе от Троцкого) [Стах 2004]. Двое сотрудников НКВД сопровождали Пирожкову на дачу в Переделкино, где ее заставили постучать в дверь Бабеля, а затем, обыскав его на предмет оружия, как опасного преступника, арестовали [Пирожкова 2013: 319–321][61].

Подсчитано, что из 600 делегатов Первого съезда советских писателей по крайней мере половина не пережили сталинские годы. Некоторые были арестованы, некоторые умерли преждевременно или покончили жизнь самоубийством, некоторые просто исчезли. Мания величия Сталина не терпела соперников, и он с подозрением относился к возможным подрывным действиям где бы то ни было. Самые талантливые писатели и художники погибли или были вынуждены замолчать, за некоторыми исключениями, по причинам, которых мы, возможно, никогда до конца не поймем. Раскрытие «заговора» писателей, замышлявших подорвать коммунистический строй и совершить контрреволюционные террористические акты, было лишь вопросом времени. У НКВД не было убедительных «доказательств» заговора, но была надежда, что Бабеля удастся быстро сломать и заставить обвинить других членов литературного братства. Ордер на арест Бабеля на самом деле был подписан Берией уже после того, как его задержали, 16 мая 1939 года, и датирован задним числом [Поварцов 1996: 41]. Также были арестованы журналист М. Е. Кольцов, верный сторонник Сталина и ветеран гражданской

---

[61] Судьба Бабеля замалчивалась при его реабилитации в период оттепели и стала известна только в 1988 году благодаря политике гласности М. С. Горбачева. Выдержки из дела НКВД № 419 против И. Э. Бабеля, открытого 16 мая 1939 года, см. в [Поварцов 1996; Поварцов 2012]. Нижеследующее основано на этих источниках, а также на докладе А. И. Ваксберга о «заговоре писателей» (Ваксберг А. Процессы // Литературная газета. 1988. 4 мая. С. 12) и на мемуарах Пирожковой. В. А. Шенталинский знал, что КГБ, вероятно, принял профилактические меры по очистке некоторых документов, что они не собираются сразу раскрывать личности информаторов и что сотрудничество зависит от приказа сверху [Шенталинский 1995: 23–25]. Поварцов, которому сообщили, что тюремные и другие записи не сохранились, констатирует, что тоталитарные привычки отмирают тяжело (см.: [Поварцов 1996: 47, п. 2]).

войны в Испании, и театральный режиссер Мейерхольд. Сталин вызвал Фадеева и показал «признания» Мейерхольда; видимо, диктатор хотел молчаливой поддержки Союза советских писателей и, следовательно, их соучастия. Стах вспоминает, что за четыре дня до ареста Бабеля Фадеев позвонил Бабелю и сообщил, что «начальник» спросил, произвел ли он что-нибудь новое и не хочет ли он уйти в отпуск, что могло быть предупреждением. Другими потенциальными кандидатами на участие в «заговоре» писателей были Олеша, еще один «писатель молчания», и Пастернак, ведущий русский поэт, ни один из которых не был арестован.

Фабрикуя дела о шпионаже, следователи привлекали в качестве доказательств любые контакты с иностранцами или с русскими эмигрантами за границей. Кроме того, основанием для подозрений в антисоветской деятельности служило участие в 1920-е годы в таких литературных журналах, как «Красная новь» Воронского или «Перевал», а также в издательстве «Круг». Более того, контакты с кем-либо впоследствии опальным свидетельствовали об активном участии в «троцкистской» террористической организации. Обвиняемым зачитывались выдержки из признаний других заключенных, обвинявших их в антисоветской деятельности, хотя на самом деле они, возможно, уже были казнены (как и Пильняк в случае с Бабелем). Подписанные «признания» зачастую выбивались посредством повторяющихся болезненных ударов по внутренним органам, а также психологических пыток [Поварцов 1996: 48].

Из документов НКВД видно, что первоначальными причинами подозрений, которыми обосновывалось «преступление» Бабеля, была его связь с арестованными «троцкистами», что следовало из их показаний (или показаний, вложенных им в уста). С. Б. Урицкий, бывший редактор «Крестьянской газеты», показал, что встретил Бабеля в доме Ежова и слышал, как он выражал беспокойство, что его молчание будет расценено как антисоветский акт, а также по поводу ареста близких друзей. По сообщению информатора, в 1938 и 1939 годах Бабель утверждал, что партия намеренно уничтожает лучшие таланты и способных руководителей [Шенталинский 1995: 64–65; Поварцов 1996: 85–86]. Это якобы свидетельствовало о чувстве вины Бабеля, его троцкистских взглядах и связи с Ежовым. Ежов, арестованный как враг народа, обвинил Бабеля и Кольцова (уже арестованного в декабре 1938 года), а также свою жену в шпионаже в пользу Великобритании [Jansen, Petrov 2002: 186]. Более того, «источник разведки» (в досье не названный) сообщил о высказываниях Бабеля в 1934 году о показательных процессах. Бабель сетовал на уничтожение лучших талантов и отсутствие реального руководства (заявления, что арестовывают невиновных людей, явно свидетельствовали о троцкистском заговоре с целью разжигания антисоветских настроений). Сообщается, что к 1939 году Бабель ожидал собственного ареста. Ничто из перечисленного не являлось доказательством, которое могло бы иметь силу в каком-либо суде, поэтому с 29 мая Бабеля трое суток допрашивали. Поначалу он не поддавался, но в конце концов от него удалось добиться признания в принадлежности к троцкистской террористической организации [Шенталинский 1995: 32].

Еще одним пунктом обвинения против Бабеля по статье 58 УК РСФСР был шпионаж в пользу иностранной державы. Бабеля заставили признаться, что его контактом был французский писатель Андре Мальро, с которым его познакомили во время его пребывания в Париже в 1933 году. Бабель встречался с Мальро и в России, когда тот посещал Горького в 1934 году, затем в 1936 году (в сопровождении Кольцова — впоследствии тоже арестованного), а также во время Антифашистского конгресса 1935 года в Париже [Шенталинский 1995: 364–365]. Мальро высоко ценил Бабеля, и Бабель считал его ценным защитником; на самом деле он надеялся, что весть о его аресте дойдет до Мальро. Информация, которую Бабель передал Мальро, касалась, по его собственному признанию, критического анализа истинного настроения советского общества во время показательных процессов, состояния литературы, коллективизации и вырезок из советской прессы о советской авиации. Таким образом, Бабель «признался» в том, что он был французским и австрийским шпионом — его бывший сосед по квартире в Москве, австриец Бруно Штайнер, представлявший до своего отъезда из России в 1936 году инжиниринговую компанию, был «доказательством», — как и его контакты с троцкистами и русскими эмигрантами, живущими в Париже, в том числе Эренбургом. Причина, по которой Эренбург не был арестован, возможно, связана с услугами, которые, как подозревала французская полиция, он выполнял для Москвы. Кроме того, он был полезен как инструмент советской пропаганды для отрицания репрессий в отношении других писателей, особенно во время «антикосмополитической» кампании после войны; в конечном счете это вопрос дискуссионный, хотя сам Эренбург поднимает его в своих мемуарах [Эренбург 1990, 3: 252][62].

Словно эти обвинения не были достаточно абсурдными, следователи убедили Бабеля признаться также и в том, что он вместе с женой Ежова участвовал в террористическом заговоре против Сталина и Ворошилова (распространенное обвинение против жертв чисток). Предполагалось, что роль Бабеля заключалась в подрыве морального духа и влиянии на общественное мнение, что было своего рода признанием опасности, которую Сталин, как и цари, чувствовал в писателях — попытка свергнуть режим была одним из обвинений, предъявлявшихся Бабелю до революции! (Собрание сочинений, 1: 41.) Допрошенный в июле 1937 года Н. Н. Зарудин, приговоренный (как и Ежов) к расстрелу, назвал Бабеля вместе с Катаевым, Пильняком и В. С. Гроссманом участниками «террористического заговора» А. К. Воронского против Ежова. Однако арестованный зимой 1937 года и позднее расстрелянный Воронский вообще не упомянул о Бабеле. Возможно, именно Ежов стоял за идеей подстроить «заговор» писателей, а после его падения собрания писателей на его квартире могли быть использованы для приписывания самому Ежову участия в антисоветском заговоре.

Бабель не мог надеяться, что это абсурдное нагромождение лжи и инсинуаций не выдержит честного суждения, и, должно быть, понимал, что его судьба предрешена. В письме Берии от 11 сентября 1939 года Бабель, исполненный необходимого рас-

---

[62] См. также [Rubenstein 1996].

Илл. 14. Фото Бабеля после ареста, сделанное в НКВД, 1939 год

каяния в своем «криминальном» прошлом, просил конфискованные рукописи, плоды восьмилетней работы, чтобы привести их
в порядок; в их число вошли черновики книги о коллективизации, ряд рассказов, сценарий и незаконченная пьеса, а также материал для книги о Горьком. Вероятно, он хотел оставить свою новую
книгу потомкам. В этом ему было отказано.

Существовала установка, что обвиняемый должен назвать
своих сообщников. По оценке Роберта Конквеста, именно через
арест «сообщников» и тех, кто просто вступал в контакт с обви-
няемыми, масштаб массовых арестов достиг 5 % от общей численности населения [Конквест 1974: 583–584]. Поэтому следователи стремились получить от Бабеля список людей, с которыми
он вел «антисоветские» беседы: они отметили земляков-одесситов
Олешу и Катаева, Соломона Михоэлса, убитого в 1948 году,
Г. В. Александрова и Эйзенштейна, а также других, менее известных людей.

Запись имен этих людей впоследствии могла быть использована в качестве свидетельства против них, и Бабель, должно быть, понял это, когда 19 октября 1939 года отказался от своего признания и пожалел, что оклеветал невиновных. Это было типичным проявлением сильнейшего самоуничижения Бабеля и его интеллектуальной честности и принципиальности. По крайней мере, он не хотел, чтобы его друзья пострадали от общения с ним; Эренбург был особенно замешан во «французских связях». На клочке бумаги, датированном 5 ноября 1939 года, Бабель написал обращение в прокуратуру с просьбой провести слушание до того, как его дело будет передано в суд. Не получив ответа, он повторно написал 21 ноября, еще раз заявив, что в своих признаниях он сделал ложные заявления о причастности лиц, не виновных в каком-либо преступлении и действовавших только на благо Советского Союза[63]. Третье письмо от 2 января 1940 года также осталось без ответа, как и обращение в Военную коллегию Верховного суда, направленное 25 января 1940 года, с просьбой рассмотреть его дело и вызвать свидетелей[64]. На суде, состоявшемся на следующий день, 26 января 1940 года, Бабель заявил, что он не виновен ни в каких-либо действиях против Советского Союза и что он отказывается от признаний, которые из него выбили. Ему было предоставлено последнее слово, и он просил разрешить ему закончить книгу, черновой вариант которой он завершил к концу 1938 года[65]. Судебная военная коллегия зачитала смертный приговор. Расстрел был осуществлен незамедлительно, 27 января 1940 года. Мейерхольд и Кольцов были расстреляны вскоре после этого, 2 февраля 1940 года.

Военные трибуналы рассматривали дела и выносили приговоры по «конвейерной» системе, по 20 минут на каждого обвиняемого. Суды проходили тайно, за закрытыми дверями, обвиняемый

---

[63] Архив государственной военной прокуратуры, 39041–39. Цит. по: [Поварцов 1996: 170].

[64] Цит по: [Поварцов 1996: 172].

[65] Протокол заседания Военной коллегии Верховного суда СССР, 26 января 1940 года. Цит. по: [Поварцов 1996: 175–176].

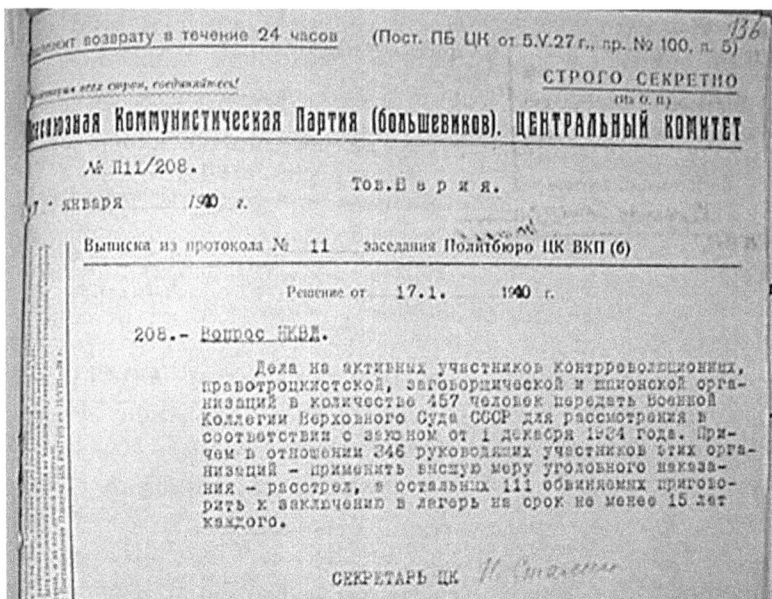

Илл. 15. Протокол Политбюро: решение о расстреле Бабеля и других «врагов народа», подписанное Сталиным. 17.01.1940

не мог пригласить свидетелей, ему не предоставлялся защитник. Протоколы допроса и суда над тремя арестантами — Бабелем, Мейерхольдом и Кольцовым — ясно показывают, почему показательный процесс писателей так и не состоялся. Ни один из них, даже после того, как был сломан, не предоставил материала, необходимого для публичного показательного процесса. Несмотря на то что им грозила смерть, они не желали давать показания против других писателей. Более того, антитроцкистские показательные процессы закончились, а сам Ежов пал. Теперь устранение «врагов народа» — то есть интеллектуальной и военной элиты, а также остатков бывшей оппозиции и старой гвардии — происходило спокойно и эффективно. Родственникам расстрелянных сообщали, что их близкие приговорены к десяти годам лишения свободы без права переписки.

НКВД пришлось тихо и незаметно устранять интеллектуалов и политических руководителей на недавно присоединенных территориях, что вряд ли было бы возможно, если бы все внимание было сосредоточено на публичных судах над ведущими советскими писателями. Кроме того, для Бабеля не имело бы особого смысла играть роль австрийского шпиона, поскольку Рейх больше не был врагом СССР[66]. Остается только догадываться, почему в августе 1939 года в деле Бабеля произошла смена следственного состава и был сделан неожиданный официальный запрос о продлении расследования, а также почему после окончания допросов Бабелю продлили срок содержания под стражей в ожидании дальнейших указаний сверху. Джонатан Брент после сравнения дел Воронского и Ежова в НКВД приходит к заключению, что вся машина арестов и тайных судов была направлена на внутреннюю легитимизацию советского режима и на изменение его внешней политики [Brent 2008: 182–200]. В любом случае список лиц, подлежащих расстрелу, был одобрен лично самим Сталиным[67].

Некоторое время, пока Бабеля не перевели в Бутырскую тюрьму для суда и казни, на Лубянке принимали посылки Антонины Николаевны. Однажды к ней пришли сотрудники НКВД и попросили дать им одежду для Бабеля, что она ошибочно сочла хорошим знаком. Даже несколько лет спустя бывшие сокамерники или их родственники передавали Антонине Николаевне слухи о том, что Бабель все еще жив в каком-то отдаленном трудовом лагере, что он живет один в бараке с большим количеством писчей бумаги или что он умер в лагере от сердечного приступа [Пирожкова 2013: 326–328, 413–417]. Власти явно не хотели допускать ни малейшего волнения, а тем более сопротивления. Даже после рассмотрения дела Бабеля в 1954 году Военной коллегией Верховного суда было объявлено, что он умер (при неустановленных обстоятельствах) 17 марта 1941 года. Это могло соответствовать общей политике, установившейся в последующие годы: изменять даты смерти,

---

66 Поварцов отвергает эту гипотезу [Поварцов 1996: 76]. О репрессиях советских писателей и других культурных деятелей см. [Конквест 1974: 592–603].

67 См. [Поварцов 2010; Сарнов 2010].

чтобы представить репрессированных жертвами войны, или ссылаться на смерть от естественных причин во время заключения. Полная правда могла спровоцировать беспорядки, тем более что лагеря все еще поддерживались и пополнялись. Десталинизация должна была ограничиваться беззакониями и злоупотреблениями в системе, и нельзя было допустить делегитимизации режима.

Самое странное, что невиновности арестованного оказалось недостаточно, чтобы очистить его имя. Хотя следственная судебная комиссия не смогла обнаружить состава преступления, Антонине Николаевне пришлось найти трех свидетелей для процесса реабилитации. Свидетелями лояльности Бабеля Советскому Союзу она выбрала вдову Горького Е. П. Пешкову, Илью Эренбурга и Валентина Катаева. Пешкова подтвердила оценку Горьким таланта и надежности Бабеля как советского гражданина, а Эренбург утверждал, что Бабель был убежденным коммунистом и антитроцкистом, хотя ему пришлось объяснить появление Мальро в обвинительном заключении, поскольку Мальро теперь считался голлистом. Катаев, как ни странно, почувствовал необходимость высказать сомнения по поводу творчества Бабеля, особенно «Конармии». Возможно, Эренбург и Катаев все еще нервничали перед XX съездом партии и осознавали, что их имена фигурируют в документах НКВД.

Очевидно, еще не пришло время для того, чтобы писателей судили по литературным меркам, как впоследствии показали суд над Синявским и Даниэлем и исключение из Союза писателей А. И. Солженицына. Эренбургу удалось добиться переиздания избранных сочинений Бабеля в 1957 году. В 1966 году последовали два несколько расширенных издания, а в 1970-х годах в малозаметных среднеазиатских журналах появились некоторые новые материалы. Ряд критиков спорили о том, есть ли Бабелю место в истории советской литературы, поскольку его отождествляли с колеблющимся Лютовым, враждебно настроенным по отношению к Октябрьской революции[68]. Получив «вторую жизнь» при

---

[68] См. [Штут 1956: 247; Метченко 1956: 228; Наумов 1958: 135–139; Нинов 1956; Стариков 1958].

Хрущеве, Бабель вернулся в сумеречную зону во времена бреж-
невского застоя и подавления еврейского активизма. Хрущев
выступил против авангардного искусства и показал, что свободе
и либерализации, провозглашенной в период оттепели, есть
предел: это еще не весна. Арест Синявского означал, что его имя
не появлялось в публикации архивных материалов в 1965 году;
Л. М. Поляк, которой было поручено заменить предисловие Эренбурга к «Избранному» в 1966 году, со скрытой иронией комменти-
ровал, как трудно было писать о Бабеле [Поляк 1966б: 3][69].

Перестройка дала Бабелю, по словам Г. А. Белой, «третью
жизнь» [Белая 1989б; Белая 1995: 96–97], но даже в условиях
гласности были те, кто считал, что Бабель не вписывается в русскую национальную традицию или что было бы неразумно пе-
реиздавать его произведения. Полная реабилитация Бабеля за-
держалась на фоне реабилитации Пастернака, Мандельштама,
Булгакова, Замятина, Цветаевой и других, менее благосклонных
к советской власти писателей. В конце советского периода Пирожковой удалось выпустить двухтомное издание рассказов,
пьес, киносценариев, воспоминаний, речей и переписки Бабеля,
а также полный текст «Дневника 1920 года»[70]. Трудности, с которыми сталкиваются редакторы, понятны, если принять во
внимание тот факт, что почти невозможно отличить множество
стилистических изменений, вносившихся Бабелем в последующих изданиях, от купюр, сделанных редакторами. Выбор издания
1936 года в качестве последней прижизненной версии увековечил
цензурные изменения; что еще хуже, он увековечил искажение
корпуса сочинений Бабеля, поскольку рассказы, за исключением
«Конармии», были опубликованы в редакции, которая из-за политических обстоятельств и долгого «вынашивания» в весьма
небольшой степени скрывала авторские порядок композиции,
тематику и хронологическую последовательность. Этот выбор
игнорирует планы Бабеля, независимо от того, были ли они со-
рваны или оставлены им самим, опубликовать свои работы

---

[69] Другая версия предисловия опубликована в [Поляк 1966а].

[70] Сочинения. М.: Художественная литература, 1990.

в отдельных книгах или циклах связанных повествований. После распада СССР в двух последующих двухтомных изданиях, 1996 и 2002 годов, снова был выбран сталинский текст 1936 года, хотя в них также (довольно непоследовательно) использовались тексты первых публикаций нескольких рассказов. Некоторые рассказы впервые увидели свет гораздо раньше, чем было принято считать, поэтому ложный хронологический порядок публикации фактически искажает историю литературной карьеры Бабеля[71]. В 2006 году вышло четырехтомное издание произведений и переписки Бабеля, составленное И. Сухих, своеобразно организованное по тематическому принципу[72].

Наряду с официальными стенограммами допросов Бабеля существует его рукописная самокритика, в которой создается портрет, хотя и фальсифицированный ложью и полуправдой, человека, понимающего, что его вымышленная автобиография, то есть «История моей голубятни», стала его собственным обвинением, потому что это была история человека, росшего до большевистского переворота в Одессе и тщетно пытавшегося примирить свои гуманитарные убеждения с жестокостью революции. Он понял, насколько неуместен был тип Лютова в новом обществе, где не могло быть ни сомнений, ни индивидуализма.

В 1964 году Пирожкова обратилась с ходатайством о возврате конфискованных рукописей. Ей официально сообщили, что рукописи не сохранились. Это слишком хорошо согласуется с тем, что Солженицын назвал воздушным пространством над трубой Лубянки — самым несчастным на земле, так как оно принимало дым от стольких горящих рукописей; однако официального приказа о сожжении бумаг Бабеля обнаружено не было. Рукописи не горят, сказано в «Мастере и Маргарите» М. А. Булгакова, и это поддерживает нашу веру, что литература может пережить тоталитарные режимы, даже когда это не удается писателям. Однако рукописи, записные книжки и личные бумаги Бабеля,

[71] Сочинения: В 2-х т. М.: Terra, 1996; Собрание сочинений: В 2 т. М.: Издательский дом «Альд — Литература», 2002.

[72] Собрание сочинений: В 4 т. М.: Время, 2006.

конфискованные при его аресте 15 мая 1939 года, с тех пор никто не видел[73]. Вероятно, они были уничтожены во время наступления гитлеровских войск на Москву в 1941 году. Готовился новый сборник его произведений «Новые рассказы», в который должны были войти рассказы о «героях нашего времени». По всей вероятности, сюда входили его рассказы об одесском детстве, а также, возможно, новые рассказы о советской коллективизации и индустриализации. В планах издательства «Советский писатель» на эту публикацию говорится о небольшом тираже (20 000 экземпляров) и первоначальной дате выхода, назначенной на ноябрь 1938 года, которая могла быть отложена как из-за характерных для Бабеля задержек, так и из-за политических трудностей[74]. Ведь «герои нашего времени», о которых хотел написать Бабель в 1930-е годы, теперь были репрессированными «врагами народа», и любые откровенные описания ЧК, сплошной коллективизации и эксцессов индустриализации оказывались рискованными, если не запрещенными. Сталин едва мог терпеть живые легенды и *enfants terribles* Октябрьской революции, некоторых из которых (Шмидта, Охотникова, Примакова и других) Бабель знал лично и называл на допросе. Их исчезновение значительно ослабило готовность СССР к войне, когда гитлеровские войска вторглись на советскую территорию в 1941 году.

Когда его уводили Бабель, сказал: «Не дали закончить» [Пирожкова 2013: 319][75]. Над чем работал «мастер молчания», когда его арестовали? Какие бесценные шедевры для нас потеряны? Безмолвствует прах Исаака Эммануиловича Бабеля в братской могиле жертв сталинских репрессий в московском Донском монастыре.

---

[73] И Шенталинский, и Поварцов ручаются за предельную точность, с которой был документирован, даже в мелочах, псевдосудебный процесс. Но нет объяснения тому, что конфискованные рукописи, записные книжки и частная переписка так и не были найдены [Шенталинский 1995: 81; Христофоров 2015: 136–137; Пирожкова 2013: 426–428].

[74] Архив Союза советских писателей. РГАЛИ. Ф. 631. Оп. 15. Д. 315.

[75] В предварительных записках к своим воспоминаниям Пирожкова написала: «Черти, не дали кончить работу» [Пирожкова 2013: 19, примечание 1].

Глава 2

Шабос-нахаму в Петрограде

Бабель и Шолом-Алейхем

В 1918 году Баал-Махшовос (Исраэль Исидор Эльяшев) публикует статью, в которой он призывает рассматривать еврейскую литературу как единую, и до сих пор продолжается спор о существе еврейской литературы. В сборнике критических эссе израильского литературоведа Дана Мирона [Miron 2010] рассматривается скорее ассоциативная или тематическая связь между отдельными еврейскими писателями, творившими в разных странах и на разных языках, нежели целостность единой еврейской литературы на идише или на иврите. Это положение Мирон рассматривает на примере романа Кафки «Процесс» («Der Prozeß»), написанного в 1914–1915 годах и опубликованного в 1925 году, и последнего рассказа Шолом-Алейхема из цикла «Тевье-молочник» («Тэвье дэр милхикэр»), «Изыди» («Лэх лэхо»), написанного в 1914 году и опубликованного в 1916 году (в год смерти Шолом-Алейхема) [Шолом-Алейхем 1988–1990: 2, 231–242]. Мирон отталкивается от книги Рут Вайс, «Современный еврейский литературный канон» [Wisse 2000: 66–67; Вайс 2008], а я в качестве отправной точки буду использовать противоположные позиции Мирона и Вайс, чтобы опровергнуть методологическую концепцию отдельных национальных еврейских литератур и предложить более правильный, на мой взгляд, подход к развитию еврейской литературы на разных языках в период литературного модернизма в начале XX века.

Тексты Кафки и Шолом-Алейхема были написаны во время киевского процесса Бейлиса, ложно обвиненного в ритуальном убийстве, а также на фоне изгнания евреев из деревень в 1911–1913 годах. Кафка внимательно следил за ходом дела Бейлиса, поэтому Мирон полагает, что в рассказе «Приговор» («Das Urteil», 1912) скрываются аллюзии на киевские события. По предположению Мирона, Кафка, возможно, намеревался написать пьесу об этом деле. Несомненно, арест невиновного человека, основанный на ложных обвинениях, мог подсказать Кафке сюжет «Процесса». Шолом-Алейхем также следил в то время за делом Бейлиса, находясь далеко от Киева, в санаториях Германии, Швейцарии и Италии на лечении от туберкулеза (болезни, от которой через десять лет умер и Кафка). Этот антисемитский клеветнический процесс отразился в книге Шолом-Алейхема «Кровавая шутка» («Дэр блутикэ шпас»), написанной около 1914 года и опубликованной в 1923 году. Тевье-молочник оплакивает судьбу Бейлиса, который «муки принимал за чужие грехи» [Шолом-Алейхем 1988–1990, 2: 237], и сам покидает свою родную Анатевку во время изгнания евреев из деревень. По мнению Мирона, Вайс ошибается, когда ищет исключительно *сходство* между двумя авторами, а потому приходит к неверному пониманию рассказа Шолом-Алейхема. Вспомним, что, критикуя «Страх влияния» Гарольда Блума [Blum 1973], Вайс отвергала чисто эстетические критерии литературного канона и предлагала вместо определения «еврейский литературный текст» определение «еврейский быт» [Wisse 2000: 351–402]. Она определяет современную еврейскую литературу как *художественное* изложение еврейской истории XX века. Мирон, в свою очередь, изучает полемику о еврейской *культурной* идентичности — со времен Черновицкой конференции (1908) и до настоящего времени[1].

Однако ни Вайс, ни Мирон не оценивают всей сложности художественных, языковых и культурных контекстов, общих как

---

[1] О споре об определении народного еврейского языка, и в особенности о полемике К. Чуковского и В. Жаботинского по поводу характера русско-еврейской литературы, см. [Иванова 2005: 109–203; Natkovich 2012: 471–483].

для Шолом-Алейхема, так и для Кафки и приведших их обоих
к описанию общего еврейского *Schicksal* (судьбы). Представляя
всю совокупность этих вопросов, я не собираюсь спорить по
поводу существования единой еврейской литературы; я имею
в виду создание культурной идентичности в критический для
судьбы еврейского народа момент, и в частности, культурной
идентичности Исаака Бабеля. Как демонстрирует Кеннет Мосс,
освобождение евреев в феврале 1917 года от репрессивного царского режима и от ограничений черты оседлости положило начало множеству различных и часто противоположных друг другу
направлений в еврейской культуре как на иврите и идише, так
и на русском языке — от бундовцев до сионистов. Многие евреи
в России были охвачены бурными революционными волнениями
и видели в политике средство достижения как культурных, так
и идеологических целей. Однако они были застигнуты врасплох,
когда большевики начали репрессии против еврейских религиозных и сионистских учреждений и наложили запрет на иврит. Тем
не менее еврейский экспериментальный модернизм продолжался
в литературе и искусстве как на идише и иврите, так и на русском
языке с 1912 до 1925 года, а еврейские альманахи на русском
языке печатались в Советской России вплоть до 1928 года. Когда
же аппаратчики еврейской секции взяли еврейские культурные
и литературные организации под контроль и марксисты стали
задавать тон в критике, споры о характере еврейской литературы
приобрели определенное политическое направление.

Допустим, что культурная идентичность — это нечто подвиж-
ное, что меняется с возрастом человека и в зависимости от
трансформирующихся исторических и политических обстоятельств. Однако в вакууме ничего не рождается, и невозможно
игнорировать уникальный контекст места рождения и юности
Бабеля — Одессу, главный культурный центр русского еврейства
до Первой мировой войны, где жили и работали Бялик, Менделе,
Шолом-Алейхем, Равницкий, Клаузнер и Ахад-Га-Ам. Русский
язык был для Бабеля родным, как и для Жаботинского, который
был старше его на 14 лет, несмотря на то что в космополитической
среде Одессы, как заметил Жаботинский, чувство национальной

гордости проявлялось особенно сильно [Жаботинский 1931]. Выросший в ассимилированной еврейской семье в Одессе, Бабель не выбирал русский в качестве родного языка, это было фактом его жизни, хотя и не означало, что он был менее погружен в идишскую литературу и язык: к концу XIX века не менее трети населения Одессы составляли евреи, говорящие на идише. Именно этот контекст в данном случае имеет особенное значение: это не просто факт биографии, а важнейший ключ к пониманию многоязычной культурной системы, которая позволяет литературному произведению обращаться к разным группам читателей одновременно.

Бабель, как и целый ряд других еврейских писателей и художников в России того времени, мог довольно свободно вращаться между еврейским и русским мирами и существовать, еще до Февральской революции, в общем русскоязычном культурном пространстве [Horowitz 2009; Horowitz 2013]. Вспомним, к примеру, С. Ан-ского, одесситов С. Юшкевича и самого Бабеля в Петербурге/Петрограде, М. О. Гершензона, Л. Б. Яффе, Пастернака-отца в Москве...

С 1912 года Исаак Бабель жил в Киеве, где проходило дело Бейлиса. Здесь же в 1913 году он опубликовал первый из известных нам своих рассказов, «Старый Шлойме». Рассказ был опубликован в рамках дискуссии о «еврейском вопросе», развернувшейся в журналах на фоне процесса Бейлиса. Рассказ написан в реалистической манере, которая придает особую эмоциональную окраску образу старика, отвергнутого своими детьми и наблюдающего, как они в полном бездействии готовы скорее отступиться от своей веры, нежели разделить судьбу евреев, изгнанных из деревень. В немом страдании старый Шлойме обращается к Богу, он

> ...успел еще осмотреть потускневшими глазами городок, в котором он прожил шестьдесят лет безвыездно, и повис... Был сильный ветер, и вскоре щуплое тело старого Шлойме закачалось перед дверью дома, в котором он оставил теплую печку и засаленную Тору (Детство: 14).

И именно этот акт отчаяния, как я уже заметил в первой главе этой книги, парадоксальным образом подтверждает его еврейскую идентичность, поскольку принятие христианства оказывается для него неприемлемым [Katzman 2005: 20–22][2]. Концовка рассказа Бабеля сильно отличается от окончания последнего рассказа «Изыди» Шолом-Алейхема, где Тевье после изгнания из родной Анатевки, во время тех же событий, которые описаны у Бабеля, безнадежно скитается с места на место. Тевье остался один, судьба каждой из его дочерей отражает судьбу «модерных детей» русского еврейства (Цейтл выходит замуж за бедного портного, Годл тайно выходит замуж за революционера, Хава убегает с русским Федькой, Шпринца кончает жизнь самоубийством и т. д.).

В период между написанием рассказа Шолом-Алейхема в 1914 году и его публикацией в 1916 году на евреев обрушились новые беды — мировая война и массовые депортации с восточного фронта. У современного светского читателя Шолом-Алейхема рассказ об изгнании из местечка и новых скитаниях возбудил бы сочувствие к Тевье за его добросердечность и горькую судьбу. Домашние несчастья мешают осуществлению мечты Тевье об обретении Земли обетованной, и он не едет за дочерью в бедные окраины Ист-Сайда в Нью-Йорке. Ведь в самом деле библейский клич «Лэх лэхо» («Изыди из страны своей, из места своего рождения») не ведет никуда, это просто приказ уйти прочь. Тевье может утешаться лишь тем, что в этом последнем несчастье он разделяет общую судьбу русского еврейства, уверенного в том, что Бог не бросит Свой народ, даже если испытания и несчастья, которые выпадают на его долю, кажутся бесконечными.

Для Бабеля идиш не был иностранным языком, это был *мамэ-лошн* — «родной язык», понятный большинству евреев Восточной Европы. Общность Бабеля с литературой на идише проиллюстрировать легко. В 1918 году Бабель напечатал рассказ «Шабос-нахаму», содержащий переработку еврейской народной сказки о легендарном шуте Гершеле Остропольском (Собрание сочине-

---

[2] См. также [Van de Stadt 2007].

ний 3: 76–84)³. Гершеле, служивший в XVIII веке при дворе страдавшего от меланхолии и нуждавшегося в поднятии настроения рабби Борухла, не был простым *бадханом* («шутом»), вроде тех, которых можно встретить на свадьбах в типичном еврейском местечке; скорее, он был остроумным *лецем* («клоуном»), который с карнавальным смехом переворачивал с ног на голову социальную иерархию⁴. Как правило, он появлялся у двора корчмаря голодный и нищий. Так, однажды он появился у одного корчмаря, голодный и без гроша, а хозяйка, подозревая, что у Гершеле нет денег, не дала ему ни куска, ни крошки. Тогда Гершеле начал бормотать себе под нос, что если не дадут ему еды, он сделает то, что сделал его отец, когда у него не было чем ужинать. Корчмарка так испугалась, что дала Гершеле все, что тот попросил. Когда Гершеле наелся досыта, корчмарка наконец набралась смелости спросить, что же делал отец Гершеле, когда не получал еды. «Мой отец, когда ему было нечем ужинать, — ответил Гершеле, — ложился спать голодным» [Бейдер 2004: 35].

«Шабос-нахаму» — это похожая история об остроумии и хитрости Гершеле, с одной стороны, и глупых и доверчивых хозяевах-евреях — с другой. Жена хозяина корчмы рассказывает Гершеле об обещании мужа купить ей новое платье и поехать к рабби Моталэми за благословением, чтобы у них родился сын, когда придет *шабос-нахаму*. Гершеле убеждает жену корчмаря в том, что он и есть *шабос-нахаму*, явившийся с того света. Поскольку хорошо известно, что ангелы не едят, Гершеле убеждает бедную простую женщину в том, что и ее умершие родственники тоже всегда голодны. Она дает оголодавшему Гершеле много еды, которую он, словно и впрямь пришелец с того света, с жадностью поглощает, и отправляет его в путь тяжело нагруженным одеждой, едой и прочими вещами для ее друзей и родни на том свете. Гершеле оказалось нетрудно уверить простодушную жену хозяина корчмы в том, что он — *шабос-нахаму*,

---

³ Бабель И. Э. Шабос-нахаму (Из цикла «Гершеле») // Вечерняя звезда [Петроград]. 1918. 16 марта.

⁴ См. [Бахтин 1990].

небесный ангел, принесший ей привет от ее родственников из загробного мира[5].

Простодушная хозяйка передает Гершеле вещи на тот свет, для своих умерших родных, и Гершеле поспешно уходит. Однако вскоре он останавливается, задумавшись о том, что может случиться, если хозяин вернется домой и обнаружит его обман. Поэтому он прячет добычу, раздевается догола и встает, обнимая ствол дерева. Действительно, вскоре мимо едет хозяин, пустившийся в погоню за вором, обманувшим его жену. Но корчмарь ничуть не умнее своей жены, и Гершеле легко убеждает его, что он ангел, которого ограбил тот же самый вор. Он заставляет корчмаря раздеться и занять его место, чтобы поддерживать дерево, которое является священным и от которого зависит весь мир, в то время как он сможет продолжить погоню за обманщиком.

Бабель не меняет сюжет, но пересказывает историю с характерным юмором и придумывает диалог, который читается по-русски иначе, чем на идише. Читатели, говорящие на идише, узнали бы историю о шуте Гершеле из Острополя и, вероятно, посмеялись бы над игровым переводом на русский язык типичных идишских выражений, таких как *а ман ви а мэнтш* («муж как мужчина должен быть») или *эр кормит мих мит цулогэн* («он кормит меня обещаниями»), которые у Бабеля превращаются в: «У каждой жены — муж как муж. Мой же только и умеет, что кормить жену словечками. Дай Бог, чтобы у него отнялся к Новому году язык, и руки, и ноги» (Детство: 20). Комический эффект от языковой интерференции на примере такого буквального перевода идиом с другого языка (калькирования) увеличивается за счет переключения кодов среди тех, кто говорит и на русском, и на идише.

Весьма примечательны место и время публикации этого рассказа. Это осажденный Петроград, столица России, и 1918 год, самый разгар Гражданской войны, когда все были голодны, как Гершеле в упомянутой истории. Рассказ появился в общественно-литературной социал-демократической ежедневной газете «Ве-

---

5   См.: «*Ди майсе мит шабос-нахаму*» [הערשעלע אָסטראָפּאָלער 1925: 63–66]; Шабоснахаму [Бейдер 2004: 155–156]. См. также [וויסמאַן 1989].

черняя звезда», которая тогда же опубликовала стихи Осипа Мандельштама и других поэтов, полные апокалиптических образов умирающего солнца Петрополя и напоминающие о смерти русской культуры:

> На страшной высоте блуждающий огонь,
> Но разве так звезда мерцает?
> Прозрачная звезда, блуждающий огонь,
> Твой брат, Петрополь, умирает[6].

Здесь же появился со своим еврейским юмором и Гершеле — персонаж, который был очень популярен среди еврейских читателей в Восточной Европе и Соединенных Штатах в XIX и начале XX века[7]. Мордехай Гебиртиг переложил рассказ о Гершеле в песню, Ицик Мангер — в стихи, а Исайя Трунк после Второй мировой войны — в мистический роман, в котором Гершеле был представлен как искупительная фигура. Почему бы и нет? *Шабос-нахаму* — суббота утешения после *девятого ава*, дня траура и поста в память разрушения Храма в Иерусалиме. В эту субботу евреи читают в синагоге главу из пророчества Исайи «Нахаму, нахаму, ами...» («Утешайте, утешайте народ Мой...», Ис. 40:1). По контрасту с апокалиптическим видением в стихах Мандельштама и Э. Германа в «Вечерней звезде» утешительные слова еврейского пророка Исайи о новом строительстве, о новом Иерусалиме и будущем обществе, основанном на справедливости, дают оптимистичный взгляд и на Россию, разрушенную войной и революцией. Когда в «Конармии» Лютов рассказывает рабби, что он перекладывает в стихи истории о похождениях Гершеле из Острополя, рабби отвечает ему, конечно, с иронией, что это — «великий труд»: «Шакал стонет, когда он голоден <...> и только мудрец раздирает смехом завесу бытия» («Рабби») (Детство: 134). И действительно, когда все было разрушено и перевернуто с ног

---

[6] Вечерняя звезда. 1918. 6 марта, с датой «Март 1918 г.»; [Мандельштам О. 2009: 102]. См. также [Сегал 1991].

[7] См. [Bloch 1921].

на голову, разве можно было снова сделать мир хоть немного более гуманным, иначе чем с помощью еврейского юмора? Однако для Бабеля Гершеле не просто плут наподобие появившегося несколькими годами позже привлекательного Бени Крика, он — *луфтменш* («человек воздуха»), такой, как одесские типы, которых Бабель обрисовал в двух очерках, опубликованных в газете «Вечерняя звезда» в марте 1918 года — как раз тогда, когда Одесса была на пороге захвата белыми, а одесский еврейский мир начал клониться к закату. В очерке 1916 года, озаглавленном «Одесса», в котором предсказывалось появление «литературного Мессии» из Одессы, способного омолодить русскую литературу, Бабель также описал «людей воздуха»[8].

«Человек воздуха» был наиболее характерным представителем еврейского местечка: ему приходилось искать средства к существованию, скитаясь из города в город и часто прячась от полиции, как Гершкович в рассказе Бабеля «Элья Исаакович и Маргарита Прокофьевна» (1916). Современный еврейский читатель узнал бы интонацию смеха сквозь слезы, с которой в рассказе «Справедливость в скобках» (1921) Цудечкис представляет себя как человека, которому было предначертано родиться евреем в царской России и вследствие этого — неизбежно — стать одесским маклером, не имеющим средств к существованию, образно выражаясь, «человеком воздуха»: «Родившись евреем — я стал маклером. Сделавшись одесским маклером — я покрылся зеленью и пустил побеги <...> В моих руках не спрятано ремесла. Передо мной стоит воздух»[9].

Бабель был автором титров для немого фильма «Еврейское счастье» (1925), основанного на «Менахем-Менделе» Шолом-Алейхема[10]; в фильме приняли участие знаменитый еврейский актер Соломон Михоэлс, друг Бабеля, и труппа Московского еврейского камерного театра (позднее Государственный еврей-

---

[8]   Бабель И. Э. Одесса // Журнал журналов. 1916. № 51. С. 4–5; Листки об Одессе (листок первый) // Вечерняя звезда. 1918. 19 (6) марта; Листки об Одессе (листок второй) // Вечерняя звезда. 1918. 21 (8) марта.

[9]   Бабель И. Э. Малое собрание сочинений. М.: Азбука, 2014. С. 225.

[10]   См. [Шолом-Алейхем 1914].

ский театр, ГОСЕТ). Михоэлс превратил «человека воздуха» из произведения Шолом-Алейхема в обманутого мечтателя из еврейского местечка — *дэр клейнер ментш* («маленького человека»), похожего на Чарли Чаплина, с зонтиком вместо тросточки. Однако «человеку воздуха» в советской действительности не осталось места. Спор между бескомпромиссными марксистами, осудившими буржуазную идеологию Шолом-Алейхема, и теми, кто пытался защитить его как классика современной литературы на идише, достиг крайнего накала[11]. Позднее Шолом-Алейхем был провозглашен выразителем еврейского народного духа и поэтому смог преодолеть цензурный барьер как писатель, соответствующий канону советской социалистической еврейской литературы. Однако в 1930-е годы все, что могло вызвать подозрение в еврейском «национализме», начали выкорчевывать из литературы, и наконец, в мрачные годы после войны, сам идиш попал под запрет: в 1948 году убили Михоэлса, а в августе 1952 года самых заметных авторов, писавших на идише, расстреляли.

В 1926 году вышел сценарий Бабеля по роману Шолом-Алейхема «Блуждающие звезды» («Блонджэнэр штэрн»)[12]. Во вступлении к книге содержалось политическое заявление Бабеля, в котором он отмежевывался от этого идеологически неподходящего материала: он объяснял, что только обязательства перед киностудией заставили его окончить работу над сценарием. Такое оправдание было необходимо, чтобы преодолеть цензуру и избежать неприятностей. Сценарий был написан для Московского еврейского камерного театра Михоэлса, и фильм производился на киностудии ВУФКУ [Всеукраинское ФотоКино Управление], которое было коммерчески заинтересована в огромной аудитории зрителей, говорящих на идише и живущих на территории советской Украины, и одновременно стремилась распространять коммунистическую идеологию. У Шолом-Алейхема это простая история о девушке Рейзл, дочери бедного кантора, которая сбежала вместе с сыном богатого купца Лейблом Рафаловичем. Ра-

---

[11] См. [Эстрайх 2012].

[12] Бабель И. Э. Блуждающие звезды. М.: Кинопечать, 1926.

фалович невероятно богат, но главное — это недопустимое
с идеологической точки зрения обстоятельство преподносится
как достойное похвалы и зависти. Еще больше усугубляет дело
то, что население еврейского местечка Холеништи не демонстрирует никакого классового сознания и целый день занято пересу-
дами и сплетнями. В романе Шолом-Алейхема восхищающиеся
знаменитостями юные возлюбленные Рейзл и Лейбл сбегают со
странствующей труппой провинциального еврейского театра,
играющего комедии Гольдфадена про Куни-Лемеле (тип *шлимаз-
ла* — легендарный герой-неудачник из еврейских городских ле-
генд) и других, а также нескладные пьески наемных писак на
онемеченном идише. Неискушенные провинциалы попадают
в большой мир и по воле своих ловких «импресарио» превращаются в Розу Спивак и Лео Рафалеску. Вскоре они попадают в сеть
интриг и обмана. Дешевые комнаты, поношенная одежда и плохая
актерская игра — такой далеко не лестный портрет еврейского
театра предложил Шолом-Алейхем. После многих приключений
«блуждающие звезды» наконец встречаются в Нью-Йорке, но не
женятся.

Шолом-Алейхем не испытывал иллюзий по поводу еврейского
театра и был заинтересован в том, чтобы прописать любовную
линию, историю «современных детей». Бабелю пришлось перевести неловкое изложение сложного сюжета с множеством персонажей в жанр немого кино. Сюжет все-таки привлекал зрителей,
которые вспоминали о недавно исчезнувшем мире, сметенном
коммунизмом. В бабелевской версии бессарабское местечко было
перенесено в Волынскую губернию. Рейзл, переименованная
в Рахиль Монко, приезжает в Москву в поисках своего любимого
Льва Ратковича, который стал знаменитым скрипачом Лео Рогда-
ем, после того как его заметил известный профессор и сделал из
него виртуоза. Слава и роскошная жизнь портят Рогдая. Рахиль
же узнает, каково еврею жить нелегально в Москве, а затем, когда
она берет на себя вину за революционные листовки, найденные
в ее комнате в ночлежке, ее осуждают на два года ссылки в Сибирь.
Примечательно, что Бабель вставляет в фильм короткую сцену,
в которой нищая идишская труппа, вроде той, которой восхищал-

ся с 1910 года Кафка[13], исполняет версию «Короля Лира». Вероятно, эта сцена восходит к пьесе Якова Гордина «Еврейский король Лир», которая была очень популярна в начале XX века и помогла актеру-одесситу Якову Адлеру создать себе репутацию на нью-йоркской идишской сцене. Известно, что Бабель был недоволен тем, как киностудия обошлась с его сценарием, и разочарован из-за того, что не имел влияния на происходившее на съемочной площадке: самоубийство Рогдая было заменено счастливой концовкой. Судя по немногочисленным отзывам, фильм, к сожалению, так и не смог преодолеть идеологические барьеры, то есть он не предлагал положительную картину революции и не уничижал декадентский Запад [Асеев 1926][14].

Словесные игры между идишем и ивритом встречаются не только у Менделе Мойхер-Сфорима, который переходил с иврита на идиш и наоборот, но и в многочисленных анекдотах, обыгрывающих двойные значения на идише и иврите. Идиш-ивритская диглоссия была правилом, а не исключением, как утверждает еврейский литературный критик Баал-Махшовес[15]. У Шолом-Алейхема диглоссия — средство создания юмористического эффекта. Это малапропизмы и неверные цитаты из Библии и молитвенника в речи Тевье, когда он, например, применяет библейские выражения к своей собственной жизни или использует ритуальные фразы [Miron 2010: 383–397]. Бабель же, напротив, использует форму литературного билингвизма, обыгрывая значение идиом и стилизованных фраз на идише в своей русской прозе. В рассказе «Рабби» из книги «Конармия» рабби признает в Лютове еврея, обращаясь к нему с типичным повседневным вопросом-приветствием одного еврея к другому на идише: «Откуда приехал еврей?» («*фун вэнэн кумт а йид?*» — «Кто вы, вы откуда?»)[16]. Однако это обращение узнаваемо как

---

[13] См. [Massino 2016; Beck 1971; Bruce 2007: 34–56].

[14] См. также [Черненко 2001: 27–36; Брудер-Коган 2000].

[15] См. [Miron 2010: 226].

[16] В первом издании «Конармии» (1926) наборщик, очевидно, не понял этой фразы и напечатал ее неверно, поставив перед словом «еврей» запятую.

типичное только для говорящего на идише, где это обычное приветствие (Детство: 134)[17].

Отсылка к каноническим текстам еврейской культуры — это указание на литературную и культурную референцию, а также на коллективную память, разрушенную историей, но доступную тем читателям, которые владеют еврейским языком и обладают культурным знанием настолько, чтобы распознать закодированный этнический и идеологический подтекст: «цитаты» неизбежно конфликтуют с другими семантическими ассоциациями в тексте, создавая комический эффект с помощью семантического разнообразия и двусмысленности.

Бабель был, как мы уже видели, примером сложных сближений и слияний, когда элементы современной еврейской культуры на русском языке, идише или иврите переплетались и перекрещивались. Свою любовь к произведениям Шолом-Алейхема он сохранил на всю жизнь и был редактором двухтомника его произведений в переводе на русский одессита С. Г. Гехта (я уже упоминал два сценария по произведениям Шолом-Алейхема: «Еврейское счастье», 1925 года, и «Блуждающие звезды», 1926 года) [Шолом-Алейхем 1926–1927]. В любви к идишу Бабель признавался всю жизнь, обращаясь «для души» к переводу произведений Шолом-Алейхема и Менделе Мойхер-Сфорима[18]. Бабель, встретившийся с «дедушкой» литературы на идише Менделе Мойхер-Сфоримом незадолго до его смерти в 1917 году [Эйдельман 1936], говорил о намерении работать над юбилейной публикацией его сочинений в русском переводе на торжественном заседании, посвященном 100-летию со дня рождения Менделе Мойхер-Сфорима, 5 марта 1936 года:

> Можно горько сожалеть, <...> что страницы Менделе Мойхер-Сфорим еще не стали страницами русской литературы. Ибо то, что переведено на русский язык, мало общего имеет с этим гениальным мастером, проникновенным художником, необычайным виртуозом слова.

---

[17] См. также [Senderovich 2007: 236].
[18] См. [Пирожкова 2013: 315–316].

Между прочим, <...> я сделал недавно еще одно горестное
открытие: несмотря на наличие ряда томов Шолом-Алейхема на русском языке, весь Шолом-Алейхем до сих пор не
переведен. К счастью, Гослитиздат решил восполнить этот
пробел: он приступает к изданию на русском языке полного собрания сочинений Менделе Мойхер-Сфорим и Шолом-
Алейхема.

Меня, как известно, <...> трудно вовлечь во всякого рода
мероприятия, но на это мероприятие я откликнулся со всей
страстностью и даже потребовал, чтобы мне была предо-
ставлена львиная доля работы. Я не сомневаюсь, что русский
пролетариат, трудящиеся всех народов нашего Союза будут
нам благодарны за этот труд[19].

Бабель редактировал переводы Шолом-Алейхема с идиша,
выполненные Гехтом и опубликованные в 1926 году [Шолом-
Алейхем 1926–1927]. А в 1936 году ему доверили редактировать
собрание сочинений Шолом-Алейхема, которое должно было
выйти в 1939 году, к 80-летию со дня его рождения; предполагалось, что к февралю 1939 года Бабель переведет рассказы о Те-
вье-молочнике. Однако неопубликованные переводы утеряны,
как и другие рукописи, конфискованные агентами НКВД при
аресте Бабеля 15 мая 1939 года[20]. Шолом-Алейхем считался «на-
родным еврейским писателем», который описал «маленького
человека»; но необходимо было избавить его тексты от «еврейского акцента», который присутствовал в уже существовавших
русских переводах, искажавших, как считал Бабель, дух ориги-
нала и плохо передававших, разжижавших юмор автора[21]. Бабель
был убежден в том, что еврейский язык должен звучать на русском
естественно, а не воспроизводить некий жаргонный стереотип.
И действительно, как уже отмечалось, одесские еврейские персонажи Бабеля восходят к юмору Шолом-Алейхема [Белов 1970].

---

[19] Речь Бабеля на торжественном заседании, посвященном 100-летию со дня
рождения Менделе Мойхер-Сфорима. Цит. по: [Эйдельман 1936].

[20] См. [Эстрайх 2012].

[21] РГАЛИ. Ф. 631. Оп. 15. Д. 399. Стенограмма заседания по подготовке праздно-
вания 80-летия со дня рождения Шолом-Алейхема. Цит. по: [Эстрайх 2012: 127].

Бабель дружил с Михоэлсом и бывал на спектаклях его театра. Антонина Николаевна вспоминает:

> Бабель научил меня любить еврейский театр, директором и главным актером которого был Михоэлс. Он говорил:
> — Играют с темпераментом у нас только в двух театрах — в еврейском и цыганском.
> Он любил игру Михоэлса в «Путешествии Вениамина III», а пьесу «Тевье-молочник» мы с ним смотрели несколько раз, и я очень хорошо помню Михоэлса в обоих этих спектаклях; помню и какой он был замечательный король Лир [Пирожкова 2013: 277].

Несмотря на неудачную постановку «Заката» во Втором МХАТе, идишский писатель-модернист Довид Бергельсон в 1936 году перевел пьесу для ГОСЕТа Михоэлса. Михоэлс, ведущий советский актер на идише, должен был играть роль Менделя Крика. Для постановки белорусского еврейского театра в 1935 году пьесу перевел другой переводчик. Свою пьесу «Мария» Бабель передал театру им. Вахтангова, так же как и Еврейскому в режиссуре Михоэлса (письмо М. Э. Шапошниковой, 18 февраля 1934 года, из Москвы. Собрание сочинений, 4: 330) — эти постановки не состоялись. Рассказ Бергельсона «Джиро-Джиро» в переводе Бабеля был опубликован в 1936 году, но имя переводчика было потом репрессировано до посмертной реабилитации Бергельсона и Бабеля[22]. Сходство Бабеля, скорее по духу, нежели по стилю, с идишскими модернистами, такими как Бергельсон, Перец Маркиш или Дер Нистер (псевдоним Пинхаса Кагановича), заслуживает дальнейшего обсуждения. Большевистский переворот срезал на корню возрождение еврейской культуры в России. Тем не менее после Октября еврейский писатель все еще мог описывать Россию с двойным видением, с точки зрения обеих — русской и еврейской — историй, обеих — русской и еврейской — культурных идентичностей.

---

[22] См. [Маркиш 1997: 12].

Глава 3
Бабель
и «Мудрецы Одессы»

Одесса, в которой вырос Бабель, была крупным культурным центром российского еврейства, где еврейская жизнь кипела на трех языках: на русском, на идише и на иврите [Ципперштейн 1995]. Основанная в 1794 году, Одесса росла с феноменальной скоростью, чему способствовало и сильное желание Российской империи колонизировать северное солнечное побережье Черного моря. Французский градоначальник, де Ришелье, итальянская архитектура общественных зданий, иностранные жители и посетители и оперный театр сделали этот сравнительно молодой город совершенно космополитичным. Этот российский город, лишенный местечковых традиций, привлекал австрийских евреев, и через них в Одессу проникли идеи еврейского просвещения Гаскалы. В Одессе жили Моше-Лейб Лилиенблюм, продолжатель идей Моисея Мендельсона — родоначальника просветительского движения в Германии, и Лев Пинскер, автор «Автоэмансипации» («Selbstemanzipation», 1882), которая оказала глубокое влияние на поколение российских евреев, переживших погромы 1881 года. Именно в Одессе родилась русско-еврейская пресса, вдохновленная недолгими царскими реформами. Помимо журнала на иврите «Га-Мелиц» (1860) здесь издавались «Рассвет» (1860–1861), «Сион» (1861–1862) и «День» (1869–1871) [Вальдман 2008]. У одесситов был свой, индивидуальный стиль литературного письма на иврите — *нусах Одесса*. Наряду с Варшавой и Вильнюсом («литовским Иерусалимом») Одесса стала ведущим

Илл. 16. Мудрецы Одессы: стоят справа налево — Бялик, Клаузнер, А. М. Борисов; сидят справа налево — Левинский, Менделе Мойхер-Сфорим, Ахад-Га-Ам, Равницкий, Лилиенблюм, «Рав Цаир» (Черновиц)

центром развития иврита, который возрождался как язык светской литературы, хотя на нем говорила лишь небольшая группа энтузиастов-сионистов.

В Одессе возродилась ивритская литература. Заметными фигурами в дискуссиях о еврейском национальном возрождении были Бен-Ами (М. Я. Рабинович) и Ахад-Га-Ам (Ашер Гинцберг). Между 1881 и 1921 годами вокруг издательств и журналов группировались писатели, в основном связанные с движением духовного сионизма Ахад-Га-Ама [Spicehandler 1985]. Национальный ивритский поэт Хаим Нахман Бялик активно участвовал в деятельности одесских ивритских книжных издательств вместе с И. Х. Равницким и И. Клаузнером, а историк С. М. Дубнов и «дедушка» идишской литературы Менделе Мохер-Сфорим (Ш. Я. Абрамович) оказали огромное влияние на развитие новой еврейской литературы и собрали вокруг себя еврейских интеллектуалов Одессы.

Многие молодые провинциальные мечтатели прибывали в Одессу, чтобы испытать удачу, надеясь, что какой-нибудь знаменитый писатель, например Бялик или Менделе, поможет им проложить путь к литературной славе. В их воспоминаниях Одесса предстает городом восхитительных красок, моря, кафе на бульварах. Идишский писатель Перец Гиршбейн, романист Яаков Фихман и сам великий критик Равницкий ностальгически вспоминали Одессу как еврейскую культурную Мекку, а в посмертно опубликованных мемуарах Шмуэля Усышкина, сына руководителя сионистского движения, город описан в исторической перспективе как крупный центр еврейской жизни[1]. Писавший на иврите автор романов и эссеист Элиезер Штейнман объяснял уникальность Одессы неторопливым темпом жизни и серьезностью разговоров, целебным климатом и близостью черноморских курортов [שטיינמן 1982].

Во время Первой мировой войны город уже начал приходить в упадок. Одесса стала прибежищем тысяч обнищавших беженцев, депортированных или бежавших по собственной воле из Восточной Европы. Ко времени революции евреи составляли почти половину населения города. Снятие ограничений, регулировавших до тех пор жизнь евреев, и в особенности отмена цензуры ивритской прессы, которая была введена во время войны, привели к новому бурному всплеску культурной жизни и беспрецедентному росту числа публикаций на иврите, идише и русском, представлявших богатую палитру политических взглядов, от еврейской рабочей партии Бунд до социалистов-революционеров и сионистов[2].

Сионисты были, пожалуй, наиболее активной группой, и после принятия Декларации Бальфура и победы Британии на Ближнем Востоке в их среде встал вопрос об отъезде в Землю обетованную через Одесский морской порт. Тем временем жизнь в Одессе стала достаточно хаотичной. Город переходил из рук в руки по

---

[1]   См [הירשביין 1971; רבניצקי 1937; פיכמן 1942].

[2]   См. [Котлер 1996].

крайней мере девять раз. В феврале 1920 года власть наконец захватили большевики, которые быстро подавили независимую еврейскую культурную жизнь, в первую очередь с помощью Евсекции, хотя некоторые сионистские ячейки продолжали существовать до конца 20-х годов. В 1921 году, благодаря вмешательству Горького, Бялику и группе ивритских писателей было разрешено покинуть Россию; в конце концов они поселились в Тель-Авиве и ввели свой особенно одесский вклад в создание израильской литературы. Одессит Меир Дизенгоф стал первым градоначальником Тель-Авива и намеревался строить центр нового города по плану Одессы, с бульварами и фонтанами.

Не следует забывать, что Одесса отличалась от других городов Российской империи. Несмотря на межнациональные конфликты и антисемитизм черносотенцев, евреи были частью многонациональной Одессы и в то же время сохраняли свою индивидуальность. Это способствовало аккультурации и слиянию с русскими кругами, и к 1890 годам разговорным языком одесских евреев стал русский, а не идиш. На рубеже XIX–XX веков Санкт-Петербург и Одесса стали центрами русско-еврейской литературы, а в Одессе писали на одесские темы уже до Октябрьского переворота. Об этом свидетельствуют романы и пьесы Семена Юшкевича, очерки «Кармена» (Льва Коренмана), публицистика Владимира (Зеэва) Жаботинского.

Без сомнения, Бабель, которого, как и многих других сыновей в еврейских семьях среднего класса в Одессе, дома обучали Библии и ивриту, знал его достаточно хорошо для того, чтобы проверить корректуры перевода на иврит рассказов из «Конармии», выполненного Моше Хьегом (Цви-Григорий Плоткин) для советского сборника на иврите «Брешит» (1926), о котором я еще буду говорить в дальнейшем. Возможно, Бабель после возвращения в 1905 году в Одессу из Николаева слушал лекции и публичные чтения Бялика. 1905–1911 годы были самым плодотворным творческим периодом Бялика. Поколение Бабеля знало наизусть стихотворения Бялика, в особенности элегию на кишиневский погром «В городе резни» («Бэир гагарига», 1904). Эти стихи подвигли многих вступить в ряды местной еврейской самообороны, как о том мечтает мальчик в рассказе Бабеля «Первая любовь». Основанное на наследии еврейских пророков, это стихотворение было направлено против поэтической традиции оплакивания, определявшего жизнь еврейских общин на протяжении многих веков [Mintz 1985: 8]. Поэт ставит под сомнение мужественность мужчин — жертв погрома, которые, спрятавшись, смотрели из потайных мест, как насиловали их женщин. Это может объяснить тот факт, что Бабель лишает своих еврейских героев мужских признаков [Wisse 2000: 109–110][3], как мы видим у мертвого деда Шойла в погромном рассказе «Истории моей голубятни» (Детство: 47). Убеждение Бялика в том, что у российского еврейства нет будущего, нашло свое отражение и в пьесе Бабеля «Закат» (1928). Бабель встречался с Бяликом и знал наизусть его стихи в русском переводе [הלפרין 1996: 91].

Герои Бабеля, одесские налетчики, были частью преступной реальности, но они также отражали появление в еврейском культурном пространстве нового типа крепкого еврея, *бааль гуф*[4], не боявшегося ни полиции, ни погромщиков. Таких героев описали Шолом Аш в повести «На улице Кола» и Бялик в рассказе «Арье бааль гуф». Они символизировали гордое и бесстрашное еврейство, которое после многих веков страданий и притеснений пришло к национальному возрождению. Семья Исроэля на варшавской улице Кола — биндюжники, но их удаль обеспечивает защиту общины в момент опасности. В то же время голубятня сына становится причиной драки с другим любителем голубей, и это перекликается с мечтой мальчика выращивать голубей и судьбой его птиц во время погрома в рассказе Бабеля «История моей голубятни».

Еврейские читатели, современники Бабеля, выросшие до революции в общей русско-еврейской культуре, легко могли узнать «скрытые мотивы» в «Конармии» — аллюзии, понятные дву-

---

[3] См. первую главу этой книги.

[4] О сходстве одесских гангстеров с героем идишской и ивритской литературы «бааль гуф» см. [Cukierman 1977].

и многоязычным читателям, умевшим читать между строк, — а к этому евреев приучили долгие века преследований и ограничений (вроде испанской Инквизиции и русского царизма). На самом деле трехъязычная еврейская культура в царской России открывала огромные возможности для шуток и каламбуров. Читатели ивритских поэтов Бялика и Шауля Черниховского, или Менделе (который вначале писал на иврите, затем перешел на идиш и снова обратился к ивриту) и Шолом-Алейхема узнавали в их текстах игривую интертекстуальность идиша и иврита. Так, часто обыгрывались знакомые библейские тексты или высказывания из Талмуда, уже наполненные отзвуками, хорошо знакомыми после стольких веков толкований. Достаточно привести несколько примеров.

Воспоминания Лютова о детстве и его посещение еврейского местечка — ситуация, очень схожая с ситуацией одинокого кочующего интеллектуала у Бялика в стихах «На пороге бейт-га-мидраша» («Ал саф бет гамидраш», 1894). В обоих текстах рассказчик возвращается в разрушенное еврейское местечко, но там, как выясняется, все мертво и прогнило. Разница лишь в том, что место света просвещения заняла красная звезда большевизма. Перед самым закатом Гедали запирает свою «лавку древностей» — аллюзия на роман Диккенса и на мертвое прошлое[5]. В своей дневниковой записи от 3 <июля> 1920 года (Собрание сочинений, 2: 223) Бабель не называет по имени лавочника-еврея, с которым он пил чай и который мечтал, чтобы было хоть одно хорошее правительство. Имя лавочника Гедали, связанное с именем Гедалья, чье убийство примерно в 585 году до нашей эры положило конец еврейскому суверенитету после разрушения Первого Храма, напоминает о падении Иудеи. Диалог с Гедали открывает двойную историческую перспективу: рассказчика одинаково и притягивают, и отталкивают как его горько-сладкое еврейское прошлое, так и революция, которая это прошлое разрушила.

---

[5] См. [Хетени 1990: 187–192].

И вот она взошла на свое кресло из синей тьмы, юная суббота.

— Гедали, — говорю я, — сегодня пятница, и уже настал вечер. Где можно достать еврейский коржик, еврейский стакан чаю и немножко этого отставного Бога в стакане чаю?..

— Нету, — отвечает мне Гедали, навешивая замок на свою коробочку, — нету. Есть рядом харчевня, и хорошие люди торговали в ней, но там уже не кушают, там плачут... (Детство: 127).

Говоря о революции, Лютов противопоставляет революционную справедливость слепоте буржуазии, но, по иронии, он не может увидеть того, что видит старый еврейский лавочник, ослепленный поляками во время погрома: противоречивость революции с ее насилием, когда у евреев после погромов во имя революционной справедливости отнимают оставшееся имущество. Гедали ходит молиться в синагогу, ищет невозможного «интернационала добрых людей». Гедали — *а зайденер менш* («шелковый человек»); Бабель намекает на идишское выражение, которое обозначает человека, старательно изучающего Талмуд, а также вызывает ассоциацию с филактериями: Гедали «обвивает меня шелковыми ремнями своих дымчатых глаз» (Детство: 126). Лютов не может рвать свои родовые еврейские корни, а Гедали не может понять, почему евреи страдают и от революции, и от контрреволюции. Почему красноармейцы, которых евреи приветствовали как своих освободителей от рук поляков и белых, обратили евреев во врагов, почему они стали их грабить, почему их имущество было отнято? Где же всеобщее избавление, обещанное коммунистами?

У Лютова нет ответа для Гедали. Да и невозможно было говорить об исторической несправедливости по отношению к евреям, учитывая обстоятельства публикации текста в советской России в середине 1920-х годов[6]. Но интертекст был понятен каждому, кто читал Бялика как в различных русских переводах (Жаботин-

6   См. [Будницкий 2005].

ского, Брюсова, Иванова, Сологуба и других), так и вивритском оригинале. Вернуться к «истлевшим талмудам моего детства» у Бабеля (Детство: 125)[7] значит вернуться к «тлеющим, выцветшим зеленым пергаментам» (*גוילים בלים וירוקים ירקבו בחבית*) воспоминаний детства в стихах Бялика «На пороге бейт-га-мидраша» («Ал саф бет гамидраш», 1894). Это значит также и возвращение к мертвому миру дедушкиного кабинета, к пыльным древним томам истлевших талмудов ушедшей культуры в поиске успокоения в звездном небе над кладбищем, как в стихах Бялика «Перед книжным шкафом» («Лифней арон гасфарим», 1910):

> Вы помните? Бывало, бейт-га-мидраш
> Оденет тьма; все разошлись давно,
> И в тишине предела — я один;
> Дрожа, слетает с уст молитва дедов,
> А там, в углу, близ вашего ковчега,
> Мерцает тихо вечная лампада [Бялик 1964: 56].

> — התזכרו עוד? — אנכי לא שכחתי
> בעלית קיר, בתוך בית-מדרש שומם.
> אני הייתי אחרון לאחרונים
> על-שפתי פרפרה ומתה תפילת אבות
> ובפנת סתר שם, על-יד ארונכם לעיני
> דעך כליל נר התמיד.
> [רד 1996 ביאליק].

«Лампада» — это «нэр тамид», священный огонь в Храме или перед ковчегом со свитками Торы в синагогах, и, как это характерно для поэзии Бялика, язык поэта насыщен многоплановыми аллюзиями на библейский иврит со скрытым подтекстом.

Лютов в «Гедали» оглядывает небо над Житомиром в поисках «робкой звезды» (Детство: 125). «Робкая звезда» мигает и намекает ему, что наступила суббота и евреи пойдут молиться в синагогу. Это — след жизни, разрушенной погромами и войной. Детское сердце раскачивалось, «как кораблик на заколдованных

---

[7] Эта фраза отсутствует в более поздних изданиях и в «Собрании сочинений» (М., 1991).

волнах» (Детство: 125) — на волнах Талмуда, который обычно сравнивают с морем. А у Бялика звезда вызывала не только романтическую тоску, но и мистическую жажду, что хорошо заметно в «Закате» («Им димдумей гахама», 1902). Кроме того, это была путеводная звезда, помогавшая пройти через отчаяние изгнания и чуждой культуры, как в стихах «Одинокая звезда» («Кокав нидах», 1899), где поэт молится об озарении души:

Озари же дух мой, опаленный срамом
Блуда по чужбинам и по чуждым храмам [Бялик 1964: 13].

האר אפוא, כוכב, נפשי הנואשה
מעבודה זרה ומגלות קשה.
[פז :1996 ביאליק].

В «Гедали» звезда — объект ностальгических поисков странствующего еврея, лишенного корней, напрасно надеявшегося найти там, где плачут сироты, «еврейский коржик, еврейский стакан чая» (Детство: 127). И Бялик, и Бабель апеллируют к коллективной памяти разрушения, к культурному наследию и коллективной самоидентификации, утерянным вернувшимся к национальному прошлому интеллектуалом-евреем.

Как и Гейне, Бялик и Бабель осознавали мессианское значение кануна субботы, символизируемое образом «царицы» или «невесты»-субботы, которой отведено центральное место в субботней литургии. Попытка Бялика совместить традицию и современность позднее была подтверждена словом «да!» в стиле Гедали, которым поэт утверждает присутствие царицы-субботы в его гимне субботе «Шабат га-малка» («Царица-суббота»). А для поколения Бабеля суббота и разрушение еврейских традиций были той ценой, которую пришлось заплатить за обещанные революцией «первоклассные рационы» для каждой души.

В рассказе Бабеля поиск робкой звезды — это призыв вернуться к культурной памяти. Однако у Бялика молитва, обращенная к «робким звездам» («הכוכבים הצנועים») в стихах «Однажды летним вечером» («Гая эрев гакайиц», 1908), произносится в контексте кощунственной иронии, когда необузданный эротизм эллинской культуры увлекает молодого человека и уводит его от еврейского дома и духовных ценностей. В ивритском оригинале стихотворения эпитет, примененный к звездам — «צנועים» — может означать как «робкий», так и «скромный», и в таком интертексте «робкая звезда» Бялика воспринимается еще более иронично — как звезда, влекущая его, а также как символ чужой, всемирной культуры, которая его увлекает.

Бялик откликается на образы русского символизма и рисует картины природы на священном языке, а модернистская проза Бабеля в «Конармии» описывает романтические летние ночи на фоне полей, усеянных трупами. Во всяком случае, любая ссылка на Бялика, какой бы завуалированной она ни была, означала «разговор на секретном языке», который в свою очередь отсылал к интертексту многовековой ивритской поэзии и предлагал смотреть на возрождение еврейской культурной самоидентификации через ретроспективу репрессий и потерь. «Гедали» — это рассказ, который предлагает читателям вместе с Лютовым отправиться назад в Житомир — родной город Бялика, к книжному шкафу еврейских книг, а значит, к канону еврейской культуры, как в хорошо известном стихотворении Бялика «Перед книжным шкафом». Конармейский рассказ «Гедали» начинается так:

> В субботние кануны меня томит густая печаль воспоминаний. Когда-то в эти вечера мой дед поглаживал желтой бородой томы Ибн-Эзра. Старуха в кружевной наколке ворожила узловатыми пальцами над субботней свечой и сладко рыдала. Детское сердце раскачивалось в эти вечера, как кораблик на заколдованных волнах (Детство: 124–125).

«Когда-то в эти вечера мой дед поглаживал желтой бородой томы Ибн-Эзры» (Детство: 124) — это совсем не русские и немецкие классики на высших книжных полках в «Шуме времени» Мандельштама! Еврейский интеллигент Лютов вернулся в еврейское прошлое своих дедов, библейских комментариев Раши и Ибн-Эзры, традиционных субботних свечей, словом — в «хаос иудаизма». Это прошлое было отвергнуто молодежью, которая давно покинула разрушенный войной *штетл* и потянулась к крупным городам, к революции.

Именно в поисках памяти о еврейском прошлом в Житомире, в пятницу вечером, накануне субботы. Но только еврейский читатель, понимающий подтекст, узнает Житомир Бялика, город в котором он вырос и учился в знаменитой Воложинской *иешиве* (религиозное училище), к которому он возвращается в стихотворении «Когда я вернулся», чье ивритское заглавие *бэшуванти* созвучно ивритскому термину, обозначающему религиозное раскаяние. Как и в стихотворении «Я один» («Лэвади», 1902), ассимилированный еврейский интеллектуал у Бялика в стихотворении «На пороге бейт га-мидраша» видит лишь черное отчаяние в иудаизме еврейского местечка, в то время как новое «веяние» увлекло молодое поколение, очарованное «светом» светского просвещения. Стихотворение, датированное 9 ава 1894 года (день поста в память о разрушении Иерусалима), было написано после того, как царские власти закрыли Воложинскую иешиву. Можно сказать, что Бялик писал как о личном, так и о национальном, основываясь на опыте утраты, но его отношение к прошлому всегда неоднозначно. Спустя два десятилетия и одну мировую войну Лютов приезжает в Житомир и видит, что еврейское местечко разрушено и обречено. Оказывается, что его собственные ностальгические воспоминания о дедушке и бабушке тем более сильны, когда «возвращение» невозможно и большевистская революция призвала русскоязычных евреев в свои ряды: новый порядок не оставил места для еврейского прошлого и его традиций.

Дилемма Лютова была хорошо знакома еврейским читателям. Как и оторванный от своих корней еврейский интеллектуал (*талуш*) из произведений новой ивритской литературы периода смены веков, этот двоюродный брат «лишнего человека» разрывается между двумя мирами: «еврейским миром, который он оставил и к которому он не может вернуться», и новым миром — миром русской культуры, которая отвергла его, оставив «изолированным, подавленным и оторванным от корней» [Govrin 1989:

22][8]. «Оторванный от корней» — термин, заимствованный из названия рассказа И. Д. Берковича, написанного в 1904 году. Он встречается также у Бердичевского, Шофмана и Гнесина в период утраты иллюзий после погромов 1904–1905 годов. Вопрос, заданный М. З. Файербергом в его повести «Куда?» («Лэан?» 1899), относился к пути еврейского интеллектуала, который повернулся спиной к Ибн-Эзре и Маймониду, но еще не нашел нового мира.

Жестокий, отчаянный ответ на этот вопрос был найден в свидетельстве бывшего бундиста, дезертира из русской армии Иосефа Хаима Бреннера, рассказавшего о попытках вновь заселить землю Израиля. Его «Бездолье и провал» («Шхол ве-кишалон», 1920) повествует об отрыве российского еврейского интеллектуала от родных мест и о разочаровании, бессилии и сумасшествии. Это та самая книга, которую дала Кафке его преподавательница иврита Пуа Бентовим и название которой вызвало у Кафки такое недоумение: можно было выразить сионистскую мечту через бездолье и провал? [Wisse 2000: 87.] Пессимистичный роман Бреннера вышел в свет в том же году, когда Бабель приехал в город Сокаль, где он встретил пламенного сиониста, «ein angesprochener Nationalist» (Дневник, 25.8.20. Собрание сочинений, 2: 313). Активист сионистского движения *Ге-Халуц* Акива Говрин в своих воспоминаниях рассказывает о встрече во время польской кампании с Бабелем, который декламировал стихи Бялика на русском и интересовался последним выпуском русско-еврейского журнала «Сафрут». Говрин пишет о положительном отношении Бабеля к тому, что еврейская молодежь занимается сельским хозяйством [Говрин 1974], но собственное восприятие Бабелем мечтаний еврейской молодежи в Галиции и на Волыни, видимо, сводится только к описанию в черновиках конармейских рассказов евреев, записавшихся по политическому убеждению в красноармейцы: «Чахлые евреи, гнущиеся под тяжестью оружия, под польским игом, местечковые коммунисты. *Евреи, поющие интерн[ационал]*» (Собрание сочинений, 2: 363).

---

[8] См. также [Бар-Йосеф 1990].

На синхроническом уровне интертекст перекликается с подтекстом, а на диахроническом — с историческим контекстом. В цикле «Конармия» детали подчеркивают ироничное повторение исторических реалий. Таков, например, эпизод в рассказе «Берестечко», в котором казаки казнят еврея, едва миновав сторожевую башню легендарного казацкого героя Богдана Хмельницкого, мучителя евреев в 1648 году, после поражения в войне с поляками. Именно зверские убийства, учиненные казаками Хмельницкого, послужили причиной мессианских настроений среди восточноевропейского еврейства, что, в свою очередь, положило начало хасидизму после провала движения Шабтая Цви. За фрагментом мемуаров о Наполеоновских войнах, написанным на французском, следует речь большевистского командира, который передает власть озадаченным мещанам и обворованным евреям — жертвам грабежей и разбоя. Но, несмотря на исторические аллюзии, Лютов столь же слеп к этому контексту, сколь глухи казаки к иронии песен, прославляющих казацкую удаль. В «Переходе через Збруч» Лютов, пока еще не названный по имени, ложится рядом со спящим евреем в неописуемо грязной комнате с развороченной мебелью и нечистотами, не зная, что это — следы погрома. С другой стороны, кажется, что хасидизм, разгромленный историей, как говорит Гедали в «Рабби» — вечен, как память о матери. Позднее Илья Брацлавский скажет, что мать — это эпизод, когда речь идет о революции. Но военная разруха за окном является молчаливым комментарием к вечности еврейства и субботы; обостряется несовместимость двух миров, двух версий истории.

В конце рассказа «Рабби» Лютов покидает мертвый мир обнищавшего, измученного хасидизма и возвращается к своей роли журналиста на агитпропском поезде, где яркие огни и печатные станки манят его прочь от субботнего стола у рабби; он отворачивается от еврейского прошлого и обращается лицом к революционному будущему. Ирония «еврея-коммуниста», конечно, состоит в том, что в «Конармии» красная звезда сияет ярко только в народных песнях и пропагандистских лозунгах. Реальность намного мрачнее: плохо вооруженные, малограмотные крестьяне и казаки борются за идеалы, которые они едва понимают, за мировую революцию, которой им никогда не достичь.

Решение расположить «Кладбище в Козине» в середине цикла «Конармия» было удачным. Этот рассказ, написанный в духе поколения, пережившего кишиневский погром, а сейчас казацкие погромы, апеллирует к коллективной памяти о раввинских династиях и неотомщенных жертвах Хмельницкого. Концовка «Кладбища в Козине» напоминает крик еврейки в конце «Перехода через Збруч», когда спящий еврей оказывается трупом ее отца, жертвой погрома: «О, смерть, о, корыстолюбец, о, жадный вор, отчего ты не пожалел нас хотя бы однажды?» (Детство: 158). Знающий читатель может грустно улыбнуться, вспомнив похожий отчаянный крик Бялика в его погромной поэме «О резне» («Ал гашхита», 1903), его вопрос, когда же придет конец убийствам, и его ярость, ибо никакая месть не может стать достаточным наказанием за кровь жертв:

> Проклятье, — кто местью за ужасы воздал!
> За кровь, за убийство младенца, — отмщений
> И дьявол не создал! [Бялик 1964: 23].

> וארור האומר: נקום!
> נקמת כזאת, נקמת דם ילד קטן
> עוד לא ברא השטן—
> [קנב 1996: ביאליק].

В советский период, когда антисемитизм рассматривался как составная часть классовой борьбы при царском режиме, гневная реакция на невиданные зверства была запрещена.

На протяжении всего конармейского цикла Лютову так и не удается разрешить кризис самоопределения: примирить жестокость революции, к которой он примкнул, и гуманные ценности еврейства, от которых он отвернулся. Лютов пfar «робкую звезду», по его самоидентификация как одесского еврея вызывает в памяти ироничное замечание рабби об Одессе как о великой звезде изгнания. Однако нельзя не заметить скрытую иронию в сцене, где рабби расспрашивает Лютова:

— Откуда приехал еврей? — спросил он и приподнял веки.
— Из Одессы, — ответил я.
— Благочестивый город, — сказал рабби сказал вдруг рабби
с необыкновенной силой, — звезда нашего изгнания, не-
вольный колодезь наших бедствий!.. Чем занимается еврей?
— Я перекладываю в стихи похождения Герша из Острополя.
— Великий труд, — прошептал рабби и сомкнул веки. —
Шакал стонет, когда он голоден, у каждого глупца хватает
глупости для уныния, и только мудрец раздирает смехом
завесу бытия... Чему учился еврей?
— Библии.
— Чего ищет еврей?
— Веселья.
— Реб Мордхэ, — сказал цадик и затряс бородой, — пусть
молодой человек займет место за столом, пусть он ест в этот
субботний вечер вместе с остальными евреями, пусть он
радуется тому, что он жив, а не мертв, пусть он хлопает
в ладоши, когда его соседи танцуют, пусть он пьет вино,
если ему дадут вина... (Детство: 134).

Когда Лютов представляется как еврей из Одессы, еврейский
читатель слышит в ответ от рабби ироничное замечание об
Одессе как о «звезде изгнания» (привычное определение богобо-
язненного города благочестивых мудрецов), поскольку город
имел дурную славу центра движения еврейского Просвещения
(Гаскалы) — на идише говорили, что «на семь миль вокруг Одессы горит адский огонь». Обмен репликами между рабби и Лютовым выдает в Лютове знакомство с фольклорной идишской
культурой — с Гершеле Острополером, о котором Бабель думал,
как он записал в своем «Дневнике 1920 года» (Собрание сочинений, 2: 258), когда молился в синагоге в Дубно среди хасидов,
столь непохожих на веселых одесских евреев, «пузырящихся, как
дешевое вино» («Учение о тачанке». Детство: 140); а сам Бабель,
как я уже упомянул, опубликовал в 1918 году свою версию одного анекдота о Гершеле.
Рабби происходит из чернобыльской династии, в которую
входили и члены знаменитой семьи Тверских, но у Бабеля фами-

лия рабби — Брацлавский, а его сына-вероотступника зовут Илья, Элиягу, как и пророка, который, согласно еврейской традиции, возвестит о явлении мессии. Для читателя-еврея очевидна аллюзия на брацлавских хасидов, известных также как «мертвые хасиды», поскольку у них не было рабби со времен Нахмана из Брацлава, умершего в начале XIX века. В тот период это была самая мессианская из хасидских сект, и одна из самых известных идишских историй Нахмана, «Сын раввина», рассказывает об отвергнутом мессии. Этот текст был широко доступен читателям в немецком переводе Мартина Бубера [Sicher 1995: 55–57; Friedberg 1978].

Сын рабби курит в субботу (грубое пренебрежение религиозным законом в день отдыха); он похож на Спинозу и на Иисуса, окруженного апостолами. Обе эти фигуры в глазах евреев являются еретиками и вероотступниками. Илья — отступник, который оставил иудаизм ради революции (как и многие молодые евреи того периода; некоторые революционеры происходили из религиозных семей), но обладает истощенными чертами выхолощенного еврея. Как и Лютов, Илья восстал против своего еврейского прошлого и примкнул к революции. Бялик обращается к молчаливым звездам, вспоминая еврейское прошлое (в стихотворении «Перед книжным шкафом»), но Лютов в рассказе «Сын рабби» в разговоре с русским Василием фактически отстраняется от еврейской точки зрения, называя по имени русского адресата, который, видимо, не кто иной, как жестокий политический комиссар, рассказывающий свою историю в рассказе «Конкин». Лютов вспоминает о том вечере накануне шаббата у рабби, когда он впервые встретил Илью Брацлавского. Илья — это альтер эго Лютова, но культурные аллюзии, на которые указывают вещи Ильи, ясно говорят о невозможности еврейских коммунистов совместить иудаизм и коммунизм: Маймонид и ивритская поэзия — это и отсылки к прошлому Ильи Брацлавского, непокорного сына чернобыльского рабби, который присоединился к коммунистам в тщетной надежде примирить Ленина и Маймонида, партийные манифесты и любовь:

Здесь все было свалено вместе — мандаты агитатора и па-
мятники еврейского поэта. Портреты Ленина и Маймонида
лежали рядом. Узловатое железо ленинского черепа и тус-
клый шелк портретов Маймонида. Прядь женских волос
была заложена в книжку постановлений шестого съезда
партии, и на полях коммунистических листовок теснились
кривые строки древнееврейских стихов. Печальным и ску-
пым дождем падали они на меня — страницы «Песни песней» и револьверные патроны (Детство: 229).

Это смешение несовместимого ошеломляет Лютова, который,
как брат, находится рядом с Ильей в момент его смерти. Первое
издание «Конармии» заканчивается бессмысленной смертью
Ильи, слабого, забытого. По мнению Роберта Альтера, в этом
эпизоде наиболее ярко выражена пропасть между двумя мирами в переходный период еврейской культуры. В этом, как
считает Альтер, Бабель сближается с М. Бердичевским [Alter
1995: 41–42].

В этом контексте замечательно, что «Сын рабби» и другие
рассказы из «Конармии», так же как «Линия и цвет», были отобраны для публикации в советском сборнике на иврите «Брешит»
(1926)[9] в ивритском переводе М. Хьега, авторизованном самим
автором. Рассказы Бабеля — единственные переводные тексты
в сборнике — подводят итог дилеммы, перед которой оказались
евреи, желавшие совместить идеалы еврейских пророков и коммунистической революции. Часть участвовавших в сборнике
поэтов, писавших на иврите, сочиняли стихи в стиле Есенина
и Маяковского, проникнутые восторженным отношением к коммунистической догме. Они наивно полагали, что смогут писать
о новой жизни на библейском языке, подражая Блоку и не следуя
творческому пути Бялика. Эти реально существовавшие «иврит-
ские коммунисты» (как их назвал Элиэзер Штейнман в своем
манифесте 1919 года) [שטײנמן 1952: 311–316] считали, что можно
объединить Маймонида и Ленина, стоит лишь отказаться от

---

9   תרגם מרוסית מ. חיוג, בהגהת המחבר. // בראשית. מוסקבה – לנינגרד 1926 מס' 1. ע' 38–15.

буржуазного прошлого[10]. Сборник «Брешит» был опубликован только благодаря ухищрениям нескольких энтузиастов-идеалистов во главе с Моше Хьегом и Шимоном Габонэ-Требуковым (при поддержке представителя Коммунистической партии Палестины в Москве Иосифа Бергер-Барзилая) [ברזילי 1968: 53–58; הלפרין 1996: 82–95]. Получив одобрение цензуры, сборник увидел свет, хотя его и пришлось печатать в Берлине из-за сложностей, связанных с печатью на иврите в Советском Союзе, где иврит воспринимался как реакционный язык еврейских клерикалов и был осужден Евсекцией. Обложка книжки Иосифа Чайкова выражает идеал нового универсального советского будущего в современном городе. Чайков, художник-график и скульптор, обучавшийся в Париже, был связан с киевской *Культур-Лиге*, группой еврейских художников-авангардистов (в их числе Натан Альтман, Исахар-Бер Рыбак и Борис Аронсон), основанной весной 1918 года. Между прочим, в 1930-х годах творчество Чайкова стало конформистским, он прославился плакатами во славу сталинизма. Дореволюционные надежды на новое общество, которые еврейские художники возлагали на организации типа *Культур-Лиге*, вскоре были подавлены коммунистическим контролем. Кульминацией постепенного подавления творческого самовыражения в конце 1920-х годов стали дела Маркиша и Квитко в идишской литературе, и дела Замятина и Пильняка в литературе русской.

Рассказы Бабеля воплощали собой утраченную вскоре надежду, как у Ильи Брацлавского, на то, что ивритскую поэзию и «Песнь песней» возможно объединить с коммунистическими манифестами и революцией. Важно отметить, что редакторы журнала напрасно надеялись на возникновение ивритской коммунистической альтернативы Ахад-Га-Аму и Бялику; за исключением Йохевед Бат-Мириам, которая уехала в Палестину, большинство сотрудников журнала окончили свою жизнь в ссылке, в сталинских лагерях или были расстреляны. Судьба «Брешита» была печальна: первый номер оказался единственным, и половина экземпляров пропала на складе у составителей.

---

[10] См. [Gilboa 1982; Gitelman 1972; Karton-Blum 1985].

Илл. 17–18. «Багинэн» (1919) и «Брешит» (1926), обложки Иосифа Чайкова

Можно с уверенностью утверждать, что новые политические обстоятельства создали ироническую дистанцию между автором и тем еврейским интеллектуалом-одиночкой, который в 1918–1919 годах еще мог надеяться на осуществление идеалов, а теперь в них разочаровался. Период военного коммунизма и всемирной революции, а потом НЭПа, уступил место консолидации централизованного советского государства под руководством Сталина.

«Конармия» появилась одновременно с другими произведениями о Гражданской войне, которые также описывали «попутчиков»-интеллектуалов, как мы увидим дальше. В их числе, например, «Чапаев» Фурманова, «Разгром» Фадеева, «Железный поток» Серафимовича. Однако по своей теме (цена, которую евреям пришлось заплатить за победу большевиков) «Конармия» ближе к написанной на иврите повести Хаима Хазаза «Отсюда и оттуда» («Мизэ умизэ», 1924), где описывалась жизнь еврейского местечка во время Гражданской войны. В одном из эпизодов у Хазаза происходит словесная дуэль между старыми евреями городка и по-боевому настроенным комиссаром-евреем, очень похожая по тону и содержанию на спор Лютова и Гедали[11]. Не случайно журнал «Брешит» напечатал восторженную рецензию на повесть Хаима Хазаза, хваля автора за изображение конца старого еврейского местечка и за описание триумфа бойцов-коммунистов, стремящихся к установлению нового общественного порядка, основанного на мировой справедливости.

Очевидно, что позиция самого Бабеля была более неоднозначной, чем напыщенный энтузиазм редакторов «Брешита», которые славили советского еврея нового типа, строящего славное будущее для всех. Хоть Бабель, ассимилированный еврей из Одессы, и далек от еврейских традиций, тем не менее, не скрывает, что коллективная память о преследованиях и разрушении еврейского местечка — это также и его память. Новое окончание «Конармии» — рассказ «Аргамак», добавленный в издание 1931 года, — позволяет предположить, что рассказчик, как и Илья Брацлавский, может следовать за казаками, но лишь создав себе врагов. Правда, в «Еврейке» (1927) красноармеец Борис не страдает комплексами Лютова, но рукопись не была закончена и осталась неясна судьба семьи Эрлих, которая переселись из умирающего еврейского местечка в Москву. Оптимизм рассказчика-чекиста в шаблонной концовке «Дороги» (1932) не может скрыть жестокие зверства против евреев. В рассказе «Карл-Янкель» (1931) описывается судебный процесс над одесским ритуальным моэлем (судебные процессы над иудаизмом проходили до конца 1920-х годов), Нафтулой, хорошо известным в Одессе, поскольку он делал обрезание младенцам, в том числе будущим преследователям иудаизма из Евсекции, «Орлов, урожденный Зусман» (Детство: 312). Это прибавляет двусмысленность последним словам рассказа!

---

[11] См. [Lapidus 2003: 134–154]. О рецепции Бабеля в ивритской литературе см. [Розенсон 2015]. См. также главу 6.

Из окна летели прямые улицы, исхоженные детством моим
и юностью — Пушкинская тянулась к вокзалу, Мало-
Арнаутская вдавалась в парк у моря.
Я вырос на этих улицах, теперь наступил черед Карл-Янке-
ля, но за меня не дрались так, как дерутся за него... Мало
кому было дела до меня...
— Не может быть, — шептал я себе, — чтобы ты не был
счастлив, Карл-Янкель... Не может быть, чтобы ты не был
счастливей меня... (Детство: 317).

Еврейский мир Одессы пришел к концу. К этому времени
диалектика надежды и отчаяния, отраженная в культурном
контексте и интертексте, зазвучала еще более печально и трагич-
но. Однако наступило время, когда пришлось сделать выбор.
Рассказчик размышляет о судьбе еврейского ребенка, названно-
го в честь еврейского патриарха Иакова, но одновременно в честь
основателя коммунизма Маркса, и приходит к выводу, что Карл-
Янкель не может не быть счастливее, чем был он, потому что
никто не дрался за него так, как дерутся за этого еврейского ребенка, кормящегося у груди киргизской женщины (идеал интер-
национальной дружбы советских народов!). Карл-Янкель выра-
стет, чтобы стать летчиком (идеал советского будущего!). Глядя
в окно, рассказчик видит улицы, на которых он вырос, Пушкин-
скую и Малую Арнаутскую. На Малой Арнаутской в доме № 9 жил
до 1921 года Хаим-Нахман Бялик. Пушкин, как известно, симво-
лизирует для ассимилированного еврейского интеллигента
классику русской литературы и принятие в русскую культуру.
А Бялик — символ еврейского культурного возрождения. Пути
Пушкина и Бялика разошлись, и они больше не могли существовать в культурном симбиозе.

Илл. 19. Дом Бялика.
Малая Арнаутская
улица, Одесса

Илл. 20. Памятник А. С. Пушкину, Одесса

Глава 4
Миф и истина

История как мидраш

Миф в произведениях Бабеля создает иллюзию эпоса, в то же время высмеивая его, привнося новаторские интерпретации истории, раскрывая неожиданные истины. Для Бабеля исторические и религиозные мифы были тонким средством проведения аллегорических параллелей, а также создания ироничных намеков на моральное послание. По сути, это мидрашный подход к истории, следующий древней еврейской литературной традиции, которая творчески развивает библейский и исторический нарратив, обычно для экзегетических или гомилетических целей, и в игровой форме опирается на интертекстуальные, вербальные и семантические ассоциации. Часто в чтение знакомых историй привносится новый, современный смысл, или же библейские тексты приобретают неожиданный уровень образного значения, превращая библейских персонажей в живых людей. Как показал Даниэль Боярин, мидраш, библейский метакомментарий, который является частью знаний Талмуда, по своей сути интертекстуален и устанавливает закодированную двойственность между экзегетическим текстом и цитируемым или упоминаемым отрывком. Мидраш заполняет пробелы в библейских текстах, рассказывая историю, которая наполняет конкретикой моральные и религиозные значения, — это герменевтика, когда простой смысл прочитывается гомилетически или образно, но также проводятся неожиданные исторические аналогии [Boyarin 1990:

57]¹. Модус мидраша не только воздействует на еврейское воображение во времена культурных репрессий (например, римлян или царей), но и характеризует то, как развивался и обновлялся канон еврейской литературы. Во взгляде Бабеля на историю есть нечто, что мы могли бы назвать мидрашем.

Ключ к бабелевскому взгляду на историю через призму мидраша мы находим в творчестве польского живописца из рассказа «Пан Аполек», который впервые был напечатан в «Известиях Одесского губисполкома» в январе 1923 года, а потом переиздавался в «Красной нови» «попутчика» Воронского в декабре 1923 года, наряду с другим эстетическим кредо Бабеля — «Линия и цвет», в которой также описывается своеобразный способ ви́дения мира. Подзаголовок «Миниатюры» связывает художественную тему с формой графической иллюстрации к более крупному тексту. Однако идеологическая направленность каждого из этих текстов принципиально отлична от ясных политических воззрений, от линии партии, преодолевающей недостатки размытого романтического воображения Керенского. Одновременно Бабель публиковал рассказы в «ЛЕФ» Маяковского, хотя они и не совсем вписывались в литературную линию кубофутуристов, а «линия» (партийная и художественная) очевидно обсуждалась на его страницах с марксистской точки зрения на историю, как в концовке рассказа «Линия и цвет», в противоположность воображаемому миру у Керенского и Аполека.

«Пан Аполек» представляет нам первую непосредственную встречу Лютова с западным искусством и культурой, которые соблазняют его мифической версией реальности, открывающей тем не менее глубокие истины. «Пан Аполек» воспринимается как ключ к христианскому прочтению «Конармии»². Но отношение к католицизму в этом рассказе иронично, что соответствует русским стереотипам о поляках и иезуитах, которых рассказчик считает хитрыми и коварными. В рассказе изображается картина не только богатой западной культуры, которая незнакома

---

¹ См. также [Вайскопф 2017].

² См. [Есаулов 1995; Хетени 1981].

отсталой, провинциальной России, но и древней вражды к сатанинско-еретической религии[3]. В дневнике, который Бабель вел на польско-советском фронте в 1920 году и который послужил материалом для рассказов «Конармии», нет упоминаний о польском художнике; но в развалинах католических церквей и в доме священника Тузинкевича с его древними фолиантами и латинскими рукописями Бабель натыкается на католическую тайну, дающую ему, еврею из православной России, поразительное откровение:

> Древний костел, могилы польских офицеров в ограде, свежие холмы, давность 10 дней, белые березовые кресты, все это ужасно, дом ксендза уничтожен, я нахожу старинные книги, драгоценнейшие рукописи латинские. Ксендз Тузинкевич — я нахожу его карточку, толстый и короткий, трудился здесь 45 лет, жил на одном месте, схоластик, подбор книг, много латыни, издания 1860 года, вот когда жил Тузинкевич, квартира старинная, огромная, темные картины, снимки со съездов прелатов в Житомире, портреты папы Пия X, хорошее лицо, изумительный портрет Сенкевича — вот он, экстракт нации. Над всем этим воняет душонка Сухина. Как это ново для меня — книги, душа католического патера, иезуита, я ловлю душу и сердце Тузинкевича, и я ее поймал (7.8.20, Берестечко. Собрание сочинений, 2: 287).

В этом описании польской церкви автор дневника озабочен столкновением цивилизаций — славянской и западной.

Аполек — это польский вариант христианского имени Аполлинарий, что отождествляет его с Аполлоном, греческим богом поэзии и музыки, связанным с интеллектом и цивилизацией — и антагонистичным Дионису[4]. У Аполлона в греческой мифологии запутанная история, но среди его многочисленных функций

---

[3] См. [Хетени 1985; Tolczuk 1990; Kornblatt 2005].

[4] Это роднит его и с другим поляком, французским авангардным поэтом Аполлинером, урожденным Костровицким, сыном польской матери и неизвестного отца. См. об этом в [Friedberg 2000]. Роберт Магуайр прослеживает родословную Аполека до Аполлинария, еретика IV века [Maguire 2000].

присутствует также и функция Аполлона Сминфея (мышиного, возможно, из-за исторической путаницы с диалектным словом, обозначающим мышь), применимая к Аполеку. Аполек бродит по земле с двумя белыми мышами, спрятанными за рубашкой — которые здесь являются символом архетипической жертвы. У Аполека нет лиры его классического предшественника, но ему играет слепой музыкант Готфрид из Гейдельберга, восходящий к Виндермейеру, слепому тюбингенскому музыканту из «Концерта в Катериненштадте» (1918). Именно в Западной Европе, к влиянию которой предрасположен Бабель как одесский еврей, нам следует искать ключи к разгадке бабелевского жития пана Аполека[5].

В завязке сюжета рассказчик присягает эстетическому идеалу искусства Аполека:

> Прелестная и мудрая жизнь пана Аполека ударила мне в голову, как старое вино. В Новоград-Волынске, в наспех смятом городе, среди скрюченных развалин, судьба бросила мне под ноги укрытое от мира евангелие. Окруженный простодушным сиянием нимбов, я дал тогда обет следовать примеру пана Аполека. И сладость мечтательной злобы, горькое презрение к псам и свиньям человечества, огонь молчаливого и упоительного мщения — я принес их в жертву новому обету (Детство: 113).

Позже выясняется, что Аполек — пьяный еретик, и в конце концов Лютов спасется от обманчивых соблазнов католической мистики. Тем не менее придуманная эстетическая модель польского живописца выражает бабелевскую концепцию отношения искусства и истории. Это идеал, который сопоставляет реальное и идеальное. Рассказчик беседует с Аполеком о романтическом прошлом польской шляхты и о Луке делла Роббиа, скульпторе XV века, создававшем духовную красоту в своем церковном ис-

---

[5] Не стоит недооценивать влияние ницшеанства, достаточно сильное в Российской империи начала XX века, однако я думаю, что оно фундаментально противоречит эстетике и концепции искусства Бабеля. См. [Mann 1994; Freidin 1994].

кусстве. Но трактат о художественном идеале Аполека заканчивается возвращением рассказчика к ужасной реальности — евреям после погромов; история завершается его одиночеством, бездомностью и невозможностью идеализма: «По городу слонялась бездомная луна. И я шел с нею вместе, отогревая в себе неисполнимые мечты и нестройные песни» (Детство: 120). Первым из шедевров Аполека представлена икона святого Иоанна. Это, несомненно, образ Иоанна Крестителя, так как его голова после казни лежит на глиняном блюде, но это также и изображение апостола и евангелиста Иоанна Богослова, так как из его рта выходит змея, что отсылает к легенде, согласно которой змея спасла жизнь святому апостолу Иоанну, выпив яд из отравленной чаши. Лицо мертвого святого Иоанна кажется рассказчику знакомым, и он предчувствует истину: отрубленная голова срисована с пана Ромуальда. Пан Ромуальд, напомним, был коварным обманщиком из «Костела в Новограде», беглым помощником священника, которого впоследствии расстреляли как шпиона. Его ядовитый характер представлен в том рассказе образами его сутаны, пробирающейся сквозь сумерки, и беспощадной, как у кошки. Между прочим, ассоциация Ромуальда со змеей и кошкой делает его одновременно естественным и мифологическим врагом Аполлона — мышиного бога и убийцы Пифона. Монах-евнух Ромуальд, который стал бы епископом, если бы его не расстреляли как шпиона, находится в прямом противоречии с эстетической и доктринальной ересью Аполека. Пан Робацкий, накладывающий в «Пане Аполеке» анафему на живописца-еретика, также уподобляется коту и напоминает, «суровый и серый, костлявый и ушастый» (Детство: 118), седых стариков с костлявыми ушами из «Костела в Новограде», — все старческие атрибуты мертвого мира противопоставлены животворящему, радостному искусству Аполека.

Рассказчик оказывается на полпути к разгадке иконографии Аполека, когда замечает Мадонну, висящую над кроватью пани Элизы, экономки священника, ибо именно она изображена в образе розовощекой Марии. Аполек впервые приехал в Новоград-Волынский 30 лет назад, как рассказчик повествует в своем апокрифическом описании прихода этого сомнительного юродивого, где спровоцировал долгую и ожесточенную войну с официальной церковью. Подобно Микеланджело в Сикстинской капелле, Аполек лазит по стенам Новоградского костела и рисует на своих фресках психологическую, хотя и антиисторическую правду. Хромой новообращенный Янек изображен как Павел, который обратился после того, как ослеп, то есть тоже стал калекой (Деяния 9:1–19). Сцена побивания камнями прелюбодейки (ср. Ин. 8:3–11) упоминается как побивание камнями Марии Магдалины, которая соответственно изображена как еврейская блудница Елка, поскольку все три — падшие женщины.

Ересь Аполека состоит в том, что он возвышает простых людей до мифических героев с ореолами святых, низводя божественные, сверхъестественные мифы до уровня понимания смертных.

> — Пятнадцать злотых за богоматерь, двадцать пять злотых за святое семейство и пятьдесят злотых за тайную вечерю с изображением всех родственников заказчика. Враг заказчика может быть изображен в образе Иуды Искариота, и за это добавляется лишних десять злотых, — так объявил Аполек окрестным крестьянам, после того как его выгнали из строившегося храма.
> В заказах он не знал недостатка. И когда через год, вызванная исступленными посланиями новоградского ксендза, прибыла комиссия от епископа в Житомире, она нашла в самых захудалых и зловонных хатах эти чудовищные семейные портреты, святотатственные, наивные и живописные, как цветение тропического сада. Иосифы с расчесанной надвое сивой головой, напомаженные Иисусы, многорожавшие деревенские Марии с поставленными врозь коленями — эти иконы висели в красных углах, окруженные венцами из бумажных цветов.
> — Он произвел вас при жизни в святые! — воскликнул викарий дубенский и новоконстантиновский, отвечая толпе, защищавшей Аполека, — Он окружил вас неизреченными принадлежностями святыни, вас, трижды впадавших в грех ослушания, тайных винокуров, безжалостных заимодавцев, делателей фальшивых весов и продавцов невинности собственных дочерей (Детство: 117–118).

Подобно тому как художники эпохи Возрождения льстили своим покровителям, Аполек добивается улыбки и рюмки коньяка от старого священника, узнавшего себя среди волхвов, и заселяет дома местного населения крестьянами Иосифами и Мариями. Аполек даже предлагает изобразить рассказчика в виде святого Франциска Ассизского с голубем или щеглом на рукаве — ироническая отсылка к знаку отличия Красной армии в виде головы лошади, нашитой на рукаве рассказчика.

Аполек раскрывает в простых людях со всеми их человеческими пороками потенциал духовности и эпических подвигов. Прежде всего Аполек подчеркивает эстетическую красоту человеческой плоти, которую он разукрашивает, как «тропический сад». Пышные и чувственные картины Аполека изображают обыденное существование словно мифическое, при этом оживляя мифическое, обнажая его скрытые истины. Сцены Рождества у Аполека напоминают впечатления Бабеля от религиозных картин Рембрандта, Мурильо и итальянских мастеров, увиденных им в польском костеле в Берестечке. Намек на дохристианские, языческие истоки Церкви в «китайских резных четках», которые держит новоградский священник, благословляя младенца Иисуса на картине Аполека, чувствуется и в том описании, которое содержит дневниковая запись Бабеля от 7 августа 1920 года:

> Ужасное событие — разграбление костела, рвут ризы, драгоценные сияющие материи разодраны, на полу, сестра милосердия утащила три тюка, рвут подкладку, свечи забраны, ящики выломаны, буллы выкинуты, деньги забраны, великолепный храм — 200 лет, что он видел (рукописи Тузинкевича), сколько графов и холопов, великолепная итальянская живопись, розовые патеры, качающие младенца Христа, великолепный темный Христос, Рембрандт, Мадонна под Мурильо, а может быть Мурильо, и главное — эти святые упитанные иезуиты, фигурка китайская жуткая за покрывалом, в малиновом кунтуше, бородатый еврейчик, лавочка, сломанная рака, фигура святого Валента. Служитель трепещет, как птица, корчится, мешает русскую речь с польской, мне нельзя прикоснуться, рыдает. Зверье, они пришли, чтобы грабить, это так ясно, разрушаются старые боги (Собрание сочинений, 2: 287).

Преобразование разграбления церкви в вымышленную сцену в рассказе «У святого Валента» многое говорит о признании Бабелем силы мифа, превращающего сверхъестественные или исторические события в актуальные для наших дней, а также об эстетической концепции, которую автор помещает в центр искусства мифотворца пана Аполека по образцу мастеров эпохи Возрождения. Результатом этой концепции является неожиданная историческая перспектива, в которой прошлое видится как настоящее, а настоящее — как эпос.

Это приводит нас в область мидраша, когда в «Конармии» еврейские легенды о разрушении Храма оказываются сопоставлены с преследованием восточноевропейских еврейских общин в 1919–1920 годах. Например, Вавилонский Талмуд (Гитин 56б) повествует о том, как Тит вошел в Храм и совершил непристойное действие со Свитком Закона. Затем он вытащил меч и пронзил завесу перед Святая Святых посреди Храма. Чудом хлынула кровь, и Тит начал кричать, что убил Бога евреев (существует еще одна версия в сборнике мидрашей Ваикра-раба, 20, 5). Подобное предание знакомо из христианских писаний (Мф. 27:51) о раздирании завесы во Храме во время распятия Иисуса, когда происходит чудо и появляется кровь. В рассказе Бабеля «У святого Валента» занавес опускается, и мы видим Иисуса — истекающего кровью, страдающего и преследуемого польского местечкового еврея, которого пугает солдат-казак, участник Польско-советской войны, чьи товарищи и предки преследовали столь многие еврейские общины. В позднее отцензурированном отрывке, который содержит первая публикация повести в «Красной нови»[6], казаки насилуют бригадную медсестру Сашку, участвовавшую в грабежах. Историческая параллель смешивается с образом Иисуса как страдающего местечкового еврея, образа, который был хорошо знаком современному авангардному еврейскому искусству и поэзии, например, в «Голгофе» Шагала (1912), посредством мидрашного сжимания времени. Все эти сцены —

---

6 Бабель И. Конармия / Сост. и коммент. Е.И. Погорельской. М.: Наука, 2018. С. 242.

способ показать, как историческая память воспроизводится в настоящем и повторяется в беспощадном цикле преследований и погромов.

Переплетение евангельских историй у Аполека, как и искусство самого Бабеля, меняет местами сакральное и светское, делая сверхъестественное гротескно земным, а повседневное — почти сверхчеловеческим. Как заявляет в защиту Аполека кладбищенский сторож Витольд церковному сановнику, расследующему местную вспышку богохульства, искусство Аполека доносит до грешных, невежественных масс ту истину, которую говорил Иисус и которая была так же неприятна властям тогда, как и сейчас:

> — Ваше священство, — сказал тогда викарию колченогий Витольд, скупщик краденого и кладбищенский сторож, — в чем видит правду всемилостивейший пан Бог, кто скажет об этом темному народу? И не больше ли истины в картинах пана Аполека, угодившего нашей гордости, чем в ваших словах, полных хулы и барского гнева? (Детство 117–118).

Итальянские прелаты и польские священники, кажется, совсем не были лишними в сценах Рождества — хоть и написанных в ренессансной манере в 1890-е годы, которые рассказчик рассматривает в 1920 году, когда Римско-католическую церковь разграбляют славянские полчища.

Параллели

Исторические параллели в рассказах Бабеля не лишены иронических парадоксов, но они ни в коей мере не умаляют более серьезного замысла автора. Хорошей иллюстрацией структурной функции исторического мифа является апостроф рассказчика в «Костеле в Новограде»: «Нищие орды катятся на твои древние города, о, Польша, песнь об единении всех холопов гремит над ними, и горе тебе, Речь Посполитая, горе тебе, князь Радзивилл, и тебе, князь Сапега, вставшие на час!..» (Детство: 104). Князь Януш Радзивилл (1880–1939/40), глава польских консерваторов, и князь Евстахий Сапега (1881–1963), министр иностранных дел Польши, как бы продолжают древний конфликт своих предков с Московией в рамках плана Пилсудского — возродить Польшу XVIII века. Лев Сапега (1557–1633) планировал включить Московию в состав Речи Посполитой, а Януш Радзивилл (1612–1655) отправлял карательные экспедиции против Хмельницкого, легендарного предшественника Буденного. Характерно, что в черновике рукописи за этим следует отрывок, в котором Бабель прямо показывает евреев, оказавшихся между враждующими сторонами, и комментирует, что в Буденном они видят современного Хмельницкого, казачьего героя, известного резней еврейских общин в 1648 году, когда он воевал с поляками: «Богдана Хмельницкого стали звать Буденным<,> и кто-то неумирающий рвет с мясом угодливые пейсы <евр> жидовских арендаторов. Все как было. История проделывает свой ослепительнейший фокус»[7]. Вывод состоит в том, что история повторяется и что, с еврейской точки зрения, цикл войн и погромов бесконечен.

Проницательное и изобретательное использование Бабелем мифа вызывает исторический фон без необходимости идеологически рискованных подробностей. Новоград, взятый красными войсками в рассказе «Переход через Збруч», расположен на Случе, а не на Збруче, далеко к юго-западу, и пал 27 июня 1920 года, потому невозможно, чтобы «обоз шумливым арьергардом растянулся по шоссе, по неувядаемому шоссе, идущему от Бреста до Варшавы» (Детство: 101). Однако краткостью своих произведений Бабель хочет передать символическую, историческую и художественную природу перехода через Збруч, который сигнализировал об отмене польского вторжения в Украину, а также подчеркивал личное для рассказчика значение въезда в Польшу, с ее восточноевропейским еврейским населением и западным наследием, и его вхождения в мир Первой конной армии. Армия казаков и крестьян, следующая путем судьбы царских крепостных по построенной ими дороге, «по неувядаемому шоссе, <...> по-

---

7   РГАЛИ. Ф. 1559. Оп. 1. Д. 13; Бабель И. Э. Конармия. С. 203.

строенному на мужичьих костях Николаем первым» (Детство: 101), составляет часть наступления большевиков через Брест в направлении Варшавы — на пути к всемирной революции, которая, конечно, была недостижимой целью. Говорить о строительстве дороги на костях крестьян — значит визуализировать историческую память о царском крепостном праве, в частности, о строительстве Петербурга Петром Великим, а также отсылать к стихотворению Н. А. Некрасова «Железная дорога» (1864), в котором оплакиваются страдания крестьян, строивших по указу Николая I линию Москва — Санкт-Петербург. Эти культурные отсылки к истории Российской империи по иронии судьбы являются подготовкой к символическому переходу Стикса богохульными крестьянами и казаками, якобы освобождающими мир.

На вторичном уровне чтения это пародия на историю Исхода в обратном направлении — на переход из социалистической земли обетованной в землю рабства. Переправа через реку также считается как дорога на красную Голгофу под апокалиптическим знамением в кроваво-красном небе. Тонущий солдат порочит Деву Марию. Переход реки вброд происходит среди ночного хаоса и смерти. Збруч можно интерпретировать как символическую границу, которая связывает переход с исходом из Египта, со всеми оттенками искупления в истории еврейской Пасхи, вызванными образом разбитой пасхальной «сокровенной» посуды в доме беременной еврейки[8]. Если первая половина рассказа пронизана насилием над природой (что подчеркивается монашеским и девственным образом гречихи) и смертью в природе, то вторая часть вводит представление о нерожденной жизни, воплощенной в еврейке, а также о будущем избавлении от смерти в погромах и от разрушения еврейской старины.

«Переход через Збруч» открывается военным отчетом о взятии Новограда-Волынского. Но в модернистском нарративном раз-

---

8   См. [Williams 1984: 292; Nilsson 1977; Lachmann 1980; Schmid 1984; Schmid 2023].

рыве советский военный акронимический жаргон уступает поэтическому стилю, лирические резонансы которого соприкасаются с насилием ритуального перехода в мир Конармии, создавая модернистское сопоставление, в котором собраны самые разные тексты — от «Слова о полку Игореве» до романтизма XIX века и символизма [Schreurs 1989: 96–133]. Но использование Бабелем эпоса, хотя и привлекает внимание к историческому значению конфликта между Россией и Польшей, большевизмом и капитализмом, славянством и Западом, является в высшей степени ироничным, а кровавые «штандарты заката» оказываются предвестниками смерти, вводящими в полифонию сказки неоднозначный голос [Schreurs 1989: 102–103]. Возникающая в результате модернистская паутина культурной памяти делает прошлое настоящим. Отсылки к литературным текстам и историческим событиям становятся подрывными, будучи пропущены через пародию на сказ, в которой совмещается лирическое и гротескное[9].

Фактически в рассказе устанавливается интертекстуальная связь с совершенно иным топосом русской истории — триумфальной победой русских над Наполеоном в незавершенном произведении К. Н. Батюшкова «Переход русских войск через Неман 1 января 1813 г.» (впервые опубликовано в 1830-м). В этом описании, в стиле неоклассицизма, молодого царя Александра I и пожилого генерала Кутузова, обозревающих войска в начале кампании сопротивления Наполеону, чья армия вторглась в Российскую империю, небо действительно темное, а свет над трупами мрачный, но исход сильно отличается от того, как Первая конная армия отбрасывает поляков из Украины, а затем вторгается в Польшу. Можно легко увидеть иронию этого перевернутого поэтического *топоса*, если сравнить образы Бабеля с «Переходом через Рейн» Батюшкова (1814 год, впервые опубликовано в 1817-м), в котором прославляется переправа в Западную Европу подобных римским легионам русских войск, овеянных славой и почетом:

---

[9] См. [Tucker 2002].

Меж тем как воины вдоль идут по полям,
Завидя вдалеке твои, о, Реин, волны,
Мой конь, веселья полный,
От строя отделясь, стремится к берегам…
[Батюшков 1934: 158–159].

Заключительная сцена смолкающих криков и проклятий и единства героической мощной армии у Батюшкова как нельзя лучше контрастируют с выкрикивающимися непристойностями и хаосом при переправе через Збруч, которая описывается как вторжение в девственный природный ландшафт. «Памятная» дорога, на которой Николай I остановил неудавшееся восстание поляков в 1830 году, является ироничным напоминанием о тирании, поскольку теперь она используется для сомнительного освобождения от царских репрессий [Rougle 1996: 20]. Словосочетание «неувядаемое шоссе», пропущенное в изданиях «Конармии» после 1931 года, усиливает иронию. Интертекстуальные аллюзии не только подрывают уверенность в великой победе России, как предположил Марк Шрерс [Schreurs 1989: 175–176], но и тонко указывают на провал польской кампании и всемирной революции.

Еврейский Иисус

В отличие от сочащихся семенем соблазнительных распятий официальной Церкви, которые описаны в «Костеле в Новограде», изображение исторического Иисуса представляет собой скорее немессианскую, земную фигуру. У Аполека, или, вернее, у Бабеля Иисус столь же эстетически чувствен и человечен, сколь аскетично и бесчеловечно девственное богословие «мигающих мадонн». Вероятно, притча Аполека об Иисусе и Деборе в рассказе «Пан Аполек» из «Конармии» в некоторой степени основывается на фольклоре или богатой еврейской традиции рассказов, порочащих христианского Мессию, таких как «История Иисуса» XIV века («Толдот Йешу»). Десакрализация образа Иисуса (акт его соития с Деборой и рождение от нее сына) превращает божественное или мифическое в плотское, реальное, как в искусстве Аполека. Аполек переписывает Евангелия, рассказывая, что брачная ночь израильской девы Деборы закончилась слезами стыда, после того как она приблизилась к жениху и ее вырвало. Иисус пожалел ее, переодевшись в одежду жениха, так же как в более раннем рассказе «Иисусов грех» (1922) Иисус посылает к Арине ангела Альфреда. Это веселая история о похоти русской крестьянки, которая в пьяном сне сокрушает ангела Альфреда, а затем отказывается простить Иисуса за ее жизнь, полную непрерывного секса и беременности. Кажется, она взята из «Декамерона» Боккаччо — из рассказа о монахе, который маскируется под архангела Гавриила, чтобы навещать жену венецианского купца, но здесь Иисус играет свою роль «жениха» как любовный акт милосердия. Так заканчивает Аполек свой рассказ о жизни Иисуса: «Смертельная испарина выступила на его теле, и пчела скорби укусила его в сердце» (Детство: 120). Охваченный посткоитальным раскаянием, Иисус незаметно уходит, чтобы в пустыне присоединиться к Иоанну.

Пчела может олицетворять здесь смертоносность человеческой страсти, и, возможно, не случайно сестру Бени зовут Двойра (идишская форма имени Дебора, что также означает «пчела»), поскольку в конце рассказа «Король» она утаскивает своего жениха, глядя на него, как кошка на мышь. Пчела также занимает видное место в притче Афоньки Биды о распятии в «Дороге на Броды». Там пчела, в силу христианской добродетели трудолюбия и по существу являющаяся пролетарским существом, отказывается ужалить Иисуса на кресте из соображений классовой солидарности, поскольку Иисус происходил из семьи плотника.

Склонность к страданию и состраданию, атрибуты Иисуса, воплощаются в сифилитическом пастухе Сашке Коняеве из другого рассказа «Конармии», «Сашка Христос». Это прозвище он получает за свою кротость — и именно благодаря явному сексуальному состраданию и земному принятию греха Сашка становится фигурой, подобной Иисусу в притче Аполека. Сашкин отчим Тараканыч — плотник, как и муж Марии Иосиф, а его прозвище перекликается с жаргонным названием секса, что делает намек еще более забавным и кощунственным. Сашка умоляет отчима позволить ему стать пастухом, потому что «все святители» были пастухами, но Тараканыч высмеивает идею святого, который болен сифилисом. Той ночью, в виде́нии с неба, Сашка видит себя в колыбели из розового дерева, свисающей с неба на двух серебряных шнурах. Русский крестьянин, больной сифилисом, он тоже мечтает о том, чтобы его рождение было сверхъестественным. Однако есть невысказанная ирония в том, что Сашка променял сексуальную чистоту своей матери на разрешение присоединиться к пастухам:

> Сашка радовался своему сну наяву и закрывал глаза, чтобы не видеть хомутов под материной кроватью. Потом он услышал сопение на Мотиной лежанке и подумал о том, что Тараканыч мнет мать.
> — Тараканыч, — сказал он громко, — до тебя дело есть.
> — Какие дела ночью? — сердито отозвался Тараканыч. — Спи, стервяга...
> — Я крест приму, что дело есть, — ответил Сашка, — выдь во двор.
> И во дворе, под немеркнущей звездой, Сашка сказал отчиму:
> — Не обижай мать, Тараканыч, ты порченый.
> — А ты мой характер знаешь? — спросил Тараканыч.
> — Я твой характер знаю, но только ты видал мать, при каком она теле? У нее и ноги чистые, и грудь чистая. Не обижай ее, Тараканыч. Мы порченые.
> — Мил человек, — ответил отчим, — уйди от крови и от моего характера. На вот двугривенный, проспи ночь, вытрезвись...
> — Мне двугривенный без пользы, — пробормотал Сашка, — отпусти меня к обществу в пастухи...
> — С этим я не согласен, — сказал Тараканыч.
> — Отпусти меня в пастухи, — пробормотал Сашка, — а то я матери откроюсь, какие мы. За что ей страдать при таком теле...
> Тараканыч отвернулся, пошел в сарай и принес топор.
> — Святитель Сашка, — сказал он шепотом, — вот и вся недолга... я порубаю тебя, святитель...

— Ты не станешь меня рубить за бабу, — сказал мальчик
чуть слышно и наклонился к отчиму, — ты меня жалеешь,
отпусти меня в пастухи...
— Шут с тобой, — сказал Тараканыч и кинул топор, — иди
в пастухи (Детство: 151).

В шестой главе я снова вернусь к теме распятия еврея в контексте Гражданской войны в России и в Украине, здесь же следует сказать только то, что использование Бабелем библейских
и мифологических источников является, мягко говоря, неорто-
доксальным; его смесь еврейских и христианских источников
столь же непочтительна, сколь и рождественские сцены Шагала
(например, «Рождение», 1911). Однако Бабель, как неверующий
еврей, не интересовался всерьез аллегорическими интерпрета-
циями роли христианского Спасителя (как, например, в «Двенадцати» Блока), хотя в дореволюционной и революционной России,
несомненно, существовал контекст для марксистского и религиозного мессианизма. Пересказ мифа, который осуществляет
Бабель, направлен на то, чтобы отразить современные нравы
казачьих и русских масс. Матвей Павличенко, в конармейском
рассказе, посвященном его «жизнеописанию», отличается от
своего покровителя тем, что не умеет подставить другую щеку
(ср. Мф. 5:38–39). Его щека пылает как личной, так и революционной местью — и мстя, он затаптывает до смерти своего бывшего хозяина.

Мифы и мистификации приводят в замешательство критиков
и ученых, поскольку Бабель пренебрегает географической и исторической точностью, не говоря уже об идеологически прием-
лемой истории. Вместо этого его изобретательное воображение
ярко визуализирует внутренние истины и исторические параллели, примерно так же, как мальчик-рассказчик из рассказа
«В подвале», который превращает скучные, непоэтичные подробности книги о жизни Спинозы в драматический рассказ о старом
Амстердаме, заканчивающийся фантастической сценой безна-
дежной, одинокой смертельной борьбы еретика, в то время как
Рубенс (что глубоко анахронично) стоит у его кровати с посмерт-

ной маской. Подобно тому как фантазия «лживого мальчика» раскрывает скрытую правду о его дедушке, так и игривое использование Бабелем исторических и религиозных мифов, поэтизируя взгляд рассказчика на действительность, показывает значение легендарного или сверхъестественного для интерпретации современных событий. В трансформации мифа используются несколько ключевых приемов поэтики Бабеля, такие как параллелизм или сопоставление реального и идеального, сакрального и светского, божественного и земного. Мрачные и насыщенные цвета, струящиеся из палитры пана Аполека, принадлежат Бабелю, и в пристрастии автора к еретикам и апокрифам можно почувствовать его веру в эпическую и духовную силу простых смертных. Римско-католические костелы в «Конармии» так же безнадежно обречены, как и еврейские *штетлы*. Несмотря на эстетические откровения, которые они предлагают, потерянный еврейский интеллектуал не испытывает к ним непрошеной ностальгии и теплой симпатии, вызываемой еврейскими местечками, в которых он оказывается.

Красный Илия

В канун субботы у житомирского рабби рассказчик узнает непризнанного вестника Мессии. Этот Илия (Илья) оскверняет субботу курением, у него «худое лицо монахини» и «лоб Спинозы» — еще одного еврейского еретика, а хасиды вокруг него сравниваются с «рыбаками и апостолами» из христианских писаний. Подобно Лютову, Илья пытался сбежать из традиционного еврейского дома — его описывают как пойманного «беглого узника». Позже, в «Сыне рабби», он отрекается от своей матери (что напоминает Мф. 12:46–50) во имя новой мессианской идеологии, революции. Рассказчик, в котором всколыхнулась древняя еврейская память, отождествляет себя со своим духовным братом, ясно, что синтез еврейских ценностей («Песнь Песней», Маймонид и филактерии) с революционными идеалами (коммунистические листовки, Ленин и револьверные патроны) остается бесплодной, несбыточной мечтой:

Он умер, не доезжая Ровно. Он умер, последний принц, среди стихов, филактерий и портянок. Мы похоронили его на забытой станции. И я — едва вмещающий в древнем теле бури моего воображения, — я принял последний вздох моего брата (Детство: 230).

Илья, как и Лютов, восстал против своего еврейского прошлого и присоединился к революции. В конце «Рабби», как мы уже увидели, Лютов покидает мертвый мир обедневших, измученных хасидов и возвращается к своей личности журналиста в пропагандистском поезде, яркий свет и печатные машины которого манят его прочь от субботнего стола рабби; он отворачивается от еврейского прошлого и смотрит в сторону революционного будущего. Но такие бинарные контрасты скрывают трагичность двойной самоидентификации Лютого, разрывавшегося между двумя мирами.

В «Дневнике» 1920 года и в черновиках Бабеля есть свидетельства того, что он хотел встроить мессианскую тему в структуру «Конармии» и намеревался использовать исторические и религиозные мифы для передачи собственных идей. Схема Бабеля строится на параллелях повторения еврейской истории в бесконечном трагическом цикле. В черновике, озаглавленном «Смерть Трунова», прямо упоминается о грядущем явлении Мессии: «И я поверил бы в воскресенье Илии, если бы не аэроплан, который заплывал и т. д.» (Собрание сочинений, 2: 352). Но в рассказе «Эскадронный Трунов» Илия, имя которого выкрикивают ссорящиеся евреи, — это Виленский гаон (1720–1797), антагонист хасидов: евреи спорят из-за старых сектантских разногласий, в данном случае речь идет о расколе между «ортодоксами», фракцией *Мехезикей гадас* (последователи ребе из Белза), и сторонниками примирения с современностью (последователи раввина Гусятина), которые спорятся между собой, как будто бы войны или революции не было.

Дальнейшие свидетельства мессианской темы можно найти в черновике «Демидовка», в котором несколько раз упоминается Иеремия и который основан на инциденте, произошедшем в местечке во время поста девятого аба, когда евреи оплакивают годовщину разрушения Храма и читают Плач Иеремии о падении Иерусалима (Собрание сочинений, 2: 335–341). Как записал в своем дневнике Бабель, казаки заставляли местных евреев готовить для них еду накануне поста, хотя это была суббота, когда всякая работа запрещена. Все было как во дни разрушения Храма, писал Бабель:

> Мы едим как волы, жареный картофель и по 5 стаканов кофе. Потеем, все нам подносят, все это ужасно, я рассказываю небылицы о большевизме, расцвет, экспрессы, московская мануфактура, университеты, бесплатное питание, ревельская делегация, венец — рассказ о китайцах, и я увлекаю всех этих замученных людей. 9 Аба. Старуха рыдает, сидя на полу, сын ее, который обожает свою мать и говорит, что верит в Бога для того, чтобы сделать ей приятное, приятным тенорком поет и объясняет историю разрушения храма. Страшные слова пророков — едят кал, девушки обесчещены, мужья убиты, Израиль подбит, гневные и тоскующие слова. Коптит лампочка, воет старуха, мелодично поет юноша, девушки в белых чулках, за окном Демидовка, ночь, казаки, все как тогда, когда разрушали храм. Иду спать на дворе, вонючем и мокром (24.7.20. Собрание сочинений, 2: 261).

А в другом месте он говорит о «той же старой истории», когда ему снова и снова приходится быть свидетелем грабежей и пыток многострадального еврейского населения. Например, дневниковая запись от 18 июля 1920 года повторяет эту историю в описании еврейского кладбища, на котором похоронены жертвы Хмельницкого (ответственного за резню многих еврейских общин), а теперь и Буденного:

> Еврейское кладбище за Малином, сотни лет, камни повалились, почти все одной формы, овальные сверху, кладбище заросло травой, оно видело Хмельницкого, теперь Буденного, несчастное еврейское население, все повторяется, теперь эта история — поляки — казаки — евреи — с поразительной точностью повторяется, новое — коммунизм (Собрание сочинений, 2: 246).

Проводится параллель, важная для понимания подтекста «Кладбища в Козине». Словно для того, чтобы еще больше обострить историческую аналогию, казаки, идущие в составе Конармии в Берестечко, проходят мимо сторожевой башни гетмана Богдана Хмельницкого, где он был разгромлен поляками в 1651 году. Из казачьих курганов вылезает старик, чтобы воспеть былую славу. По традиции Хмельницкого, первым действием казаков, вошедших в город, было убийство евреев. Ирония в том, что казаков, марширующих мимо памятников своего эпического прошлого, встречают тишина и закрытые окна:

> Мы проехали казачьи курганы и вышку Богдана Хмельницкого. Из-за могильного камня выполз дед с бандурой и детским голосом спел про былую казачью славу. Мы прослушали песню молча, потом развернули штандарты и под звуки гремящего марша ворвались в Берестечко. Жители заложили ставни железными палками, и тишина, полновластная тишина, взошла на местечковый свой трон.
> Квартира мне попалась у рыжей вдовы, пропахшей вдовым горем. Я умылся с дороги и вышел на улицу. На столбах висели объявления о том, что военкомдив Виноградов прочтет вечером доклад о втором конгрессе Коминтерна. Прямо перед моими окнами несколько казаков расстреливали за шпионаж старого еврея с серебряной бородой. Старик взвизгивал и вырывался. Тогда Кудря из пулеметной команды взял его голову и спрятал ее у себя под мышкой. Еврей затих и расставил ноги. Кудря правой рукой вытащил кинжал и осторожно зарезал старика, не забрызгавшись. Потом он стукнул в закрытую раму.
> — Если кто интересуется, — сказал он, — нехай приберет. Это свободно... (Детство: 167–168).

Для евреев спасения нет, все повторяется, а ужасная сцена рассказывается как будто с точки зрения казаков.

Бывшие хозяева города — сумасшедшая графиня и ее слабовольный сын. Фрагмент письма на французском языке — фрагмент прошлого, датированный 1820 годом, за 100 лет до вторжения большевиков и приезда рассказчика, напоминает о Наполеоновских войнах и смерти Наполеона. Пока рассказчик читает олицетворяющее умирающее польское дворянство письмо, по-видимому, от матери к давно ушедшему на войну мужу, под старым польским замком избирается революционный совет. Историческая параллель между наполеоновской и революционной войной, между романтическим прошлым Рациборских и их выродившимися наследниками также предполагает стилистический контраст и приводит к ироническому финалу истории: власть якобы передается растерянной мелкой буржуазии и ограбленным евреям.

Рассвет, закат

Примечательно, что часто миф нужен Бабелю не более чем для шутливой иронии. В сцене поклонения волхвов в одесском рассказе «Любка Казак», например, трое гостей приезжают из чужих земель и преподносят еврейской матери экзотические подарки — причем традиционно один из мудрых язычников темнокожий, хотя в данном случае он малаец, а не эфиоп, и пока трое моряков танцуют, по небу, глядя на них сверху, проносится оранжевая звезда (ср. Мф. 2:9–12). Однако в этой сцене Любка покупает не подарки святому младенцу, а контрабанду. И если у младенца нет земного отца, то это только подчеркивает мужественность Любки (Детство: 266–267). В конце концов, она несостоявшаяся мать. Ловкость рук в исполнении Цудечкиса — это в некотором роде «чудо», что, возможно, подразумевается его именем (напоминает польское слово *cud* — чудо).

Если одесские рассказы пародируют язык Библии, мидраша и идиомы идиша, прославляя буйное и эротическое изобилие щедрости и приключений, то в пьесе Бабеля «Закат» (написана в 1926–1927 годах) присутствует более трезвый тон Экклезиаста, использовавшийся Арье-Лейбом (на иврите в транслитерации) в «Конце богадельни»: «Суета сует, все суета». Восход, закат — это путь мира. Возчик Мендель Крик по глупости думал, что сможет отсрочить закат своего страшного правления и обмануть своих сыновей Беню и Левку с наследством, продав свое дело возчика и сбежав в Бессарабию с язычницей Марусей, беременной от него. Беня — Бенцион, «сын Сиона». Переворот Бени в доме Криков знаменует конец несправедливости террора Менделя и восстанавливает естественный порядок циклической смены отца к сыну — мудрость Экклезиаста о том, что поколение следует за поколением, как река впадает в море.

Поучительна аллегория Арье-Лейба о любви царя Давида к Вирсавии в седьмой сцене. Подобно сыновьям Давида, захватившим трон престарелого отца (ср. 2 Царств 11:1–26 и 3, Царств 1:1–40), Беня и Левка берут на себя дело возчика и устанавливают новый порядок, тогда как в Библии порядок восстанавливает Давид, обеспечивая наследование сына Вирсавии Соломона. Неоднократные упоминания о закате и наступлении субботы укрепляют идею о том, что исторические изменения цикличны и никакая сила не может остановить заход солнца. Желание Менделя сбежать с русской женщиной и провести остаток жизни без еврейского супа и нытья Нехамы — это попытка остановить естественный цикл преемственности его сыновей. Он желает продлить пятницу и замедлить заход солнца, которое ознаменует начало субботы. В ремарках закат совпадает с избиением Менделя, а позже, в восьмой сцене, Беня призывает к тому, чтобы суббота была субботой:

> Моя мысль такая: еврей не первой молодости, еврей, отходивший всю свою жизнь голый и босой и замазанный, как ссыльноселенец с острова Сахалина... И теперь, когда он, благодаря бога, вошел в свои пожилые годы, надо сделать конец этой бессрочной каторге, надо сделать, чтобы суббота была субботой... (Собрание сочинений 1: 383).

В речи, которой завершается пьеса, местный раввин Бен-Захария предупреждает, что пророк Иисус Навин (ср. Иисус Навин 10:12–15) и Иисус из Назарета (ссылка на Лк 23:44–55, опущено во всех изданиях пьесы, кроме первого) ошибались, полагая, что они смогут изменить естественный, божественно предопределенный ход событий, символически остановив солнце:

День есть день, евреи, и вечер есть вечер. День затопляет нас потом трудов наших, но вечер держит наготове веера своей божественной прохлады. Иисус Навин, остановивший солнце, всего только сумасброд. Иисус из Назарета, укравший солнце, был злой безумец. И вот Мендель Крик, прихожанин нашей синагоги, оказался не умнее Иисуса Навина. Всю жизнь хотел он жариться на солнцепеке, всю жизнь хотел он стоять на том месте, где его застал полдень. Но Бог имеет городовых на каждой улице, и Мендель Крик имел сынов в своем доме. Городовые приходят и делают порядок. День есть день, и вечер есть вечер. Все в порядке, евреи. Выпьем рюмку водки![10]

По словам местного оракула, раввина Бен-Захарии, все в порядке, потому что день есть день (возможно, шутливая отсылка к выражению на идише *а нахтигэ тог*, «ночний день», значит: невѐрятная вещь), и бунт Менделя против естественного порядка был предотвращен. Хотя можно сказать, что Иисус Навин был не более чем сумасшедшим, а то, что Иисус из Назарета был злым и сумасшедшим, — не столько ересь в устах раввина (хотя Бабель, возможно, имел в виду Мидраш Когелет 111:114), сколько изобретательная адаптация Бабелем сюжета для своей пьесы. Это также оправдание кровавого переворота Бени, который на первый взгляд можно интерпретировать как насильственную интервенцию, подобную большевистской революции, но все же следует рассматривать несколько иначе — в контексте еврейской литературной традиции.

Закат, с которого начинается еженедельная еврейская суббота, знаменует день отдыха, который, в еврейской мистической мысли, является предвкушением мессианских времен и будущего мира. В драматической поэме идишского писателя И.-Л. Переца «Золотая цепь» («Ди голдэнэ кэйт», 1913–1907) хасидский раввин Шлойме хочет удержать субботу как можно дольше, но его сын восстанавливает порядок; тем не менее надежда на окончательное искупление продолжает жить. Но «был вечер, и было утро» (первая глава Бытия), и установленный порядок творения про-

---

[10] Бабель И. Закат. М.: Круг, 1928. С. 95–96.

тивостоит восстанию Кораха. Имеется в виду библейская история творения и божественного разделения дня и ночи, которую мидраш об ответе Моисея на восстание Кораха приводит в качестве аргумента в пользу божественно установленного порядка (Мидраш Танхума, П. Корах, 5). В своем радикальном толковании Библии Бабель, вероятно, предполагает, что исторические перемены неизбежны, но при этом цикличны (действие пьесы происходит между революциями, в 1913 году). Это послание подчеркнуто в аллегории царя Давида, рассказанной Арье-Лейбом после падения Менделя, под кроваво-красным закатом. Мендель и Давид оба столкнулись с попытками своих сыновей узурпировать власть, оба сошли со строгого пути нравственности, но здесь именно Мендель пожелал сбежать с Марусей и лишить наследства Беню, известного как Король. В качестве притчи к истории Менделя Арье-Лейб рассказывает о приходе к власти царя Давида, его богатстве и славе, а также о том, как он взял Вирсавию, прекрасную жену Урии Хеттеянина (в Библии восстание Адонии подавлено, наследником объявлен Соломон, и Давид умирает в старости, согреваемый Ависагой). Таким образом, закат еврейского мира может показаться не столько прелюдией к мессианской субботе — утопической эпохе социализма, сколько подтверждением того, что история циклична и Экклезиаст был достаточно мудр, чтобы знать: нет ничего нового под солнцем.

Одна из возможных интерпретаций пьесы Бабеля — это аллегорический закат традиционного еврейского общества в России, который исторически соответствует ситуации 1913 года, когда и разворачивается действие пьесы, но рассматривается с анахронической точки зрения 1928 года. Беня не выполняет никакой миссии как спаситель, и хотя в рассказе «Как это делалось в Одессе» солнце буквально приветствует зенит его могущества, роль короля гангстеров теперь представляет собой что-то вроде комической пародии. Мидраш о том, что у Бога много полицейских или посланников (шлюхим), а также длинная цитата Арье-Лейба из аллегорического средневекового комментария Раши к «Песни Песней» или его цитата из известного еврейского стихотворения ибн Эзры, дают, хотя и иронично, общую для дореволюционной еврейской общины культурную отсылку[11], которая становится неуместной на советской сцене конца 1920-х годов. Короткий и неуспешный показ пьесы в сильно урезанной версии в Московском художественном театре (МХАТ) состоялся в то время, когда еврейские темы и источники нечасто звучали на русском языке — вскоре их стали подозревать в «национализме»[12]. К концу 1920-х годов было приемлемо только марксистское понимание истории, и это одна из причин, по которым постановка «Заката» в сталинской России провалилась. Ненормативная лексика одесских возчиков, прерывающих субботнюю службу вульгарными сплетнями и разговорами о ценах на зерно, а также постыдное обращение Бени со своим отцом, тем не менее представляют в «Закате» глубокий и яркий этнический еврейский мир, который исчез навсегда.

Путешествие в культурную память

Бабель оставался поглощен Одессой и детскими воспоминаниями, что было связано с автобиографической историей отчужденного еврейского интеллектуала, который присоединяется к большевикам, но сталкивается с сохраняющимся антисемитизмом и не может разрешить противоречия между ценностями своего еврейского воспитания и насилием войны и революции. Одна история, над которой Бабель работал много лет и которая была опубликована в 1932 году, «Дорога», дает типичный пример референциальности в подтексте, устанавливающем исторические

---

[11] Жолковский отмечает, что еврейские цитаты служат контрапунктом гротескной любовной темы, позволяющим высмеять празднование свадьбы, в манере, напоминающей Шолом-Алейхема [Жолковский 2006: 45].

[12] В Советском Союзе «Закат» был снова сыгран на сцене лишь в 1988 году. Предыдущие попытки поставить его еврейскими драматическими коллективами встречали сопротивление его «националистическому» (то есть еврейскому) содержанию, например, в 1966 году (о чем Герш Левинсон, бывший актер Московского еврейского театра, сообщил автору 6 августа 1976 года). Однако пьеса была опубликована в виде книги и включена в собрание сочинений Бабеля.

параллели и определяющем смысл истории. Этот рассказ, являющийся переработкой «Вечера у императрицы» (1922), повествует о путешествии рассказчика через раздираемую войной Украину в Петроград. С точки зрения даты публикации, история, казалось бы, подразумевает идеологическую преданность автора, завершаясь на ноте радости от его присоединения к большевикам и обретения товарищеских отношений, которые можно найти только в «нашей стране».

Так мы возвращаемся в ледяную неопределенность зимы 1917–1918 годов. Рассказ повествует о жестокой расправе, свидетельствующей о том, что этническая принадлежность рассказчика подвергает его большему риску, чем жестокий холод и голод. Учитель Иегуда Вайнберг и его молодая жена едут в Петербург с документами, подписанными большевистским комиссаром просвещения Луначарским. Поезд останавливается посреди ночи, и телеграфист, проверив документы учителя, стреляет ему в лицо. Затем он стягивает с убитого штаны, отрезает ему гениталии и засовывает их в рот его жене: «Брезговала трефным, — сказал телеграфист, — кушай кошерное» (Детство: 91). Невозмутимое повествование не замалчивает непосредственной опасности для рассказчика, который как еврей должен также стать мишенью, но ему позволяют уйти после того, как его деньги вырывают из нижнего белья. Крестьянин дает ему понять: он знает, что тот еврей — после чего на идише велит ему бежать.

Добравшись до замерзшего Петрограда, рассказчик вспоминает средневекового испанского еврейского поэта Иегуду Галеви, который тоже мечтал попасть в священный город в Земле Обетованной, но, по преданию, был убит у ворот Иерусалима арабским всадником (по всей вероятности, Галеви умер в Александрии, куда бежал в 1140 году). Рассказчик все же попадает в большевистскую землю обетованную и устраивается на работу переводчиком в ЧК, где попутно знакомится с Моисеем Соломоновичем Урицким, начальником Петроградской ЧК, убитым эсерами в 1918 году. Ассоциация с Иегудой Галеви напоминает искушенным в еврейской поэзии читателям о знаменитых «Одах Сиону», в которых поэт заявил, что его сердце было на Востоке, в то время как он находился на самом дальнем Западе. Одну из таких од читал Галеви, когда его убили, согласно одной из версий легенды (наполовину забытой рассказчиком Бабеля), которую Генрих Гейне увековечил в своих «Еврейских мелодиях» (1851). В версии Гейне всадник убивает поэта копьем, и поэт переносится на небеса, где его встречают гимном, приветствующим канун субботы, — тем самым гимном, который после революции 1848 года побудил Гейне к воображаемому и во многом скептическому возвращению в еврейское прошлое. Эта романтическая переработка еврейской поэтической тоски по древней еврейской родине приобретает еще один оттенок иронии, когда Бабель ссылается на нее в контексте убийства Урицкого и решения рассказчика вступить в ЧК, что обещает солидарность с коммунистической землей обетованной. Учителю, убитому потому, что он был евреем, присвоено имя Галеви, и историческая ирония проявляется в том, что потомок жертв 200-летнего царского антисемитизма надевает царские мантии. Более того, описание величественных покоев российской царской семьи читается как трагическая книга истории обреченного самодержавия. Рассказчик завершает «Дорогу» поступлением на службу в ЧК и описанием жизни среди товарищей, но еврейские читатели увидят здесь другую историю.

Лишь во второй пьесе Бабеля, «Мария» (1933 год, опубликована в 1935 году), есть изображение нового, зарождающегося общественного строя, которое изобилует аллюзиями. Вдохновительницей этой пьесы стала уроженка Одессы Мария Денисова (1894–1944), художница и скульптор, которая вела агитационную работу для Первой конной армии Буденного, принимала участие в боях[13]. По-видимому, пьеса должна была стать частью трилогии под названием «Чекисты», охватывающей годы Гражданской войны в жизни семьи бывшего генерала, очень похожей на ту, о которой Бабель написал в 1918 году для горьковской «Новой жизни» очерк под названием «О грузине, керенке и генеральской дочке: Нечто современное». Упадок и коррумпированность семьи

---

13 См. [Freidin 2009].

Илл. 21. К. С. Петров-Водкин. «1918 год в Петрограде» (Третьяковская галерея, Москва)

бывшего генерала, а также сомнительные персонажи, эксплуатирующие хаос Гражданской войны, отражают неряшливый, обреченный мир; в пьесе, носящей ее имя, мы не видим самой Марии. Когда Горький прочитал в 1933 году раннюю версию пьесы Бабеля, она произвела на него отрицательное впечатление, и великий старец советской литературы согласился с критиками, которые жаловались на склонность Бабеля к резким физиологическим деталям: «Лично меня отталкивает она прежде всего Бодлеровым пристрастием к испорченному мясу» [Горький 1963а: 44]. Горький не мог понять, в чем смысл пьесы, и рекомендовал Бабелю не ставить ее. Пьеса не понравилась критикам, ожидавшим сильного идеологически правильного послания, и подготовка прекратилась на стадии репетиций.

Последний занавес падает в «Марии» на сцене, чем-то напоминающей картину К. С. Петрова-Водкина «1918 год в Петрограде» (1920), также известную как «Петроградская Мадонна». Подобно Блоку в заключительном виде́нии «Двенадцати» (1918), Петров-Водкин ждал духовной революции, которая принесет искупление страждущим рабочим[14]. В пьесе Бабеля беременная жена рабочего Сафонова любуется квартирой семьи генерала Муковнина, которая теперь является их домом, а огромная Нюша, залитая солнечным светом, моет окна; Елена собирается рожать в новом родильном доме в бывшем дворце, напоминающем нам очерк Бабеля в меньшевистской «Новой жизни» Горького, «Дворец материнства» (1918), но она не уверена, что родит здорового ребенка. Пьеса заканчивается на смешанной ноте надежды и неуверенности в будущем.

---

[14] Анализ картины Петрова-Водкина и контекста ее создания см. в [Salmond 2018].

Глава 5
Русский Мопассан

Литературный мессия

В своем программном очерке 1916 года «Одесса» Бабель смотрит на юг России, на солнечную Одессу, где он родился в 1894 году, как на единственный город, способный дать рождение столь необходимому русскому Мопассану:

> ...думается мне, что должно прийти, и скоро, плодотворное, животворящее влияние русского юга, русской Одессы, может быть (qui sait?) [кто знает?], единственного в России города, где может родиться так нужный нам, наш национальный Мопассан (Собрание сочинений, 1: 44).

Это будет долгожданный российский литературный мессия, который устранит ледяную хватку русской петербургской традиции и принесет немного солнечного света на провинциальный север, который доминировал в русской прозе с ее этнографическими зарисовками повседневной жизни. Даже Горький, который вскоре станет покровителем и наставником Бабеля, воспринимается лишь как вестник певца солнца. «Чувствуют, — надо освежить кровь. Становится душно. Литературный Мессия, которого ждут столь долго и столь бесплодно, придет оттуда — из солнечных степей, обтекаемых морем» (Собрание сочинений, 1: 48). Думал ли Бабель о себе как о русском Мопассане, рожденном на солнечных берегах Черного моря? Это удивительная амбициозность для 22-летнего начинающего писателя, влачащего в Петрограде жалкое существование студента Психоневрологического института.

Мопассан, хотя он и считался в то время в России несколько декадентским писателем, признавался последним словом в искусстве рассказа. Чехов однажды сказал, что никто не сможет заменить Мопассана или превзойти его. Страсть к французской литературе Бабель приобрел у своего французского учителя, месье Вадона, а также познакомился с французской колонией в Одессе, хотя и небольшой, но влиятельной, основанной в первой половине XIX века:

> Он был бретонец и обладал литературным дарованием, как все французы. Он обучил меня своему языку, я затвердил с ним французских классиков, сошелся близко с французской колонией в Одессе и с пятнадцати лет начал писать рассказы на французском языке. Я писал их два года, но потом бросил: пейзане и всякие авторские размышления выходили у меня бесцветно, только диалог удавался мне («Автобиография». Собрание сочинений, 1: 35)[1].

Этот последний комментарий показателен, потому что диалог очень важен у Мопассана. Любовь к Франции и западной культуре Бабель позаимствовал прямо из космополитичной среды Одессы с ее портом, с кафешантанами (описанными в «Листках об Одессе», 1918) и итальянской оперой (описанной в «Ди Грассо», 1937). Когда 13-летний Бабель прочитал «Госпожу Бовари», его литературным образцом стал Флобер; позже это место занял ученик Флобера, Мопассан. Французский переводчик Бабеля рассказывает:

> Бабель сказал мне, что он читал и перечитывал Мопассана и Флобера; и что он ничего или почти ничего не знал о современных писателях. Я думаю, что это первичное образование имеет большое значение и объясняет многое. Вдобавок Бабель, никогда не интересовавшийся ни Прустом, ни Жидом, ни Полем Клоделем, пошел по путям французского духа и искусства, возвращаясь в прошлое [Parijanine 1928: 9–10].

---

[1] А. А. Вадон родился в Херсоне, в семье, происходившей из французского Прованса, а не из Бретани [Погорельская, Левин 2020: 37].

«Признание» Мопассана, или интимные тайны перевода

Любопытно, что Мопассан был тогда не так популярен во Франции, как в России, где он был почти одновременно с выходом в свет «Жизни» в 1883 году представлен Тургеневым как лучшее произведение со времен «Госпожи Бовари», свободное от натурализма Золя [Denis 1969; Haumant 1913: 480, 487, 521]. Л. Н. Толстой в своем предисловии к «Полному собранию сочинений Мопассана», вышедшему в русском переводе в 1908–1911 годах, хвалил ясность видения, но сожалел об отсутствии моральных суждений. Исходя из того, что работа писателя невозможна вне моральных вопросов, Толстой принимает умелую отстраненность Мопассана за неуверенность, хотя и горячо одобряет его подлинный талант видеть сквозь лицемерие социальных условностей. Нетрудно понять, почему Толстой ищет нравственную чуткость в рассказах Мопассана и чем они привлекли Бабеля, разделяющего с Чеховым сочетание авторской отстраненности и глубочайшего переживания моральных императивов гуманизма. В своем очерке 1916 года «Одесса», в тот период жизни, когда он тянулся к толстовству и принципиально ходил по зимнему Петербургу без пальто, Бабель писал:

> А вот Мопассан, может быть, ничего не знает, а может быть — все знает; громыхает по сожженной зноем дороге дилижанс, сидят в нем, в дилижансе, толстый и лукавый парень Полит и здоровая крестьянская топорная девка. Что они там делают и почему делают — это уж их дело. Небу жарко, земле жарко. С Полита и с девки льет пот, а дилижанс громыхает по сожженной светлым зноем дороге. Вот и все (Собрание сочинений, 1: 47).

Эта сцена позаимствована из «Признания» Мопассана, рассказа, переведенного Бабелем на русский язык для трехтомного сборника рассказов Мопассана, который он редактировал[2].

---

[2] Трехтомное издание рассказов Мопассана, которое Бабель редактировал в 1926–1927 годах, включало три его собственных перевода: «Признание», «Идиллия» и «Болезнь Андре». Переводы Бабеля воспроизведены в [Пого-

«Признание» фигурирует в его собственном рассказе «Гюи де Мопассан», там он становится интертекстом сюжета романа с обольстительной Раисе Бендерской, жене ассимилированного петербургского еврейского магната. Действие рассказа происходит в Петербурге в 1916 году, хотя он был написан в 1920–1922 годах, а опубликован только десять лет спустя. Мопассана, конечно, больше беспокоила расчетливая жадность матери, чем сексуальное буйство кучера, но тогда Бабель чувствовал свободу адаптировать текст по своим художественным нуждам. А восхищала его мопассановская страсть к жизни. Так, Бабель обосновывает отказ от канцелярской работы в «Гюи де Мопассане» такими словами: «Мудрость дедов сидела в моей голове: мы рождены для наслаждения трудом, дракой, любовью, мы рождены для этого и ни для чего другого» (Детство: 81).

Однажды Чехова поймали на переписывании рассказов Тургенева и Толстого в целях выработки стиля [Magarshack 1952: 111]. Переводы и адаптации Мопассана, сделанные Бабелем, можно рассматривать как аналогичную попытку ученичества. Это могло бы объяснить вернувшуюся любовь Бабеля к Мопассану в то время, когда после публикации «Конармии» он искал новый, ясный или строгий стиль прозы. Его одесский друг, писатель Лев Славин, вспоминает:

> В ранние одесские годы он говорил:
> — Когда-то мне нравился Мопассан. Сейчас я разлюбил его. Но, как известно, и этот период прошел. Избавляясь от стилистических излишеств, Бабель снова полюбил Мопассана [Славин 1989: 8].

Именно у Мопассана Бабель очевидно почерпнул прием, при помощи которого язык должен захватывать читателя: «Фраза рождается на свет хорошей и дурной в одно и то же время. Тайна заключается в повороте, едва ощутимом. Рычаг должен лежать

рельская 2005]. В 1930 году Бабель получил аванс за работу над сценарием для фильма по «Пышке» (реж. М. Ромм, 1934), но не завершил его (см. [Макотинский 1989: 105]). См. [Погорельская, Левин 2020: 230–235].

в руке и обогреваться. Повернуть его надо один раз, а не два» (Детство: 83). Именно так рассказчик объясняет свое искусство перевода Мопассана, а важность нахождения точно подходящего слова (*mot juste*), освобождения языка от клише — это то, чему Мопассан научился у Флобера.

> Что бы вы ни имели в виду, есть только одно слово, чтобы выразить это, один глагол, чтобы оживить это, и только одно прилагательное, чтобы определить это. Поэтому приходится искать, пока не откроешь их, <...> и никогда не довольствоваться чем-то близким [Maupassant 1908–1910, 4: XXIV–XXV].

Точка, поставленная в нужный момент, может оказаться для человеческого сердца смертоноснее всякого оружия, — и она неизбежно проникла в сердце Раисы. Переводы Бабеля отличаются плавностью и иногда изобретательностью, в них подчеркиваются атмосфера чувственности и взаимодействие обстановки с событиями, которые Бабель научился использовать с таким лаконичным эффектом в своих собственных рассказах. Однако несмотря на то, что переводы Мопассана, выполненные Бабелем, несомненно, были делом любви, они, как и переводы Шолом-Алейхема, были главным образом мотивированы потребностью в наличных деньгах для выплаты долгов и поддержки своей семьи за границей.

«Признание» Мопассана обеспечивает у Бабеля интертекстуальные референции, действуя подобно тому, как мальчик использует прочтение «Первой любви» Тургенева в «Детстве. У бабушки» (что рассматривалось в первой главе). В «Гюи де Мопассане» рассказчик Бабеля переживает искусство Мопассана на двух уровнях: чтение и перевод его рассказов на русский язык вместе с женой богатого, ассимилированного петербургского еврея Раисой Бендерской. На обоих уровнях чтение Мопассана преобразуется в личный опыт чувственности и в его теорию искусства. Рассказчик обнаруживает, что творчество Мопассана выше непривлекательной реальности. Эта трансцендентность работает так же, как Испания в фантазии его друга Казанцева, но в какой-то момент ему приходится вернуться в прозаическую, унылую реальность серого Петербурга и открыть для себя страшную цену, которую приходится платить художникам за проникновение в необыкновенные и интересные моменты человеческого существования.

Перевод, как показывает Л. Укадерова [Oukaderova 2002–2003], в нескольких формах действует в рассказе как гомология (структурная схожесть веществ). Параллельно с превращением любви в деньги в «Признании», где Селеста экономит, позволяя «развлечься» кучеру, голодающий рассказчик, как и его донкихотствующий друг Казанцев, зарабатывает переводами. «Гюи де Мопассан» устанавливает свою собственную моральную амбивалентность, когда *интертекстуально* играет с эротическими ситуациями в двух историях, а также *метакритически* играет с эстетической и экономической ценностью перевода из одной культуры в другую, ценностью переноса из одного тела в другое. Говоря о форме обмена между культурами, можно добавить, что перевод был обычным занятием для аккультурированных евреев, которые выступали в качестве посредников между Западной Европой и Россией (два разных примера — Самуил Маршак и Осип Мандельштам). Здесь богемный еврей-аутсайдер входит в дом богатых ассимилированных евреев, чтобы превратить литературные ценности как в эротический опыт, так и в социальное признание.

Переводя Мопассана, рассказчик по-новому понимает тему и язык рассказов Мопассана. Он обнаруживает необыкновенные моменты повседневной жизни, например, когда в «Идиллии» Мопассана голодный плотник сосет молоко у женщины в экспрессе Ницца — Марсель. Такие моменты украшают скучный мир обыденной реальности и раскрывают необычайные стороны человеческой натуры, которые обычно остаются незамеченными. В то же время рассказчик Бабеля осознает опасность видения Мопассана и противостоит проблемным отношениям жизни и искусства, в частности противоречиям между страстью и смертностью.

Рассказ Бабеля открывается контрастом между, с одной стороны, воображаемым миром Казанцева, состоящим из испанских замков и садов, его библиофилии, которая изолирует его в дон-кихотском мире грез[3], и, с другой стороны, отвращением к желтой, вонючей, холодной улице, на которой он живет (Детство: 81). Сопоставление романтических фантазий литературы и воображения с холодной реальностью Петрограда образует ось, вокруг которой вращаются аргументация и сюжет рассказа. Бабель возвращается к эстетическому тезису «Одессы», а также к более откровенной полемике «Линии и цвета», которая противопоставляет близорукий импрессионизм Керенского дальновидной линии очкастого Троцкого — линии партии, но одновременно и исторического видения, как мы увидели, лишенного романтизма.

Тематически-структурное противостояние получает дальнейшее развитие, когда рассказчик приезжает в роскошный, грандиозный особняк Бендерского на углу Невского проспекта, с видом на Мойку, с его розовыми колоннами и фальшивым блеском богатых новообращенных евреев. Намек на распутство в глазах надменной служанки компенсируется резьбой по дереву в древнеславянском стиле и доисторическими сценами Рериха, указывающими на декадентскую буржуазную идентичность Бендерских. Сам Бендерский якобы близок к Распутину и представляет собой фигуру неоднозначную, от которой скрыта действительность, и живет иллюзиями (этого рассказчик поначалу не замечает). Как правило, ощущение гротеска и нелепости у Бабеля кратко характеризует социальную ситуацию, а также указывает на некоторую наивность рассказчика, но русские читатели должны были знать, что Распутин встретил свою ужасную смерть совсем недалеко, во дворце князя Юсупова на Мойке, в ночь с 16 на 17 декабря 1916 года, в том же месяце, когда происходит действие рассказа.

---

[3] Прототипом Казанцева был Кудрявцев, в 1918 году — сотрудник горьковской «Новой жизни», счастливый обладатель редкого издания «Дон Кихота» (см. письмо Бабеля Горькому от 25 июня 1925 года. Собрание сочинений, 4: 31–32).

Страсть здесь — это страсть к жизни и страсть к искусству. Не случайно первый перевод Раисы, который приходится перерабатывать рассказчику, — это «Мисс Гарриэт» — рассказ об отношениях художника с английской старой девой, заканчивающихся смертью[4]. Однако повторяющийся мотив входящей развратной, надменной горничной, держащей поднос с кофе, представляет собой иронический контрапункт страсти рассказчика. Более того, искусственное, безжизненное солнце — это стеклянное петербургское солнце, ложащееся на блеклый неровный ковер, холодное солнце «Петрополиса» Мандельштама, представляющее тревожный контраст с солнцем Франции, солнцем мопассановской страсти. Именно страстное солнце юга сулило литературного мессию в программной «Одессе» Бабеля. И все же здесь Бабель, похоже, уступает искусственному безжизненному солнцу Петербурга или, по крайней мере, признает его темное присутствие.

Яркая полуденная жара и экзотическая чувственность французского солнца оказывают влияние на совместное чтение и перевод рассказчика и Раисы. Их любовные отношения развиваются посредством чтения и перевода — чтения и перевода желания — и достигают кульминации, когда они разыгрывают роли Селесты и Полита. Однако здесь интертекстуальным сюжетом является чеховская «Тина», где русский офицер попадает в ловушку иллюзии и чувственности декадентского, соблазнительного мира ассимилированной еврейки. Препятствием для успешного перевода (и для любви!) является манера Раисы писать по-русски, как привыкли недавно обогатившиеся евреи, и действительно рассказчик замечает, что она усиленно демонстрирует богатство и социальный статус ассимилированной еврейки, испугавшись при этом его истории еврейского детства (предположительно в Одессе).

В рассказе Бабеля Раиса одета в бальное платье. Ее спина обнажена, и она пьяна. Далее следует посвящение в мир Мопасса-

---

4 «Мисс Гарриэт» — единственное произведение Мопассана, упомянутое Бабелем в этом рассказе, но не включенное в трехтомник.

на, мир женщин и вина, через бутылку муската 1893 года. Три
бокала «тотчас же увели меня в переулки, где веяло оранжевое
пламя и слышалась музыка» (Детство: 87–88). Грудь Раисы свободно шевелится под шелковым платьем, и торчащие соски
опьяняют рассказчика не меньше, чем вино, а звон бокалов пе-
реплетается с диалогом кучера Полита и деревенской девушки
Селесты: полуденное солнце падает, его капли образуют веснуш-
ки на щеках брюнетки-крестьянки, а его лучи полируют кожу
кучера вином и сидром (изобретение Бабеля). Однако оригинальный контекст признания Селесты своей матери вытеснен,
и чтение рассказчика становится признанием в сексуальном
желании, на которое Раиса в момент капитуляции Селесты отвечает истерическим смехом: «Раиса с хохотом упала на стол.
Ce diable de Polyte... [Этот пройдоха Полит...]» (Детство: 87).
Сцена близости Селесты с Политом у Мопассана, когда лошадь
тихо идет рысью, глухая к призыву кучера своей лошади: «Hue
donc, Cocotte», превращается в праздник сексуальной любви,
которому нет места в первоначальном материале, фактическом
отчете о коммерческой сделке между двумя нормандскими
крестьянами. «Веселое солнце Франции окружило рыдван, за-
крытое от мира порыжевшим козырьком. Парень с девкой, музыки им не надо...» (Детство: 87). Рассказчик Бабеля принимает
на себя роль Полита и целует Раису. «А не позабавиться ли нам
сегодня, ma belle [моя красавица]... Я потянулся к Раисе и поце-
ловал ее в губы. Они задрожали и вспухли» (Детство: 87). Вторя
согласию Селесты на предложение Полита, Раиса отвечает: «Вы
забавный». Эта игра слов отсутствует в оригинале: Мопассан
употребляет слово «rigolade» (радость, веселье), которое Бабель
переводит как «потеха» (Собрание сочинений, 4: 417–418)[5].
Раиса выглядит соблазнительным распятием, эротичной, плот-
ской страстью, сочетающейся с мебелью в декадентском вкусе:
«Изо всех богов, распятых на кресте, это был самый обольсти-
тельный» (Детство: 87).

Однако над головой рассказчика/переводчика/Полита нависает страшный рок Гюи де Мопассана в 29 томах. Теперь они обрушиваются на пьяного рассказчика:

> Ночь положила под голодную мою юность бутылку 83 года и двадцать девять книг, двадцать девять петард, начиненных жалостью, гением, страстью... Я вскочил, опрокинул стул, задел полку. Двадцать девять томов обрушилось на ковер, страницы их разлетелись, они стали боком... и белая кляча моей судьбы пошла шагом.
> — Вы забавный, — прорычала Раиса (Детство: 87–88).

Намеки на более мрачную интерпретацию жизни и творчества Мопассана собраны воедино. Рассказчик ранним утром идет домой, на свой холодный чердак на другом конце Петербурга. По дороге он предается пьяным фантазиям, хотя вполне трезв, предпочитая видеть мир фантасмагорическим и сюрреалистичным. На длинных туманных улицах он представляет себе монстров, рычащих за дымящимися стенами, проезжую часть, которая отрывает ноги пешеходам. Завеса иллюзий, в которой он жил как писатель и как читатель Мопассана, вот-вот разорвется. Дома он находит донкихотствующего мечтателя Казанцева, спящего над Сервантесом, и снова вспоминает жизнь Мопассана, на этот раз рассказанную Эдуардом де Мениалем в его книге о Мопассане (переведенной на русский язык в 1910 году). Рассказчик думает о том, что разделяет с Мопассаном его тягу к радости жизни, но, читая рассказ об ужасном конце Мопассана в сумасшедшем доме, доведенного до звериного слабоумия и слепоты, он размышляет о ее страшных последствиях. У Мопассана страсть к жизни сочеталась с врожденным сифилисом, и он писал беспрестанно. Его смерть в возрасте 42 лет, ползающего на четвереньках и пожирающего собственные экскременты, представляет собой окончательную антитезу в диалектике искусства и жизни[6]. К ужасной кон-

---

6 Цит. по: [Мениаль 1999: 280]. В книге Мениаля фраза «больной начинает превращаться в животное» взята из дневника Эдмона Гонкура за январь 1893 года. Гонкур в цитируемом фрагменте дневника утверждает, что передает слова доктора Бланша.

цовке бабелевского рассказа можно применить оценку Мопассана, сделанную Мениалем:

> Рассказать о жизни Мопассана — значит прежде всего дать историю его произведений. Немногие писатели прилагали больше усилий, чем он, в стремлении скрыть свою жизнь от нескромного любопытства публики и боялись, как он, выдать себя своими книгами [Мениаль 1999: 5].

В завершающем повествование чеховском *настроении*, столь характерном для Бабеля, петербургский туман касается окна рассказчика и порождает предчувствие открывающейся истины. Трудно представить себе больший контраст одобрению матерью продажи своей дочери (чем завершается «Признание») или, если уж на то пошло, сделке рассказчика с Раисой.

Рассказ Бабеля представляется нам демонстрацией литературной техники Мопассана, его мастерского использования языка, но в то же время предлагает размышление об искусстве и в равной степени иллюстрирует интертекстуальные отношения Бабеля с Толстым и Чеховым. Чтение известного литературного текста выводит сюжет за пределы оригинального рассказа, становясь рассказом о процессе литературного творчества. Как и рассказчик «Гюи де Мопассана», рассказчик Бабеля в «Моем первом гонораре» (1922–1928) использует эротическую аналогию письма и чтения, чтобы вызвать и направить страстные отношения с женщиной-«читательницей», которая выражает свое одобрение творческого акта через сострадание к рассказчику и награждает его «первым гонораром», своей близостью — более высокую цену ему не платил никто.. В этом отношении проститутка Вера является идеальным «читателем», поскольку она стремится отождествить себя со страданиями человечества. Это — еще один вид обмена литературными и сексуальными ценностями [Zholkovsky 1994: 679]. Раиса в «Гюи де Мопассане», напротив, мало что получает от акта чтения рассказчика, и это рассказчик должен прийти к пониманию смертности и последствий страсти.

Неутолимое любопытство и страсть к жизни имели свою цену. Бабель хорошо понимал, к какой трагической дилемме привела страсть к жизни Мопассана, и действительно, именно эту опасность болезненной одержимости чувственностью критиковал Толстой. Толстой указывал на горькую иронию того, что Мопассан ясно видел насколько отвратителен взгляд, сводящий жизнь к погоне за удовольствиями, и распознавал зло — в том, что описывал как добро. Рассказ Бабеля «Гюи де Мопассан» представляет собой полемику между эстетикой Толстого и Мопассана, не просто путем перевода, но и через интертекстуальную отсылку к Мопассану, как это делал и Бунин [Oliveira 2020]. Материальную прибыль от своей литературной близости с Раисой, 25 рублей, рассказчик растратил на дикую пьяную оргию, оживляющую на мгновение убогую мансарду голодных интеллигентов. Опьянев, рассказчик ругает Толстого: «Он случайно был, ваш граф, он трусил... Его религия — страх... Испугавшись холода, старости, граф сшил себе фуфайку из веры...» (Детство: 84). Однако на следующее утро рассказчик приходит в себя от своих сексуальных фантазий о Кате и обнаруживает удручающую реальность, лежащую в основе диалектики Мопассана и Толстого, хотя пузырь его заблуждения еще не лопается. Серость измученной, иссохшей прачки должна была насторожить рассказчика тем, что он так и не сумел узнать правду о Раисе во время их совместной прогулки.

Подобно Толстому, Бабель желает описать целый мир, но, как он заметил в 1937 году, выступая в Союзе советских писателей, если Лев Николаевич умел подробно описать все, что с ним происходило в течение 24 часов жизни, то ему удается описать лишь самые интересные пять минут — отсюда его предпочтение рассказа эпическому реализму романов Толстого (Собрание сочинений, 3: 398). Если Достоевский и Толстой представляли два разных типа реализма, то Бабель явно отдавал предпочтение толстовской ясности. Возможно, поскольку он был астматиком, писавшим короткие рассказы, неудивительно, что у него на это было всего пять минут времени. Эта «поэтика-пятиминутка» тем не менее проникает в фундаментальные истины и приближает Бабеля к реализму Мопассана и Чехова. Действительно, ясность выражения, необходимость опираться на опыт и понимание нравственности описываемой среды — предпосылки, заложенные в работе Толстого «Что такое искусство?». Циничное осознание человеческой алчности в разоблачении, завершающем сюжет «Признания» Мопассана, весьма отличается от разоблачения, завершающего «Гюи де Мопассана», которое в модернистском прозрении, достойном Джойса, дает возможность проникнуть в суть повествователя, в его душу, и пронзает истину искусства. Несмотря на свой подспудный пессимизм по поводу того, что зло коренится в человеческом существовании, Чехов верил в скрытое достоинство человечества, которое может раскрыться, только если ему показать образ самого себя. Мопассан же скрывал под своими хитроумными колкостями насмешливую ухмылку. Как выразился Г. Э. Бейтс, знаменитый английский автор коротких рассказов, Мопассан и Чехов различались не тем, что они писали, а тем, кем они были; Чехов высоко ценил интеллект читателя и оставлял для понимания неписаный смысл, тогда как Мопассан восхищался очевидными деталями и красками.

Бабель демонстрирует свое понимание этих фундаментальных различий в восприятии обоих влияний. Нас не должно удивлять, что, по мнению Эренбурга, одним из немногих недостатков, которые Бабель нашел у Мопассана, было именно отсутствие человеческого тепла, которое он нашел у Чехова [Эренбург 1995]. Тем не менее в конце «Гюи де Мопассана» сохраняется ощущение тайны жизни, важного решения, которое необходимо принять, какой бы тривиальной и серой ни казалась повседневность. Это совсем не то меланхолическое смирение, которое можно обнаружить во внутреннем откровении, скажем, в «Учителе словесности» Чехова или в отчаянном заключении его «Припадка», где студенту не удается сойтись с проституткой, в отличие от бабелевского Ильи Исааковича или рассказчика «Моего первого гонорара»[7].

---

[7] На тему проституции см. [Жолковский, Ямпольский 1994: 317–368].

Чехов на конармейском фронте

Рябович, очкастый неудачник в кавалерийском полку из чеховского «Поцелуя», неожиданно получивший поцелуй, точно так же открывает для себя обыденность опыта и посредственность жизни, и это тоже резко контрастирует с реакцией рассказчика Бабеля на такое же приключение в его одноименном рассказе (опубликованном в 1937 году). Рябовича, сутулого и бесцветного, неожиданное приключение сначала освобождает от комплекса неполноценности, вызывая фантазии об эротической встрече с неизвестной женщиной; однако в конце концов он решает не возвращаться в дом фон Раббека с остальным батальоном, как бы назло судьбе, осознавая глупость и мелочность повседневной жизни, неискренность и лицемерие. В рассказе Бабеля наблюдение за обычной провинциальной семьей является лишь фоном для гораздо более драматичных событий. Поселившись у старого парализованного учителя и его дочери Елизаветы Томилиной, герой рассказывает своему товарищу, казаку Суровцеву, об овдовевшей дочери старого учителя Елизавете Алексеевне. Однако если у Чехова ожидание солдатом романтики ни к чему не приводит, то рассказчик Бабеля завязывает дружбу с Елизаветой, представляясь ей выпускником юридического факультета, образованным человеком. Затем он начинает освобождать эту семью от страха и отчаяния, внушенных им польской антикоммунистической пропагандой, и лелеет мечты о будущем счастье в большевистской Москве. Эта мечта (в отличие от посредственных мечтаний Рябовича о браке и уютном доме) вселяет в неназванного рассказчика уверенность; однако романтические связи прерываются телефонным звонком из штаба с приказом о немедленном отходе.

Два солнца

Противопоставление петербургского солнца и солнца Франции занимает в рассказе Бабеля «Гюи де Мопассан» центральное место. Стеклянное, холодное солнце российской имперской столицы (вечно холодное солнце Петрополя в наброске 1918 года «О лошадях»), напоминающее мандельштамовское угасающее солнце апокалиптического Петрополя, противоположно яркому, теплому солнцу Франции, которое является «героем» повести Мопассана — и служит эстетическим эквивалентом идиллическому одесскому солнцу Бабеля из его манифеста 1916 года. Можем ли мы рассматривать Бабеля, родившегося через год после смерти Мопассана, как преемника мастера новеллы, настоящего русского Мопассана и долгожданного литературного мессию? Бабель в 1916 году уже привлек внимание петербургской прессы как самобытный талантливый автор рассказов и очерков и еще не написал свою «Автобиографию», в которой обозначил, насколько он в долгу перед Горьким. Поэтому интересно увидеть его реакцию на то, что его назвали советским Мопассаном:

> — Читали последнюю сенсацию? — И, не дожидаясь ответа, добавил: — Бабель — советский Мопассан! <...> Это написал какой-то выживший из ума журналист.
> — И что вы намерены делать?
> — Разыскать его, надеть на него смирительную рубаху и отвезти в психиатрическую лечебницу...
> — Может, этот журналист не так уже болен?.. — заметил я осторожно.
> — Бросьте! Бросьте ваши штучки! — ответил он, усмехаясь. — Меня вы не разыграете! [Нюренберг 1989: 143.]

Однако интертекстуальное взаимодействие Бабеля с Мопассаном больше соответствует времени публикации рассказа, чем времени описанных в нем событий. Шведский исследователь Нильс Оке Нильссон подчеркнул контекст повести, состоящий в автобиографической теме взросления и ученичества писателя, а также легендарного молчания Бабеля, ставшего следствием его неподчинения требованию создавать идеологически подходящий материал. Нильссон подчеркивает иронию того, что в век словоблудия и длинных романов, Раиса платит рассказчику-переводчику за сбережение литературного капитала, как бы ставя чеховскую экономику Бабеля в один ряд с обращением Маяковского к налоговому инспектору [Nilsson 1982a; Nilsson 1982b]. Близость Бабеля к французской классике отмечалась многими критиками, особенно в середине 20-х годов, когда западные модели еще считались приемлемыми и поощрялись Горьким и «Серапионовыми братьями»[8]. В последующие годы отождествление с французскими натуралистами могло стать основанием для идеологической атаки, и Бабель почувствовал себя вынужденным защищать свой немарксистский взгляд на Мопассана, когда в 1932 году его попросили выступить по поводу рассказа «Гюи де Мопассан» во время его публикации[9].

Бабель хорошо разбирался в западной культуре, чье влияние на русскую реалистическую прозу XIX века было повсеместным, однако оставался индивидуалистом и никому не был обязан. Исправляя прозу Паустовского, Бабель посоветовал ему не заимствовать даже запятую и доверять только своему чувству стиля, даже если Паустовский находился под влиянием Конрада, как Бабель — Мопассана [Паустовский 1966, 2: 530]. Тем не менее Мопассан и Бабель преуспели в одном и том же жанре[10]. Например, один рассказ из серии очерков Бабеля о Первой мировой войне, «На поле чести» (1920), который не был заимствован непосредственно из книги Гастона Видаля «Персонажи и анекдоты Великой войны» («Figures et anecdotes de la grande guerre», Париж, 1918), так что его источник до сих пор не установлен, имеет поразительное сходство с «Коко» Мопассана (1884)[11]. «Квакер» Бабеля замыкает цикл из четырех рассказов о бессмысленности

---

8   Например, А. Лежнев писал о впечатлении, будто рассказы Бабеля переведены с французского, и пришел к выводу, что Бабель заимствовал структуру своих рассказов у Мопассана, а структуру предложений — у Флобера [Лежнев 1927: 127–128; Лежнев 1929: 265]. В западной литературе также часто признается влияние Мопассана на Бабеля. См., например, [Poggioli 1957: 229–238; Yarmolinsky 1969: 131–185].

9   Цит. по: [«Ольник» 1932].

10   См. [Назарян 1977; Nilsson 1982a; Nilsson 1982b].

11   Об источниках бабелевских рассказов в произведениях Гастона Видаля см. [Смирин 1967б; Погорельская 2023].

войны, подрывающих превозносимую Видалем иллюзию чести и патриотизма, очень близкую к мопассановской тематике, если подумать о таких рассказах, как «Государственный переворот». Как и «Коко», «Квакер» повествует о жестоком насилии над лошадью, ни в чем не повинной и беззащитной. Спаситель лошади, английский квакер Стон, связанный толстовскими принципами своих заповедей, несет под мышкой священную книгу, как старый еврейский философ-лавочник в «Гедали»; его идеалы так же обречены в мире, который «высылает вперед одну только стрельбу...» (Детство: 126). Современный Дон Кихот умирает, прямой и непреклонный, на своем моторизованном коне, ради лошади, которую он пытался спасти. В «Коко», напротив, лошадь умирает безмолвно. Фермерский мальчик Изидор Дюваль, которого жители насмешливо прозвали «Зидор-Коко» и который возмущен необходимостью кормить бесполезное животное, мучает лошадь таким же садистским способом, как и конюх Бэккер, вымещая на лошади свое негодование на людей. Дикарская жилка преобладает как в крестьянах Мопассана, так и в казаках Бабеля, таких как Конкин, сходный по возрасту и менталитету с Зидором-Коко (сравните месть в «Прищепе» Бабеля и в «Вендетте» Мопассана). У Бабеля встречаются параллели иронической сатире Мопассана в многочисленных примерах гротескных сцен живописного ужаса, например в «На поле чести», напоминающем нам о фарсовом обжорстве Вальтера Шнаффа или о кровавой мякоти руки Жавеля.

С другой стороны, Бабель, как и Мопассан, также знал о крайней эффективности недосказанности и неприукрашенных деталей. Однажды он прочитал одну фразу Анатоля Франса и изменил свое описание морга, так как понял, что оно не даст никакого эффекта [Сейфуллина 1969, 4: 291][12]. Между краткой творческой жизнью двух писателей действительно существуют причудливые и естественные параллели, в частности, противостояние творческой самости моральным последствиям взгляда

[12] Возможно, отсылка относится к «Вечеру» 1918 года, напечатанному в «Новой жизни» Горького.

на мир «как на луг в мае, как на луг, по которому ходят женщины и кони» («История одной лошади». Детство: 164). И все же, несмотря на утомительную скрытность и разрыв между творчеством и реальными личностями, не менее актуальной является для них невозможность избежать собственной идентичности, как утверждает Мопассан в знаменитом предисловии к «Пьеру и Жану». Мопассан отвергает традиционное отношение искусства к объективной реальности и говорит не о *le vrai* (правде), а о *le vraisemblable* (правдоподобии). Этот тип реализма поражает в самые неожиданные моменты повседневного существования — это неповторимые эпизодические события, приобретающие значение в соответствующем нарративном контексте. Любопытство в отношении этих интимных моментов ставит под угрозу целостность творческой личности, однако Бабель разделяет непреодолимое любопытство с Мопассаном, чья чувственная любознательность выражалась в почти порнографической любви к жуткому[13].

От Дантона до Сталина (через Данте)

Находясь в Париже, в 1927–1928 годах, а затем в 1932 году, Бабель изучал изнаночную сторону парижской жизни в публичных домах и наблюдал за судебными процессами [Никулин 1966: 216–229]. Его рассказы «Улица Данте» (1934) и «Суд» (1938) передают атмосферу Парижа 1920-х годов, используя очень небольшое количество метафор и образов. Рассказчик, проживающий в отеле «Дантон» на улице Данте, познает французский образ жизни, не посещая Лувр и не изучая жизнь пролетариата, а становясь ценителем французской еды, вина и женщин: он наблюдает страстный роман, который заканчивается убийством его друга Биеналя ревнивой Жермен, продавщицей в перчаточном магазине. Хотя рассказчик и является случайным свидетелем, он переживает осознание страсти и смерти, подобное откровению, которым оканчивается «Гюи де Мопассан». История заканчива-

---

13 См. [Carden 1972: 207–209].

ется тем, что рассказчик любуется тем же видом парижских улиц, что и когда-то Дантон, который после показательного суда был гильотинирован в 1794 году (за 100 лет до рождения Бабеля и смерти Мопассана). Гость из сталинской России действительно может задуматься об ужасающей близости эротической страсти к смерти, а также о связи революции и тоталитарной власти. Литературные и исторические аллюзии нуждаются в особых комментариях: несмотря на то что Бабель создает довольно точную топографию современного Парижа, он берет на себя смелость переместить резиденцию Дантона в несуществующий отель. Улица Данте (в районе Сорбонны) служит культурным маркером, подобно Пушкину в «Карле-Янкеле» и «Ди Грассо», отождествляющему автора с западной культурой, но также противопоставляет страсть к жизни, солнце, которое является героем манифеста Бабеля «Одесса», его темной стороне, мрачным последствиям навязчивой погони за любовью и счастьем, над которыми размышляет и рассказчик «Гюи де Мопассана» в конце этого рассказа. Данте и Дантон являются культурными референтами, посредством аллитерации намекающими на более широкий, мифический исторический контекст, где идеалу любви в «Божественной комедии» противопоставляется казнь на гильотине одного из самых ярких и оппортунистических руководителей Французской революции [Погорельская 2010][14]. Наверняка именно по этой причине рассказ заканчивается афоризмом не на французском, а на итальянском языке: «Бог наказывает тех, кто не знает любви» («Dio castiga quelli, chi non conoscono l'amore», Собрание сочинений, 3:142). Когда труп Биеналя увозят, мы задаемся вопросом: не скрыты ли за его утверждением, что слава Франции основана на совершенстве кухни и любви, непредвиденные, более мрачные аспекты национального характера и истории?

Какова бы ни была степень чисто литературного влияния, Бабель утверждал, что французская литература ближе Одессе,

---

[14] О возможном дантовском интертексте в этом рассказе см. [Жолковский 2016: 218–228].

чем Киплинг. Он рассказал своему соотечественнику-одесситу К. Г. Паустовскому: «У нас в Одессе <...> не будет своих Киплингов. Мы мирные жизнелюбы. Но зато у нас будут свои Мопассаны. Потому что у нас много моря, солнца, красивых женщин и много пищи для размышлений. Мопассанов я вам гарантирую»[15]. В 1930-е годы Бабель искал более ясный и простой стиль, но оказался неспособен адаптироваться к банальной, обыденной, массовой сталинской художественной литературе. Ни влияние Мопассана, ни эстетический взгляд самого Бабеля не соответствовали времени.

---

[15] Цит. по: [Паустовский 1960: 128].

Глава 6

Пространство и самоидентификация в Гражданской войне

Семиотика «Конармии»

Многие читатели и исследователи «Конармии» (которые часто читают ее в цензурированной форме) не поняли моральной и политической позиции автора. Был ли Бабель преданным коммунистом, который с иронией писал о своих прежних идеологических слабостях в войне за социализм? На стороне Лютова или на стороне Гедали он был? В этой главе я докажу, что анализ этнической идентичности в «Конармии» может во многом прояснить построение идеологического конфликта в структуре и образах текста. Более того, если мы сравним современную советскую прозу о Гражданской войне на русском языке, а также рассказы о войне и революции на идише и иврите, мы лучше поймем контекст изображения Бабелем отчужденного еврейского интеллектуала.

Ю. М. Лотман в своем новаторском исследовании семиотики художественного текста (в том числе изобразительного искусства и литературы) подчеркивает связь идеологического дискурса со структурированием сюжета и композицией в репрезентации воображаемого мира. Язык текста организует воображаемую вселенную в пространственную модель, которая отражает точки зрения, представленные в тексте, так что системы ценностей, принадлежащие главным героям, структурированы в бинарной оппозиции «близкий — далекий», «открытый — закрытый», «высокий — низкий», а также метафизически «ценный — неценный», «хороший — плохой», «смертный — бессмертный», «свой — чужой» [Лотман 1970: 267][1]. Лотман использует терминологию, связанную с абстракцией пространства в физике и математике, но эти бинарные оппозиции явно вытекают из структурной антропологии и, в частности, из работ Клода Леви-Стросса, хотя Лотман также опирается на русских формалистов: Шкловского, Томашевского и Проппа. Пример бинарной оппозиции «свой — чужой» особенно важен для семиотики пространственного моделирования, которое концептуализирует идентичность с точки зрения религиозных, моральных и социальных систем ценностей и идентичности. Если старосветские помещики у Гоголя перемещаются в круговом пространстве защищенного домашнего уюта, то «Тарас Бульба» связан с выходом на просторы природы; опасность исходит из замкнутого мира и угрожает миру снаружи [Лотман 1970: 278–279].

Конфликтная картина мира Лютова точно так же организована в бинарную оппозицию «я» (свой) и «другой» (чужой) между этически и этнически определенными пространственными моделями. Казаки принадлежат внешнему миру природы, свободы и насилия, тогда как евреи неизменно связаны с внутренним миром интеллекта и культуры, мертвым прошлым, пассивностью и выхолащиванием. Развивая концепцию «семиосферы», Лотман подчеркивает универсальность границы в культурных моделях, особенно в фундаментальных текстах, которая маркирует пространство как чужое или свое в бинарной оппозиции «верх — низ», «внутреннее — внешнее». Это переходное пространство между конфликтными зонами, но оно также действует как фильтр, конструирующий отношения центра и периферии, себя и чужого в культурной идентичности [Lotman 1990: 131–142; Лотман 2000][2].

---

[1] О бинарных оппозициях в языковых модулирующих системах см. [Иванов 1965: 156–175]; см. также [Sicher 1986].

[2] Обобщение теории Лотмана о моделировании романного пространства и ее философский контекст см. в [Löve 1994: 29–45]. О нарративной текстовой модели в «Конармии» см. [Van Baak 1983].

В дневнике Бабель замечает: «Я чужой» (Собрание сочинений, 2: 264), открывая свое внутреннее чувство отчужденности от крестьян и казаков — отчужденности, лежащей в основе конфликта вымышленного Лютова, который желает быть «своим» у казаков и видит евреев «чужими», но не принимается казаками. С начала «Конармии» Лютов идентифицирует себя со своими товарищами-соратниками, которые *переступают* через границу не только жестокого мира Конармии, но и зоны конфликта между нациями и культурами. «Переход через Збруч», как мы видели в предыдущей главе, пародирует мифический обряд перехода, преступного перехода через границу чужого мира (Польша). Лютов, ведущий повествование от первого лица, относится к жертвам погрома как к чужим, используя враждебные и стереотипные образы, фактически литературный стереотип еврейской смерти из «Тараса Бульбы» или тургеневского «Жида» (1846) [Rosenshield 2008: 200–204]. Прибыв поздно ночью в Новоград-Волынский, Лютов не осознает последствий погрома:

> Я нахожу беременную женщину на отведенной мне квартире и двух рыжих евреев с тонкими шеями; третий спит, укрывшись с головой и приткнувшись к стене. Я нахожу развороченные шкафы в отведенной мне комнате, обрывки женских шуб на полу, человеческий кал и черепки сокровенной посуды, употребляющейся у евреев раз в году — на Пасху.
> — Уберите, — говорю я женщине. — Как вы грязно живете, хозяева... (Детство: 101–102).

Эти евреи рассматриваются с остраненной точки зрения, как будто со стороны антисемита, который считает их уродцами и чужаками, практикующими оккультные обряды: они «прыгают в безмолвии, по-обезьяньи, как японцы в цирке, их шеи пухнут и вертятся» (Детство: 102). Однако вскоре мы обнаруживаем, что для Лютова, оторвавшегося от своего еврейского прошлого, они, нравится ему это или нет, свои. Пронзительный крик беременной еврейки в конце рассказа заставляет его признать еврейскую жертвенность и сочувствовать жертвам погрома:

— Пане, — говорит еврейка и встряхивает перину, — поляки резали его, и он молился им: убейте меня на черном дворе, чтобы моя дочь не видела, как я умру. Но они сделали так, как им было нужно, — он кончался в этой комнате и думал обо мне... И теперь я хочу знать, — сказала вдруг женщина с ужасной силой, — я хочу знать, где еще на всей земле вы найдете такого отца, как мой отец... (Детство: 102–103).

Этот призыв выражает человеческий, а не этнический подход, но завершение рассказа противоречит жестокому безразличию Лютова, отвернувшегося от еврейского прошлого как несовместимого с коммунистическим будущим. Рассказ начинается с коллективного взгляда, в стиле военного коммюнике, нарушаемого лирическим пафосом о крови и насилии над природным ландшафтом, но заканчивается призывом к состраданию со стороны беременной еврейки. Отстранение Лютова переносит тяжесть сочувствия на жертв, которых он не сознал или не хотел сознать, как своих собратьев. Таким образом, это инициирующее вхождение в еврейское пространство создает двойственную перспективу, которая делает точку зрения Лютова ненадежной или ироничной и вводит этническую перспективу, лежащую в основе авторской точки зрения в остальной части цикла. Диалектика действует между еврейским прошлым, от которого Лютов себя отделил, и коммунистическим будущим, за которое борются невежественные казаки и необразованные крестьяне, но которое также приводит к окончательному разрушению местечка. Колебания Лютова осложняются его идентификацией с западной культурой, которая влечет его в польское пространство католических костелов (например, в «Костеле в Новограде» и «У святого Валента»), но как еврей из православной России он разоблачает гротескный обман священников и шарлатанов. Мирья Леке отметила, что в «Конармии» украинская перспектива почти полностью отсутствует, а польская в основном представлена стереотипами, соответствующими русской культурной точке зрения [Lecke 2007].

Словесная дуэль Лютова с Гедали вызывает у еврейского читателя беспокойство по поводу нечувствительности Лютова к страданиям Гедали в погромах и недоумение из-за несправедливости большевиков, конфисковавших его имущество. Хотя Лютов отвечает на еврейские страдания старика догматической пропагандой о том, что революция откроет Гедали глаза, становится очевидным, что именно Лютов слеп к призыву Гедали к всеобщей справедливости в его идеале Четвертого Интернационала.

На первый взгляд, Лютов в своей догматической пропаганде не обращает внимания на судьбу старого еврейского мира и игнорирует призыв к справедливости, который ставит под сомнение насилие революции:

> — Революция — скажем ей «да», но разве субботе мы скажем «нет»? — так начинает Гедали и обвивает меня шелковыми ремнями своих дымчатых глаз. — «Да», кричу я революции, «да», кричу я ей, но она прячется от Гедали и высылает вперед только стрельбу...
>
> — В закрывшиеся глаза не входит солнце, — отвечаю я старику, — но мы распорем закрывшиеся глаза...
>
> — Поляк закрыл мне глаза, — шепчет старик чуть слышно. — Поляк — злая собака. Он берет еврея и вырывает ему бороду, ах, пес! И вот его бьют, злую собаку. Это замечательно, это — революция! И потом тот, который бил поляка, говорит мне: Отдай на учет твой граммофон, Гедали... — Я люблю музыку, пани, — отвечаю я революции. — Ты не знаешь, что ты любишь, Гедали, я стрелять в тебя буду, тогда ты это узнаешь, и я не могу не стрелять, потому что я — революция...
>
> — Она не может не стрелять, Гедали, — говорю я старику, — потому что она — революция...
>
> — Но поляк стрелял, мой ласковый пан, потому что он — контрреволюция; вы стреляете потому, что вы — революция. А революция — это же удовольствие. И удовольствие не любит в доме сирот. Хорошие дела делает хороший человек. Революция — это хорошее дело хороших людей. Но хорошие люди не убивают. Значит, революцию делают злые люди. Но поляки тоже злые люди. Кто же скажет Гедали, где революция и где контр-революция? Я учил когда-то талмуд, я люблю комментарии Раше и книги Маймонида. И еще

другие понимающие люди есть в Житомире. И вот мы все, ученые люди, мы падаем на лицо и кричим на-голос: горе нам, где сладкая революция?.. (Детство: 126).

Возможно, Бабеля вдохновил более приземленный идеализм еврейского лавочника, с которым он встретился в Житомире и который мечтает о добром правительстве:

— Стекло к часам 1200 р. Рынок. Маленький еврей философ. Невообразимая лавка — Диккенс, метлы и золотые туфли. Его философия — все говорят, что они воюют за правду и все грабят. Если бы хоть какое-нибудь правительство было доброе (Собрание сочинений, 2: 223).

Доморощенная философия Гедали — это иудейская версия утопического мессианизма — невозможный «Интернационал хороших людей», который раздаст всем первоклассные пайки. Гедали не может понять, почему евреи страдают как от революции, так и от контрреволюции. Почему с евреями, приветствовавшими избавление от власти поляков и белоказаков, красные обращаются как с врагами, подвергая грабежам и реквизициям, и где всеобщее спасение, обещанное коммунистами? Лютов не дает Гедали никакого ответа, а историческую несправедливость, причиненную евреям, разумеется, невозможно описать подробно, учитывая обстоятельства публикации в Советской России в середине 1920-х годов. Глаза Гедали закрыли польские погромщики, а не идеологическая слепота. В конце Лютов уже тронут ностальгией по культуре и традициям своих предков и спрашивает Гедали, где он может почувствовать вкус еврейской субботы и еврейского Бога — но уже слишком поздно, местечко разрушено, и Гедали идет в синагогу помолиться один.

Отчуждение и самоидентичность в «Моем первом гусе»

Конфликтное «я» Лютова, разрывающееся между своими корнями в умирающем еврейском прошлом, с одной стороны, и внешним миром казачьего коллектива и коммунистического будущего, с другой, нигде не показано так отчетливо с точки зрения пространственного моделирования текста, как в рассказе «Мой первый гусь». Эта дилемма была типична для молодого поколения русскоязычных светских евреев начала XX века, которое перед лицом погромов и дискриминации обращалось либо к растущему еврейскому национальному возрождению, либо к одному из революционных движений. Одновременное влечение к чувственному нееврейскому миру и моральное отвращение к его убийственной аморальности и антисемитизму выражаются в бинарной оппозиции «свой — чужой», связанной соответственно с противоположенными *открытым* и *закрытым* пространствами. Как и в рассказах о детстве в Одессе (в цикле «История моей голубятни»), еврейский интеллектуал разрывается между открытым миром природы и сексуальности, с одной стороны, и закрытым миром еврейского прошлого, разрушенного погромами, войной и революцией, — с другой. Из этого мира он постоянно вырывается на свободу, но к нему же испытывает ностальгическое влечение — это типичная дилемма еврейского интеллектуала после Гаскалы.

В конармейском рассказе «Моем первом гусе» комдив Савицкий, мощное и чувственное тело которого рассекает избу, предупреждает Лютова, что таким очкарикам, как он, можно рассчитывать на перерезание горла. Однако эта смертельная угроза его идентичности как интеллектуала и еврея не мешает Лютову испытывать притяжение к возвышающемуся над ним телу комдива Савицкого, странным образом феминизированному, как бы усиливающему парадокс эротической связи власти, отношения между буйными казаками и выхолощенным евреем: «От него пахло недосягаемыми духами и приторной прохладой мыла. Длинные ноги его были похожи на девушек, закованных до плеч в блестящие ботфорты» (Детство: 129). В казачьем пространстве Лютов воспринимает себя как кастрированного еврея. Ему придется преодолеть гуманистические угрызения совести еврейского интеллектуала, если он хочет принять вызов Савицкого и быть принятым среди казаков. Демонстрация Савицким своей мужской силы (удары кнутом по столу и отдача приказа с угрозами командиру), а также издевательство над Лютовым, дают понять, что тест на принятие будет сексуальным. Савицкий приказывает интенданту найти Лютову постой и доставить ему «всякое удовольствие, кроме переднего» — непристойный каламбур на тему фронтового продовольственного пайка.

Культурная и этническая амбивалентность еще более подчеркивается жертвой, которую Лютов должен принести во имя своей дружбы с казаками. Устраиваясь в деревне на ночлег, он слышит обращенные к нему слова: «А испорть вы даму, самую чистенькую даму, тогда вам от бойцов ласка» (Детство: 130). Совершенное затем Лютовым убийство молодой белой гусыни выступает здесь в качестве символического акта «порочения» девушки. Такой акт представляется грубым разрушением еврейского морального кода. Лютову надо решить, казак ли он или еврей.

Умирающее солнце и желтая дорога не успокаивают. Неграмотные казаки приветствуют Лютова, выбрасывая со двора его чемодан с рукописями — знак его чужой идентичности, как и очки. По иронии судьбы, после этого импровизированного символического изгнания из казачьего пространства рассказчик подчеркивает неуместность Лютова как еврея и интеллигента, заставляя его подчеркивать собственную деградацию и восхищаться лицом молодого крестьянского парня, делающего в его адрес непристойные жесты. Голод и одиночество Лютова обостряют ощущение инаковости. Дым от казачьего котла, в котором казаки варят некошерную свинину, уподобляется дыму из деревенского дома: «она дымилась, как дымится издалека родной дом в деревне» (Детство: 131). Таким образом, оппозиция между отвергнутой Лютовым этнической идентичностью и казачьим этосом, к которому он стремится, пространственно распределяется по этническим и этическим областям. Убийство гуся представляет собой пародию на кошерный забой (*шхита*).

Однако приверженность Лютова коммунистическому будущему, синекдохально упомянутая в обращении Ленина ко Второму Коминтерну, также находится в противоречии с системой ценностей казачьего пространства. Лютов следует предыдущему совету интенданта «испортить даму», если он хочет, чтобы его приняли казаки. Насилие символично: он втаптывает в навоз девственную белую шею гуся и закалывает сексуализированный символ хозяйки «чужой шашкой». Хозяйка, жертвой Лютова, сама полуслепая и носит очки, которые отождествляют образованного интеллигента с жертвой: и Лютов, и хозяйка принадлежат неказачьему, закрытому миру. Лишь когда он ведет себя как казаки, убивая, ругаясь и ударяя женщину в грудь, они ритуально принимают его в свое общество. Они сидят вокруг своего котла, как жрецы, и приглашают его поесть вместе с ними, пока хозяйка готовит гуся, и прочитать казакам речь Ленина в «Правде»:

> Я читал и ликовал и подстерегал, ликуя, таинственную кривую ленинской прямой.
> — Правда всякую ноздрю щекочет, — сказал Суровков, когда я кончил, — да как ее из кучи вытащить, а он бьет сразу, как курица по зерну.
> Это сказал о Ленине Суровков, взводный штабного эскадрона, и потом мы пошли спать на сеновал. Мы спали шестеро там, согреваясь друг от друга, с перепутанными ногами, под дырявой крышей, пропускавшей звезды. Я видел сны и женщин во сне, и только сердце мое, обагренное убийством, скрипело и текло (Детство: 132).

Лютова казаки приняли в свое семейное пространство, в свой сексуальный коллектив, но совесть еврея-интеллигента нечиста, он предал основные нравственные принципы гуманности.

Только тогда молодой казак, который первым вульгарно оскорбил рассказчика, позволяет ему вернуть себе роль очкастого интеллигента и прочитать им речь Ленина на втором конгрессе Коминтерна. Эту речь, подчеркивавшую роль Третьего Интернационала во всемирной борьбе за коммунизм (а советско-польская война должна была стать первым этапом экспорта большевистской революции), читали во всех экземплярах «Правды», доходивших до военного фронта. В данном случае казаки готовы признать роль интеллектуала в передаче слов Ленина только

Илл. 22. Две версии карикатуры Бориса Ефимова, основанной на рассказе «Мой первый гусь»; правая была опубликована в: Литературная газета. 11.11.1932. С. 1

после того, как он скомпрометировал свою собственную этику; только идеологизированный, преданный читатель-большевик смог бы не почувствовать неприемлемость этого акта морального и физического насилия[3]. Более того, контекст публикации рассказа в «ЛЕФ» Маяковского, в номере, где были напечатаны статьи, восхваляющие язык Ленина, превращает рассказ в пародию на правильное идеологическое представление роли Ленина [Avins 2005a][4], подрывая тем самым роль Лютова как марионеточного представителя режима.

Когда Лютов превозносит оксюмороническую «таинственную кривую ленинскую прямую» (Детство: 132), казаки позволяют

---

[3] О «грязной этике» «Моего первого гуся» см. [Vinokur 2008: 60–92].

[4] О политическом и идеологическом контексте Советско-польской войны см. [Davies 1972]. См. выше о «линии» и «цвете».

ему спать с ними, переплетя ноги и согревая тела друг друга[5]. Однако за принятие мужских связей приходится платить. Как говорит нам последняя строка, в глубине души он не может принять казачьи порядки. Казачий мир остается нравственно и топографически не своим, и рассказ заканчивается отголоском во сне рассказчика того, как он сдавил гусиную шею: «Я видел сны и женщин во сне, и только сердце мое, обагренное убийством, скрипело и текло» (Детство: 132). Несмотря на сексуальную и социальную общность казаков, рассказчик не может заглушить в себе моральный еврейский голос, и хотя он и приобщился к еде и телам казаков, совесть его кричит словами, напоминающими звук гусиной шеи, которую он растоптал («треснула и потекла»). Его сердце отяжелено моральным предательством ценностей еврейского внутреннего мира — оно кровоточит от кровопролития, которое он совершил, и ноет из-за его соучастия в более масштабных изнасилованиях и убийствах вокруг него.

Этническая самоидентичность и этическая дилемма

В следующем рассказе, «Рабби», Лютов возвращается в замкнутый еврейский мир и встречает своего духовного брата, свое альтер эго Илью Брацлавского, пытающегося соединить еврейский мессианизм с коммунистической революцией (об этом — в четвертой главе). Описание комнаты рабби весьма амбивалентно, в отличие от описания житомирского рабби в дневнике Бабеля, и отражает послереволюционное отношение ассимилированного Лютова к своей еврейской идентичности. Следуя пророческой оценке Гедали о вечном выживании хасидского движения и еврейского народа в условиях всеобщего разрушения, Лютов входит в длинный каменный дом рабби, который он называет холодным и пустым, как морг. Сцена, предстающая перед его глазами, соответствует характеристике еврейского пространства как безжизненного, фальшивого и гротескного. Но именно самоидентифи-

---

5   По мнению Джо Эндрю, это указывает на гомоэротизм, что предполагает совершенно иную интерпретацию финала [Andrew 1989].

кация с еврейским пространством опровергает притворную враждебность Лютова. За окном — хаотичная, кровавая реальность истории, которую отрицало это устарелое еврейское пространство, и враждебный казачий мир, который ему непосредственно угрожает: «За окном ржали кони и вскрикивали казаки. Пустыня войны зевала за окном» (Детство: 135). Рабби благословляет субботний хлеб (очевидно, вместо недоступного вина) и восхваляет Бога Израиля за выбор еврейского народа — жертв, чьи страдания в реальности за окном слишком очевидны. Тем не менее внутреннее еврейское пространство пронизано амбивалентностью христианских ассоциаций: «евреи, похожие на рыбаков и на апостолов»; «с чахлым лицом монахини»; «за трапезу». Рассказ заканчивается тем, что Лютов делает выбор — оставляет умирающее еврейское пространство ради ярких огней агитпоезда и работы в пропагандистской газете «Красный кавалерист». Сопоставление двух пространств не могло быть более контрастным, но нельзя не заметить и той отстраненной иронии, с которой показан выбор Лютова[6].

Диалектика дилеммы еврейского интеллектуала продолжается в начале следующего рассказа, «Путь в Броды», с меланхолической литании Лютова. Он чувствует угрызения совести, видя «хронику обыденных зверств». Текст умалчивает, о чем именно идет речь. Единственные «зверства», упомянутые в рассказе, — это разорение пчелиных ульев (см. записи в дневнике от 31 августа 1920 года. Собрание сочинений, 2: 322–223). Однако известно, что речь идет о расстреле пленных, как свидетельствуют рассказы «Эскадронный Трунов» и «Их было девять», а также запись в дневнике от 30 августа 1920 года (Собрание сочинений, 2: 321).

За день до того, как Бабель написал в дневнике о своем горе по поводу уничтожения улья и в целом разрушений войны, он стал свидетелем резни пленных, запись о которой сделана 30 августа 1920 года. Пленных поочередно раздевают, потому что большевики не могут выделить офицеров. Один из них — хромой, перепуганный, лысый еврей, вероятно офицер. Солдаты хотят их всех

---

6   О двойной лояльности Лютова см. [Эвинс 1995; Левин 2010].

перебить, но командир эскадрильи видит возможность сбежать с частью одежды пленных. Путиловский рабочий в ярости грозится порубить всех гадов (Собрание сочинений, 2: 321). Память об этой резне легла в основу рассказа, никогда не публиковавшегося при жизни Бабеля, «Их было девять», название которого появляется в этом дневниковом отчете. По сюжету рассказчик сталкивается с заключенным-евреем, который взывает к их этническому родству и умоляет его спасти.

> Девяти пленных нет в живых. Я знаю это сердцем. <...> Всего вышло девять номеров. И четвертым из них был Адольф Шульмейстер, лодзинский приказчик, еврей. Он притирался все время к моему коню и гладил мой сапог трепещущими нежащими пальцами. Нога его была перебита прикладом. От нее тянулся тонкий след, как от раненой охромевшей собаки, и на щербатой, оранжевой лысине Шульмейстера закипал сияющий на солнце пот.
> — Вы Jude, пане, — шептал он, судорожно лаская мое стремя. — Вы — Jude, — визжал он, брызгая слюной и корчась от радости.
> — Стать в ряды, Шульмейстер, — крикнул я еврею, и вдруг, охваченный смертоносной слабостью, я стал ползти с седла и сказал, задыхаясь: — Почем Вы знаете?
> — Еврейский сладкий взгляд, — взвизгнул он, прыгая на одной ноге и волоча за собой собачий тонкий след. — Сладкий взгляд Ваш, пане...
> Я едва оторвался от предсмертной его суетливости. Я опоминался медленно, как после контузии (Собрание сочинений, 2: 212–213).

Такое отчуждение от самого себя принимает самую острую форму в описании отношения казачьего парня к изнасилованной еврейской женщине в рассказе Бабеля «У батьки нашего Махно» (1924). Кикин больше интересуется своими перспективами в партизанском отряде и дурачествами, чем чувствами еврейки Рухле; ее позиция совершенно заглушена. Однако суждением читателя манипулируют с самого начала, когда рассказчик заявляет, что хотел увидеть, как выглядела женщина, изнасилованная шестью людьми Махно, и начинает описывать ее как животное, сравнивая ее пахучее, тучное тело с плодородной землей Украины:

> Это была толстуха с цветущими щеками. Только неспешное существование на плодоносной украинской земле может налить еврейку такими коровьими соками, навести такой сальный глянец на ее лицо. Ноги девушки, жирные, кирпичные, раздутые, как шары, воняли приторно, как только что вырезанное мясо (Собрание сочинений, 3: 113–314).

Эта аморальная отстраненность (достойная «Нормандской шутки» Мопассана) усваивает точку зрения преступника, но не язык солдат-крестьян. Беспристрастный взгляд вуайериста — это взгляд, который Бабель использовал, чтобы исследовать свое увлечение человеческой природой в рассказе 1915 года, позднее озаглавленном «В щелочку», или в другом рассказе времен Гражданской войны, «Старательная женщина». Однако вместо эротического возбуждения «У батьки нашего Махно» вызывает лишь моральное возмущение.

Этическая дилемма здесь разделяет преданность рассказчика своему народу и своим товарищам. Обреченный узник обращается к нему как к своему соплеменнику-еврею, который отрицает свою идентичность, но не может сопротивляться своей идентификации. С другой стороны, его еврейская гуманитарно-этическая позиция становится очевидна, когда командир эскадрильи Горлов, русский с Путиловского металлургического завода, руководствуется своим чувством пролетарской справедливости и отвергает настойчивые требования рассказчика следовать приказам Троцкого об отправке военнопленных в штаб для допроса. Ясно, что настолько прямое изображение расщепленной лояльности не могло быть реализовано в «Конармии», где дилемма лежит в стороне от сложной фигуры Лютова.

В рассказе «Эскадронный Трунов» после похорон эскадронного как героя Селиверстов встречает Лютова (который облегчал свое горе скитанием по городу Сокаль и вообще вел себя как посторонний) и обвиняет его в несправедливости по отношению к Трунову. Однако Лютов может сказать лишь то, что у Трунова «нет больше судей в мире», и он «последний судья из всех» (Детство: 190). Далее он рассказывает историю своей ссоры с Труновым из-за отказа Лютова вычеркнуть из списка расстрелянного пленного. Как и в рассказе «Их было девять», Андрей хочет сбежать с одеждой пленных, что вызывает ярость командира на такое «предательство». Однако, столкнувшись с твердым решением Трунова пожертвовать собой ради спасения эскадрона от американских самолетов и с готовностью Андрея Восьмилетова умереть вместе с ним, Лютов не может оправдаться перед казакам. Но если мы прочтем эту историю как переработку рассказа «Их было девять» и сравним с реальным расстрелом пленных, на котором она основана, мы сможем лучше понять стирание собственной личной дилеммы Лютова, делая столкновение еврейских интеллектуальных ценностей с казачьими еще более суровым и непримиримым, но также неразрешимым в силу невозможности выбора между верностью делу и принципами, не выдерживающими испытания смелостью в бою.

Лютов, по сути, является вымышленной личностью, представляющей собой фигуру отчуждения, весьма отличную от автора дневника с советско-польского фронта, даже если Бабель действительно притворялся русским и взял тот же псевдоним — Кирилл Васильевич Лютов. Очевидно, что Бабель никогда не хотел быть казаком, и его прикрытие русской идентичностью не обмануло местных евреев. И все же Лютов представлял собой ироничное составное изображение еврея на коне, который не мог видеть, насколько обманчив был идеал соединения коммунизма и еврейского мессианства. Это заблуждение стало слишком очевидным в ретроспективе, когда Бабель готовил рассказы к публикации в 1923–1924 годах.

Бинарная оппозиция, заложенная в повествование «Конармии», определяет диалектику на протяжении всего цикла. Ценности и характеристики казачьих сказителей идеологически и этнически враждебны ценностям замкнутых территорий, с которыми они ассоциируют интеллигента в очках, еврея, который не воюет, писаку-теоретика и администратора. По этой логике Балмашев в «Соли» (Детство: 173) думает о большевистском вожде Ленине как о, возможно, коммунисте-еврее, а о Троцком, военном комиссаре и еврее, как о сыне тамбовского губернатора, перешедшем на сторону пролетариата! Это была, кстати, обычная путаница, как прокомментировал Троцкий прочитанный рассказ Бабеля [Троцкий 1991: 346].

Первое издание «Конармии» (1926) заканчивается отождествлением Лютова со своим альтер эго, Ильей Брацлавским, который пытался — и потерпел неудачу — соединить иудаистские ценности с коммунизмом, романтику с убийством. Диалектика оканчивается без разрешения, и неясно, преодолеет ли Лютов свои слабости или его идеал изначально обречен. Тем не менее именно у этого еврея-коммуниста Лютов черпает вдохновение для буйного воображения, бушующего в его «древнем» еврейском сознании. Однако в более позднем рассказе «Аргамак», добавленном к изданиям «Конармии» в 1933 году, рассказчик учится ездить на лошади с казаками, не вызывая у них враждебности, но лишь до того, как он разозлит их желанием жить без врагов.

В рассказах Бабеля рассказчик постоянно стремится вырваться из удушающих рамок своего родного еврейского мира, навязанного территориальными, экономическими и социальными ограничениями царской черты оседлости. Эта тема бегства из еврейского местечка является излюбленной темой еврейской литературы после светского еврейского просвещения XIX века (Гаскала), но зачастую безопасного и надежного пути к бегству нет, несмотря на решение, предлагаемое сионизмом. Еврей, оторвавшийся от своих корней внутри еврейского дома, остается аутсайдером, которому нет места в нееврейском обществе. Подобно тому как юноша в рассказе Бялика «За забором» («Меахорей гагадер», 1909) тянется в царство природы, к нееврейской Маринке за запретной оградой, мальчик в рассказе Бабеля «Пробуждение» жаждет бегства за закрытые границы, в открытое пространство нееврейского мира, чтобы оставить свою скрипку ради уроков природы: «В детстве, пригвожденный к Гемаре, я вел жизнь мудреца, выросши — стал лазать по деревьям» (Детство: 71). Мальчик борется с водобоязнью, вызванной, по его словам, наряду с книжностью и эмоциональной истерией, замкнутой городской еврейской жизнью; он хочет искупаться, вырваться из традиционного закрытого еврейского мира во внешний, незнакомый нееврейский мир природы. Мы видели, как этот конфликт с ироничной двусмысленностью разрешается в «Карле-Янкеле», и выбор, сделанный многими советскими еврейскими интеллектуалами, вел к пути аккультурации, начатому еще до Октябрьской революции — процессу, завершившемуся исчезновением традиционного еврейского мира после революции и Гражданской войны. Утрата еврейской групповой идентичности во имя политической солидарности и идеологического принятия не всегда была лишена ностальгического взгляда в прошлое, хотя разрыв был уже окончательным.

Советский роман о Гражданской войне

В советской литературе 1920-х годов роман о Гражданской войне характеризовался прежде всего непосредственностью живого опыта, передаваемого через фрагментарные эпизоды, которые отражали хаос беззакония и фактическую невозможность понять происходящее, хотя и с ретроспективной точки зрения окончательной победы большевиков. Легендарный коммунистический герой знал, что сила и мощь, а также обращение к жажде мести крестьян и казаков с большей вероятностью помогут выиграть сражения, чем идеология. Классовое сознание, которого требовали жесткие критики-марксисты при изображении революционных героев, не всегда было заметно в изменчивой, но все более гнетущей атмосфере середины 1920-х годов. В 1925 году партия заявила о своем нежелании вмешиваться в литературные споры, предоставив РАППу свободу действий в отношении «попутчиков», таких как Бабель [Matthewson 1975: 179–182].

«Конармия» появилась в ряду других романов о Гражданской войне, в которых также были изображены конфликтующие интеллектуалы[7], и ее графическое изображение явно бессмыслен-

---

[7]   См. [Maguire 1968: 327–348; Перцов 1927].

ного насилия, совершаемого во имя большевистской революции, едва ли было уникальным. Однако ирония и повествовательная дистанция Бабеля затрудняли определение его идеологической позиции; модернистскую отстраненность, с которой представлены у него шокирующие сцены, нельзя назвать «революционным романтизмом» [Peppard 2007][8]. Это была позиция литературного вуайериста, чей модернистский стиль поверг читателя в шок. Если поставить его сочинения рядом с классикой советской прозы 1920-х годов, то художественные и идеологические различия становятся очевидными. Воронский, выдающийся советский критик, публиковавший произведения Бабеля и других «попутчиков» в своем журнале «Красная новь», после прочтения первых рассказов «Конармии», вышедших в Москве, заметил, что его поразило их отличие от экспериментальной прозы русских романов о Гражданской войне. Бабель, утверждал он, улавливал суть сцены во всей ее реальности, с толстовским чувством живости, пропитанным глубоким пониманием мира, но придавал ей эпическое качество, которое было очень современным [Воронский 1925: 102–105]. Воронский, вероятно, прав в том, что диалектная речь и фрагментарный импрессионизм, которые мы обнаруживаем в «Бронепоезде 14–69» Всеволода Иванова (1922), не подошли бы целям Бабеля. Рассказ Иванова о грубых сибирских крестьянах, сражающихся с Колчаком и японскими повстанцами, был типичным для восходящего к Золя натурализма, который был тогда в моде и которого, по мнению Воронского, Бабель избегал. Но у Иванова бесстрастный перечень частей тела, растекающихся по аккуратно отутюженной форме, создает тот шок, которого Бабелю удается добиться в собственном отстраненном повествовании, тем более эффектном, что он заключен в напряженный лиризм:

> Ночь летела ко мне на резвых лошадях. Вопль обозов оглашал вселенную. На земле, опоясанной визгом, потухали дороги. Звезды выползли из прохладного брюха ночи,

---

[8] См. также [Marder 1973–1974; Stine 1984; O'Connor 1963: 187–201].

и брошенные села воспламенялись над горизонтом. Взвалив на себя седло, я пошел по развороченной меже и у поворота остановился по своей нужде. Облегчившись, я застегнулся и почувствовал брызги на моей руке. Я зажег фонарик, обернулся и увидел на земле труп поляка, залитый моей мочой. Она выливалась у него изо рта, брызгала между зубов и стояла в пустых глазницах. Записная книжка и обрывки воззваний Пильсудского валялись рядом с трупом. В тетрадке поляка были записаны карманные расходы, порядок спектаклей в краковском драматическом театре и день рождения женщины по имени Мария-Луиза. Воззванием Пильсудского, маршала и главнокомандующего, я стер вонючую жидкость с черепа неведомого моего брата и ушел, сгибаясь под тяжестью седла (Детство: 198).

Лиризм описаний природы здесь и в подобных отрывках подчеркивает невидимую опасность, возникающую из тьмы, и невыносимую бесчеловечность войны как ее видит Лютов, который, дистанцировавшись от своих близких встреч со смертью, должен справиться с бременем своего собственного соучастия, помимо усталости и отчаяния.

В «Разгроме» Фадеева (написанном в 1925–1926 годах и опубликованном в 1927 году) также присутствует еврейский командир красной партизанской роты Осип Абрамович Левинсон, но он не страдает от внутренней борьбы Лютова. На самом деле его еврейство совершенно незаметно, как и в случае со многими убежденными коммунистами-евреями. Левинсон — образцовый коммунистический руководитель, который передает свой жизненный опыт подчиненным и подавляет собственные слабости. Проницательный и хладнокровный, он пленяет глубокими омутами своих глаз угрюмого, непокорного бывшего шахтера Морозку, и хотя он не позволяет чему бы то ни было отвлекать себя от поставленной задачи и не гоняется за женщинами, он тем не менее может быть теплым и человечным в отношениях внутри отряда:

С той поры как Левинсон был выбран командиром, никто не мог себе представить его на другом месте: каждому казалось, что самой отличительной его чертой является именно то, что он командует их отрядом. Если бы Левинсон рассказал о том, как в детстве он помогал отцу торговать подержанной мебелью, как отец его всю жизнь хотел разбогатеть, но боялся мышей и скверно играл на скрипке, — каждый счел бы это едва ли уместной шуткой. Но Левинсон никогда не рассказывал таких вещей. Не потому, что был скрытен, а потому, что знал, что о нем думают именно как о человеке «особой породы», знал также многие свои слабости и слабости других людей и думал, что вести за собой других людей можно, только указывая им на их слабости и подавляя, пряча от них свои [Фадеев 1928: 56–57].

Даже в конце, когда в белоказачьей засаде выживают только 19 бойцов, а Бакланов убит, Левинсон сдерживает слезы, поскольку знает, что нужно жить и исполнять свои обязанности. Это Мечик, городской интеллектуал, охваченный сомнениями, с самого начала вызывает негодование Морозки, поскольку он один из тех образованных «чистых людей», которых тот не понимает и которым не доверяет. Хотя Морозка спасает жизнь Мечика, когда тот остается раненый в поле, он испытывает к таким типам только презрение и подозревает, что у Метчика роман с его женой, медсестрой Варей. Мечик, как и Лютов, не умеет ездить верхом, но это потому, что он небрежно относится к своей лошади. Он также боится битвы, но в случае с Мечиком это происходит скорее из-за его неспособности доказать свою мужественность и стать бойцом, чем из-за угрызений совести по поводу убийства или отчаяния в отношении бессмысленного насилия революции. Понятно также, что Фадеев по сравнению с Бабелем больше симпатизирует грубым, недисциплинированным крестьянам и шахтерам, связанным трайбализмом, а не политикой, и разделяет их ностальгию по простой и трудолюбивой жизни деревни, вспоминая о красках и оттенках пасторального пейзажа, пронзительном хихиканье женщин и напряженном сборе урожая, который продолжается, несмотря на войну.

Даже когда он не знает, как действовать, Левинсон внушает страх и уважение, однако он остается посторонним, и к его грабежу крестьянского зерна и продуктов относятся так же, как к воровству дынь Морозки [Фадеев 1928: 110–111]. Левинсон даже рад, что не увидел пьяного Морозку (в романе Фадеева нет Прищепы, мстящего за свою семью). Однако иногда кажется, что терзания Лютова в конфликте между гуманными ценностями и желанием вступить в казачество, как в «Моем первом гусе», находит параллель в полярности Левинсона и Мечика: Левинсону приходится преодолевать собственные сомнения и усталость, поскольку он должен доказать свою способность спасти боевой отряд и накормить своих людей, а безвольный и трусливый Мечик не может смириться с убийством Фролова или свиньи корейского фермера; он по-прежнему возмущен неизбежной жестокостью революционной войны и расстроен своим бессилием [Фадеев 1928: 112–117]. Левинсон, в отличие как от Мечика, так и от Лютова, уже давно склонился на сторону правого дела и оставил далеко позади тощего маленького еврейского мальчика, которым он когда-то был, уже не увлекаясь обещаниями духовного спасения и не предаваясь ностальгии по местечку [Фадеев 1928: 147–148]. Мэтьюсон предполагает, что одиночество и физическое уродство Левинсона связаны с его еврейством: он — одинокий руководитель, обособленный от своих людей, который не может себе представить, что у него есть собственная жизнь, и не может, вопреки своему обманчивому самоконтролю, догадаться, что он слишком несчастен, чтобы знать, что делать [Matthewson 1975: 192]. Его авторитет основан на проявлении его воли, а не на идеологических убеждениях, и на его бескомпромиссной вере в ленинское видение нового типа человечества, которое очерняло старый, слабохарактерный гуманизм как препятствие на пути строительства нового мира. В отличие от Лютова, моменты слабости Левинсона, его изнеможение и отчаяние перед окончательным отступлением в конце, подчеркивают человеческое измерение выживания девятнадцати и жертву, делающую возможной шаблонную перспективу светлого будущего в конце романа [Matthewson 1975: 198–199].

В «Комиссарах» одессита Ю. Н. Либединского (1926) Иосиф Миндлов представляет собой аналогичный пример еврейского коммуниста, который жертвует ради дела своими чувствами, несмотря на смерть жены, так что его не смущает идеологическая неразбериха. В «Чапаеве» Фурманова (1923) нет той убежденности в деле большевиков, несмотря на постоянные упоминания тяге крестьян к анархии, которую требовалось подавить, или о том факте, что некоторые из лучших борцов за революцию были расстреляны красноармейцами. Плохая координация между хлебозаводами и голодающими промышленными городами, грабежи, изнасилования и общее отсутствие руководства — все это хорошо отмечено в дневнике политруком Клычковым (автобиографическим альтер эго самого Фурманова), но эти отклонения всегда рассматриваются в довольно благоприятной перспективе, поскольку исправляются твердой рукой партии. Действительно, проступки Красной армии ничтожны по сравнению с жестокими злодеяниями офицеров Колчака и их политикой выжженной земли. Местное население обычно радостно приветствует своих красных освободителей, особенно уфимские евреи, которые жалуются на плохое обращение с ними со стороны белых и клянутся присоединиться к большевикам, если им придется отступить. Не подлежит сомнению коллективная воля к победе над белыми, и солидарность красных добровольцев, включая киргизских мусульман, ради спасения Советской России всегда остается неоспоримой. Все это, попросту говоря, вопрос политической работы в массах; по сути, роман Фурманова иллюстрирует успех пропаганды как политического оружия и декларирует веру в ее эффективность для изменения социального поведения, а также для пресечения «ошибок» и «недостатков», чтобы достигнуть полного политического контроля над анархическими силами, развязанными революцией. В «Конармии» ни один из политических комиссаров, похоже, не имеет никакого влияния на неграмотных крестьян и казаков, а работа Лютова во фронтовой газете и агитпоезде служит главным образом контрастным антиподом для его еврейского прошлого, которое его притягивает («Рабби»). Конечно, главный грех Бабеля заключался в том, что он позволил диалектике, проходящей через «Конармию», закончиться без разрешения, поскольку сомнения Лютова в оправданности насилия во имя революции, совершаемого недоученными крестьянами и казаками, так и не получают ответа.

Сопоставляя «Конармию» с «Чапаевым», поражаешься отсутствию в массах того энтузиазма по поводу большевистского дела, который так распространен в романе Фурманова и иллюстрируется письмами солдат и крестьян. Сказание Бабеля о казаках читается иронично, создавая впечатление исторического нарратива, который не всегда соответствует линии партии. У Фурманова невежество крестьян и казаков предстояло исправить путем хитрости и манипуляций политическим комиссарам типа Клычкова; оно не могло быть предметом иронии, как в «Конармии», где линия партии присваивается Павличенко или Балмашевым для своих целей и подстраивается под их менталитет[9].

Сам Чапаев представлен как своевольный, авантюрный Стенька Разин или второй Пугачев, народный герой, вышедший из социальных низов для борьбы с эксплуатацией и несправедливостью, с элементами неуправляемого крестьянского анархизма и репутацией буйного нрава. Его история вполне заурядна, как и история казачьего командира Апанасенко, по образцу которого Бабель смоделировал Павличенко в «Конармии», но она преподносится как искренняя история протеста и пробуждения политического сознания, созревшего для идеологической обработки Клычкова, даже если у него есть только общие идеи коммунизма и недоверие к интеллектуалам, а также презрение к офицерам, отдающим приказы в штабах. В этих местных легендах просматривается идеализм первых дней большевистской борьбы, и победа достается таким упорным комиссарам, как Клычков, которые заставляют себя преодолеть свою первоначальную брезгливость и трусость, чтобы использовать военные навыки и лидерские качества Чапаевых. Без Чапаевых массы за ними не пошли бы. Таким образом, можно понять гневное смятение, которое испытал Буденный, встретив в первых рассказах «Конармии», вышедших в 1923–1924 годах, самого себя, изображенного отнюдь не эпическим героем. Например, в журнальной публикации рассказа «Комбриг 2» Буденный изображен курящим с закрытыми глазами и игнорирующим настойчивые донесения

---

[9]   См. [Gorham 2009].

о наступающей польской кавалерии (Детство: 374–375); в другом месте Бабель отмечает недостаток продовольствия и вооружения.

Единственные революционные герои, не охваченные сомнениями в «Конармии», — это безнадежные идеалисты Илья Брацлавский и Сидоров (убежденный анархист в «Итальянском сиянии»), а также коллега Лютова по «Красному кавалеристу» косоглазый Галин в «Вечере», который не терпит еврейских интеллектуалов в очках. Ухаживая за Ириной, безответной любовью Галина, Василий в бесконечных деталях объясняет повороты истории и хитросплетения партийной доктрины, оправдывая кровавое насилие революции (позже эта отсылка была удалена). Рассказ завершается описанием Галина, которое любопытным образом противоречит началу пародийно-героического прославления партийного устава за то, что он проложил стремительные рельсы сквозь кислое тесто русских повестей и отправил на агитпоезде сомнительных сотрудников с «лицами рязанских Иисусов» (Детство: 174). Отсутствующая в более поздних изданиях, концовка уподобляет партийного работника Галина Иисусу на кресте: «Веко его билось над бельмом, и кровь текла из разодранных ладоней» (Детство: 177). Кажется, что отстраненный рассказчик, подобно Аполеку, желает сакрализировать эти гротескные фигуры в иронической инверсии истории и мифа (как мы видели в четвертой главе), но рассказчик не дает никакого ключа к своей идеологической позиции. Зато его привлекает загадочность казачьих героев, таких как Колесников, Савицкий или Трунов, чьим мастерством он так восхищается, хоть и видит насквозь мотивацию людей, которые следуют за ними.

Уже в своем дневнике 1920 года Бабель выражал серьезные сомнения в оправданности насилия, а также ясно видел разрыв между идеологией и практикой на местах, между отдаваемыми приказами и воровством, дикостью казаков:

Что такое наш казак? Пласты: барахольство, удальство, профессионализм, революционность, звериная жестокость. Мы авангард, но чего? Население ждет избавителей, евреи свободны — приезжают кубанцы... (21.VII.20. Пелча — Боратин. Собрание сочинений, 2: 252).

Описать ординарцев — наштадива и прочих — Черкашин, Тарасов, — барахольщики, лизоблюды, льстецы, обжоры, лентяи, наследие старого, знают господина (Белев. 13.VII.20. Собрание сочинений, 2: 237).

Получен приказ из югзапфронта, когда будем идти в Галицию — в первый раз сов[етские] войска переступают рубеж — обращаться с населением хорошо. Мы идем не в завоеванную страну, страна принадлежит галицийским рабочим и крестьянам и только им, мы идем им помогать установить сов[етскую] власть. Приказ важный и разумный, выполнят ли его барахольщики? Нет (Новоселки — Мал[ый] Дорогостай. 18.VII.20. Собрание сочинений 2: 245).

Здесь, как и в «Эскадронном Трунове», нет осуждения, поскольку сам Лютов (в глазах казаков) скомпрометирован за свою неспособность пожертвовать собой, подобно этим революционным героям, при всех их недостатках. Как мы видели, Лютов вынужден признать двусмысленность своей нравственной позиции по сравнению с самоуверенностью и сильной волей казаков, с которыми он себя сравнивает. В этом Лютов так же очарован мистикой казачества, как Оленин в «Казаках» Толстого, но и Толстой, и Бабель выходят за рамки мифа о казачьем этосе и знают, что он недостижим [Carden 1972: 127–128]. Когда Горький защищал Бабеля от идеологической критики, он упускал из виду толстовскую по духу иронию в том, что Лютов не может стать казаком [Горький 1928б].

Проявление Лютовым моральной слабости в «Смерти Долгушова» контрастирует, без авторских комментариев, с убийством из милосердия Афонькой Долгушова, внутренности которого вываливаются в предсмертной агонии. Афоньку выводит из себя трусость Лютова, которую он принимает за неспособность очкастого интеллигента сострадать казакам вроде него. Однако Лютова, похоже, больше беспокоит утрата дружбы с Афонькой, чем неспособность быть казаком:

—Афоня, — сказал я с жалкой улыбкой и подъехал к казаку, — а я вот не смог.
— Уйди, — ответил он, бледнея, — убью. Жалеете вы, очкастые, нашего брата, как кошка мышку...

И взвел курок.
Я поехал шагом, не оборачиваясь, чувствуя спиной холод
и смерть.
— Вона, — закричал сзади Грищук, — не дури! — и схватил
Афоньку за руку.
— Холуйская кровь! — крикнул Афонька. — Он от моей
руки не уйдет...
Грищук нагнал меня у поворота. Афоньки не было. Он уехал
в другую сторону.
— Вот видишь, Грищук, — сказал я, — сегодня я потерял
Афоньку, первого моего друга... (Детство: 144).

Идентификация Лютова с казачьими воинами оказывается
разоблачена как заблуждение, и именно жертва очкастого интеллигента, Грищук, удерживает смертоносную руку Афоньки
и предлагает Лютову мирное приношение в виде яблока — дар,
который Лютов принимает (хотя это было вычеркнуто из рассказа, чтобы он не закончился признаками примирения, сожаления или почтения к простоте души Грищука). Позже в «Конармии»
Лютов вновь выступает в роли миролюбивого слабака, который
непонятным образом идет в бой с незаряженным ружьем в рассказе «После боя». После того как на него напал эпилептик
Акинфиев, которому Лютов не смог помешать, когда тот мучил
арестанта Ивана в «Иванах», Лютов молится о даровании ему
«простейшего из умений — умения убить человека» (Детство:
225). Гуманистические принципы Лютова соседствуют с врожденным чувством справедливости и моралью воина-казака, однако
позиция Лютова как политического комиссара или военного
корреспондента всегда остается неоднозначной. Является ли он
сторонним наблюдателем или соучастником? У читателя нет
морального компаса, который мог бы сориентировать его в сценах беспощадного насилия или шокирующего поведения (как
в случае с женой покойного Шевелева во «Вдове»). Тяжесть суждения вынесена за рамки повествовательного пространства
истории.

В отличие от «Железного потока» А. С. Серафимовича (1924),
в «Конармии» нет ощущения потока вооруженных людей, ско-

ванных в единую боевую силу железной волей харизматичного руководителя. Убежденный марксист, Серафимович был одним из ведущих пролетарских писателей и сам происходил из донских казаков. Грубая проза Серафимовича запечатлела первобытный, дикий взрыв народного гнева и отчаяния в казачьей станице, перешедшей на сторону большевиков и оказавшейся в ловушке наступающих белых. В «Конармии» казаки могут быть профессиональными бойцами, но их грабежи местного населения невозможно сдержать, и ни один руководитель с железной волей не заставит массы подчиниться и не направит их мстительную ненависть на врага, как в «Чапаеве» и «Железном потоке».

Для простых масс, как и для интеллектуалов, революция высвободила таинственные и непознаваемые силы, которые перевернули их жизнь с ног на голову и сделали мир внезапно угрожающим и незнакомым. «Белая гвардия» М. А. Булгакова (написанная в 1923–1924 годах и впервые опубликованная в журнале в 1926 году) воспроизводит воображаемую реальность Киева в 1918–1919 годах, когда он вышел из-под поддерживаемого немцами правления гетмана Скоропадского и когда, среди слухов и неопределенности, по улицам бродили ужас и смерть. Как во сне, фрагментарные, не связанные друг с другом эпизоды соединяют воедино историю Турбиных, русской семьи лоялистов, вовлеченных в случайные, на первый взгляд, события. В захватывающих, похожих на сон сценах воплощаются худшие страхи и фантазии главных героев.

В «Конармии» события тоже кажутся неконтролируемыми, хотя больше из-за некомпетентности и беспорядка, чем из-за странных исчезновений и необъяснимых событий. Лютов точно так же сталкивается со смертью как абсурдным и случайным прерыванием нормальной жизни, когда он бродит по полям, усыпанным трупами, спасаясь от смерти в «Пути в Броды». В «Белой гвардии» убийство еврейского коммерсанта Якова Фельдмана отрядами Петлюры, вступившими в Киев, столь же внезапно и шокирующе, как и убийство старого еврея в «Берестечке» Бабеля, и авторская дистанция не делает это событие менее неоправданным. Став пешками в борьбе, которая не принимает их во внимание, люди внезапно обнаруживают, что их предыдущая жизнь не имеет значения и бессмысленна. Остранение отражает непонимание всего происходящего с ними и может их убить. Николка, глядя на покачивающуюся вывеску дантиста и слыша, как разбивается оконное стекло, не связывает это со смертельной опасностью, в которой он находится, и не до конца понимает, что в него стреляют. Точно так же, спасаясь из Киева в 1918 году, рассказчик «Дороги» странным образом отстраняется от своей позиции еврея, когда партизаны-антисемиты садятся в поезд, отрезают пенис учителя Иегуды Вайнберга и запихивают в рот его жене. Рассказчику приходится бежать босиком, после того как его ограбили на ледяном снегу.

Модернистская проза «Конармии» передает необъяснимую эстетическую силу жестокого мира — тот кипучий момент, о котором Джозеф Конрад говорил в предисловии к «Негру с "Нарцисса"», — а сопоставление образов напоминает модернистские методы монтажа. В пародийно-эпическом описании вторжения в Польшу оранжевое солнце из «Перехода через Збруч» отражает кровавые дела смертных, подобно тому как солнце, внезапно прорвавшееся сквозь тучи во время вхождения Петлюры в город в «Белой гвардии», уподобляется чистой крови:

> От шара, с трудом сияющего сквозь завесу облаков, мерно и далеко протянулись полосы запекшейся крови и сукровицы. Солнце окрасило в кровь главный купол Софии, а на площадь от него легла странная тень, так что стал в этой тени Богдан фиолетовым, а толпа мятущегося народа еще чернее, еще гуще, еще смятеннее [Булгаков 1978: 231–232].

В странной пародии на пушкинского «Медного всадника» статуя Хмельницкого стряхивает с себя людей Петлюры и яростно скачет вдаль. Точно так же Бабель в «Конармии» иронично смотрит на связанные друг с другом колеса истории, когда Буденный следует за Хмельницким. Модернистская проза говорит о безразличии и беспощадной жестокости мира, где человеческая жизнь стоит дешево. Лиризм лишь усиливает шокирующий эффект и вносит эротический заряд (как мы видели в описании девственных полей в «Переходе через Збруч»).

Гибель от рук партизан Махно героя Гражданской войны Иосифа Когана из «Думы про Опанаса» Э. Г. Багрицкого (1926) — это мученичество, которому позавидовал в конце элегии красный солдат и которое служит примером непоколебимой лояльности и преданности делу без следа иронии и двусмысленности; первое издание бабелевской «Конармии», вышедшее в том же году, завершается смертью несостоявшегося еврейского революционера Ильи Брацлавского. В лице Когана символическое еврейское присутствие в советской литературе 1920-х годов воспринимается как «положительное», поскольку из него были смыты все следы еврейства. Упоминание недавнего опыта погромов, например в классическом произведении о Гражданской войне Н. А. Островского «Как закалялась сталь» (1935), было лишь еще одним поводом бороться с контрреволюционными силами, а не поэтическим правосудием еврея, который борется со своими бывшими врагами. Конечно, в коммунистической идеологии не было места этнической лояльности или личным кризисам идентичности. Преданность революционному делу должна была оставаться непоколебимой и полной, а от человека требовалось преодолевать любые моральные сомнения или физические слабости.

Модернизм на двух фронтах

«Огонь» Анри Барбюса (1918) и «На Западном фронте без перемен» Эриха Марии Ремарка (1928) во многом развеяли остатки идеалистического патриотизма, романтизировавшего храбрых молодых людей, которые вступали в армию, чтобы умереть, окутанные славой, за своего правителя и свою страну. Свой ироничный ответ на рассказы о доблести и славе на Западном фронте Бабель опубликовал в очерках «На поле чести» (1920). По опыт на советско-польском фронте заставил его пересмотреть свое отношение к революции и войне в целом. Убийства и разрушения происходили в районе, густо населенном евреями, страдавшими как от бомбардировок, так и от погромов со сто-

Илл. 23. Фридрих Эрмлер.
«Обломок империи»,
1929 год (кадр из фильма)

роны сменявших друг друга оккупационных армий. Это была апокалиптическая эпоха, и еврейские поэты и художники переняли как ответ на катастрофу смелые образы, в том числе образ распятия; этот образ использовался еврейскими художниками и писателями как символ страданий еврейского народа. Для Шагала и других еврейских художников-модернистов распятие стало автобиографическим заявлением о художественной и этнической идентичности на фоне современного апокалипсиса, а в «Голгофе» (1912) оно было переосмыслено как распятие еврейского народа во время погромов. Однако распятие также было распространенным апокалиптическим образом, используемым в антивоенной сатире. Георг Гросс изображает Иисуса в противогазе на кресте в эскизе «Заткнись и продолжай служить» («Maul halten und weiterdienen» 1926–1927), — образ, заимствованный Фридрихом Эрмлером в его фильме «Обломок империи» (1929), действие которого происходит в годы Гражданской войны.

Фигура Иисуса вдохновляла и Блока в «Двенадцати» на образ революционного апокалипсиса, а распятие и Голгофа превращаются в карнавал в «Облаке в штанах» Маяковского (1918).

Распятый еврей в рассказе Бабеля «У Святого Валента» служит образом кровавого насилия против евреев в царской России, которое продолжалось во время революции и Гражданской войны. Ирония заключается в том, что распятие жертвы погрома благодаря искусству Аполека по оживлению мифических фигур теперь вселяет страх в суеверных казаков:

> Я видел: человека в оранжевом кунтуше преследовала ненависть и настигала погоня. Он выгнул руку, чтобы отвести занесенный удар, из руки пурпурным током вылилась кровь. Казачонок, стоявший со мной рядом, закричал и, опустив голову, бросился бежать, хотя бежать было не от чего, потому что фигура в нише была всего только Иисус Христос — самое необыкновенное изображение бога из всех виденных мною в жизни.
>
> Спаситель пана Людомирского был курчавый жиденок с клочковатой бородкой и низким, сморщенным лбом. Впалые щеки его были накрашены кармином, над закрывшимися от боли глазами выгнулись тонкие рыжие брови. Рот его был разодран, как губа лошади, польский кунтуш его был охвачен драгоценным поясом, и под кафтаном корчились фарфоровые ножки, накрашенные, босые, изрезанные серебристыми гвоздями (Детство: 187).

В романе еврейского писателя Авигдора Гамеири «Великое безумие» («Гашигаон гагадол», 1929) венгерский унтер-офицер австрийской армии описывает настоящее распятие еврейского военнопленного на галицком фронте в Рождество, совершенное на его глазах пьяными казаками, которые мучают пленных еврейских солдат и насилуют местных еврейских женщин. Ярый антисемитизм австрийских офицеров подталкивает капитана-еврея к сионистскому разрешению кризиса его самоидентичности. Отчуждение Лютова от своей еврейской идентичности, напротив, заставляет его желать принятия со стороны людей насилия, казаков.

По другую сторону польско-советского фронта находился другой модернист, Исроэл Рабон, опубликовавший в Варшаве в 1928 году роман на идише «Улица» («Ди гас»). Рассказчик, отставной солдат, случайно получил работу в цирке, после скитаний по улицам, оголодавший и замерзший; просыпаясь от кошмаров, он вспоминает свое пребывание на советско-польском фронте. Крест — источник ужаса, от которого рассказчик всегда отшатывался в суеверном страхе. Но когда он в бреду бродит по мерзлой пустоши, он находит тепло и приют у умирающей бельгийской лошади-тяжеловоза. Убив лошадь, издающую человеческий крик, он опорожняет ее внутренности и, весь в крови, заползает внутрь мертвого животного. Только утром, к своему ужасу, он обнаруживает, что застыл на месте, раскинув руки крестом:

גאָט מיינער! איך בין געוואָרן איינגעוואַקסן אַ רויטער בלוטיקער צלם!
איך—אַ בלוטיקער, רויטער צלם, וואָס שטעקט אין דער ערד.
איך—אַ בלוטיקער צלם אויף אַ ווייס-רוסישער סטעפּע!

Боже мой! Я рос из земли, как красный, кровавый крест!
Я — кровавый, красный крест, воткнутый в землю.
Я — кровавый крест на белорусской равнине! [ראָבאָן 1928: 113; Рабон 2014]

Превратившись в ужасающий символ отрицания еврейской идентичности, распятый солдат вырывается из своего жуткого заточения, но затем понимает, что глаза мертвой лошади обвиняют его.

Модернистски буквальная метафора приваривает рассказчика к замерзшему ландшафту, не несущему какого-либо искупления, христианского или коммунистического, и роман завершается тем, что рассказчик, отчаявшийся найти работу или любовь в Лодзи, в натуралистическом финале, напоминающем Золя, спускается в угольные шахты, в то время как снег покрывает землю. Рабон выражает кафкианское отчуждение себя от мира смерти и отчаяния в манере «Голода» Кнута Гамсуна (1890). Столь же сюрреалистический опыт есть у Лютова на большевистской стороне польско-советского фронта, когда его во сне тащат на лошади к линии фронта. Ему снится эротический сон о собственной смерти, в котором таинственная Марго молится Иисусу, чтобы тот принял его душу, но когда он просыпается, он оказывается в нескольких шагах от линии фронта, рядом с крестьянином-антисемитом, наблюдающим за погромом в городе внизу и предсказывающим исчезновение еврейского народа. Ему с трудом удается выбраться, но затем, как и в «Моем первом гусе», он издевается над польской хозяйкой, чтобы заставить ее накормить себя, прежде чем ему придется бежать от польских пулеметчиков, занявших позиции в деревне. Это предчувствие смерти (как и в «Переходе через Збруч») приводит его к тому, что, став свидетелем погрома, он уже дистанцируется от своей смерти и смерти своих собратьев-евреев. И Бабель, и Рабон выражают отчаяние и поражение по разные стороны советско-польского фронта с помощью модернистских образов паралича и отчуждения, которые дистанцируют личность от любой человеческой идентичности.

Элегия Бялика жертвам Кишиневского погрома «В городе резни» («Бэир гагарига», 1904) предполагала существование некоей общинной целостности, способной пережить погромы, а Черниховский возродил исторических героев и мучеников еврейской нации. Но приблизительно 200 000 жертв массовых убийств в Украине и на юге России в 1918–1920 годах, на фоне всеобщего опустошения Первой мировой и Гражданской войн, казалось бы, исключали возможность того, что местечки вновь будут процветать. Как показал Питер Кенез, масштаб и патологическая интенсивность погромов были беспрецедентными в истории до холокоста, который придет в этот регион два десятилетия спустя [Kenez 1992][10]. Уничтожение еврейских общин в России и в Украине достигло таких масштабов, что первобытный крик атеистического нигилизма не мог выразить коллективного ужаса. Личный опыт идишского и ивритского поэта-экспрессиониста и самопровозглашенного наследника Бялика Ури Цви

---

[10] Историческую документацию см. в [Будницкий 2005; Чериковер, Шехтман 1923–1932].

Гринберга (1894–1981), относящийся к его пребыванию на серб-
ском фронте и во время польского погрома в 1918 году, принял
мифологический размах в его «Голгофе» (1920 года):

אלע אין דער פֿרי ווער איך אויפֿן ברענענדיקן רויטן צלם אױ פֿגעשלאָגן.

Каждое утро меня снова прибивают к горящему красному
распятию [גרינברג 1, 305: 1979].

Иисус у поэта присоединился к другим лжемессиям в новой
историографии еврейского народа, которая отвергла Европу как
«Царство Креста», в поэме Гринберга под таким названием, где
мертвые евреи оказываются распяты [גרינברג 1979: 472–457:][11]. Его
личный стихотворный протест «Ури Цви перед крестом» принял
на печати форму креста, как будто сам поэт переживает муки
распятия в погромах «אורי צבי פֿארן צלם» [גרינברג 1979: 432][12]. Многие отправились по призыву поэта навстречу новой судьбе
в Землю Израиля, но большинство русских евреев остались
в большевистской России или эмигрировали в Америку, как
Ламед Шапиро, который дал свой ответ на войну и революцию
в двух печально известных рассказах. Герой рассказа «Крест»
(«Дэр цэлэм», 1909) Шапиро обнаруживает, что погром буквально-
но оставил крестный след на жертве, которую насилие вырвало
из традиционного уклада местечка. «Крест» повествует о том, как
молодой революционер приобрел между глазами знак креста,
вырезанный крестьянином, когда погромная толпа ворвалась
в его дом и изнасиловала его мать. Знак между глазами — это
модернистская пародия на филактерии, являющиеся знаками
еврейской веры, «знамением между глазами», предписанным
в Библии. Примитивная жестокость, с которой знак креста вре-
зается в его плоть, знаменует его собственное превращение

---

[11] Первая публикация в еврейском журнале «Альбатрос» (Белин), № 3–4 (1923).
С. 15–24. См. [Roskies 1984: 267–274].

[12] Первая публикация в еврейском журнале «Альбатрос» (Варшава), № 2 (1922).
С. 3–4; воспроизведено в [Roskies 1984: 265].

в *баал-гуфа*, человека действия, более дикого, чем Беня Крик или бандиты с Кольской улицы Шолома Аша, которые также отвечают насилием на насилие против евреев. Он становится звероподобным существом, которое мстительно насилует свою русскую подругу-революционерку и находит катание на крыше вагонов по диким просторам Америки подходящим выражением грубой силы, которая видится ему единственным способом восстановить разрушенный мир. Модернистская тема и стиль рассказа способствовали тому, чтобы его русский перевод появился в той же послереволюционной антологии еврейской культуры «Еврейский мир», в которой Абрам Эфрос опубликовал свой призыв к еврейскому модернизму «Лампа Аладдина» рядом с иконоборческой повестью Вайсенберга о Революции 1905 года в еврейском местечке, «Местечко» («*Штетл*»)[13].

В другом рассказе Ламеда Шапиро, действие которого разворачивается в годы войны и революции, знаменитом «Белом субботнем хлебе» («Вайсэ хала», 1919), мы видим происходящее глазами сумасшедшего русского крестьянина-призывника Василия, подстрекаемого антисемитскими настроениями пропаганды и потерявшего разум вместе с тысячами своих однополчан после распада русской армии в 1917 году. Столкнувшись с белой грудью и плечами еврейской женщины, он сходит с ума от белой халы, которую когда-то попробовал, а теперь считает плотью евреев, распявших христианского бога и виновных во всех бедах России. Он нападает на женщину и кусает ее белую «халу» — хлеб и мясо, что пародирует христианское пресуществление. Шок и ужас перед осквернением высшего божественного образа (*целем элоким*) — человека — закрепляется человеческим жертвоприношением в конце рассказа. При этом мидраш о небесном алтаре, на котором приносятся в жертву погромщики, читается как пародия на божественное милосердие и справедливость. «Белый субботний хлеб» завершается кощунственной литургией кровавого жертвоприношения, приближающейся к эротическому слиянию крови преступника и жертвы:

---

[13] См. [Krutikov 2001].

אין אַ קריג, אין אַ קריג די זאַפטען פֿון לעבען געגאַנגען פֿון קערפער צו קערפער—פֿון איינעם אין צווייטען, פֿון צווייטען אין ערשטען—אין אַ קריג, אין אַ קריג. ... זיילען זיילען פֿלאָם האָבן געשטיגענען צום הימעל פֿון דער גאַנצער שטאָט. ... און די צאַרטע טיילען, שענקעל און ברוסט, האָט געקראָגנען דער כּהן.

По кругу, по кругу текли соки жизни, от тела к телу... Столбы дыма и столбы огня поднялись к небу со всего города. <...> А нежные части, бедра и груди, были долей священника [שאַפּירא 1929: 81–82].

Такой атавистический взрыв того, что нельзя назвать иначе как животной страстью, символизировал для Шапиро конечный смысл погромов; в других рассказах вместо героических актов мести еврейских революционеров фигурируют зоофилия и самоубийство. В «Поцелуе» («Дэр куш») еврей откусывает нападающему на него пальцы ног, а в другом рассказе, «Еврейское правительство» («Ди йудишэ мэлуха»), Шапиро показывает, как примитивная волна животной ненависти и насилия против евреев пробуждает еретическое восстание — модернистскую инверсию традиционных моделей искупления и мученичества. Дистанцирование рассказчика от жертвы и отождествление с убийцей напоминает рассказ Бабеля «У батьки нашего Махно», еще один опыт модернистской прозы, описывающей жестокость погромов.

Влияние погромов в Украине на еврейских писателей-модернистов остро ощущается в стихотворении Переца Маркиша «Куча» («Ди купэ», 1921). Это непристойный монтаж *акеды* («связывания Исаака»), Голгофы и возвращения Скрижалей Закона на горе Синай. Вонючая куча тел, сложенных одно на другое на рыночной площади украинского города Городище наутро после Судного дня 1920 года, затмевает все прочие образы. Евреи молились в этот святейший день еврейского календаря о божественном милосердии, но поэт не видит в окровавленных трупах следующего дня ни искупления пасхальной жертвы, ни заветной крови обрезания. Евреи, убитые во имя Иисуса, проданы, как и Иисус, за мешок сребреников:

—נעם, צלם איבער זיך און צייל זיי אויס!

א שקל פון א קאָפ,

א שקל פון א קאָפ,

[מרקיש 1921: 8]¹⁴.

Перекрестись, возница, на рассвет!
Считай их, каждого, по голове пробитой!
И сбрасывай тела под конское копыто!
О Куча черная! Кровавый мой завет! [Маркиш 2015: 14].

Неразрешимый парадокс состоит в том, что этот кадиш, написанный в стиле Маяковского, обращен к Богу, божественность которого отрицается [Wolitz 1987; Greenwald 2010]¹⁵. Маркиш отказался от многовековых мартирологических ответов на катастрофу на иврите и идише и зашел дальше насмешливого тона Бялика в его кишиневской панихиде «О резне», ибо ритуальное заклание лишено здесь всякого смысла жертвоприношения святых невинных, что выражает циничный призыв в прологе поэмы Маркиша: «Тесто хочешь ты кровавое потрогать?» [Маркиш 2015: 8]; животный жир, пролитый на алтарь, становится модернистским образом равнодушного неба. Эстетика модернизма фрагментировала мифологические тексты в новый поэтический смысл языка и бытия в постапокалиптическом мире, где, как в «Пустоши» Т. С. Элиота («The Wasteland», 1922), теология может быть как разрушительной, так и деконструктивной, как исповедной, так и отчаянной. Как показала Амелия Глейзер, черная куча тел в кощунственной скинии на рыночной площади включает нечто гораздо большее, чем просто мертвецов города Городище, где весь товар — это трупы [Маркиш 2015: 24]; весь мир перевернулся в результате разрухи, охватившей Россию и Украину в 1918–1920 годах. В «Гедали» Бабеля рыночная пло-

---

¹⁴ Другое, немного исправленное издание опубликовано *Култур-Лиге* в Киеве в 1922 году. Обложка, сделанная для этого издания Иосифом Чайковым, напоминает знаменитую «Битву белого и красного квадрата» Эль Лисицкого.

¹⁵ См. также [Roskies 1984].

щадь пуста, если не считать старых евреев в лохмотьях пророков: «Вот передо мной базар и смерть базара. Убита жирная душа изобилия. Немые замки висят на лотках, и гранит мостовой чист, как лысина мертвеца» (Детство: 125). Экономическая жизнь евреев, какой бы отчаянной она ни была под царским гнетом, теперь уничтожена коммунистическим «правосудием» и погромами беспрецедентного масштаба, совершаемыми белыми, поляками и украинцами [Глейзер 2021: 242–283].

Как и в «Конармии», эта тема цены, заплаченной евреями за победу большевиков, присутствует в рассказе Хаима Хазаза «Отсюда и оттуда» («Мизэ умизэ», 1924) о еврейском местечке во время Гражданской войны, который, как я уже отмечал в третьей главе, получил высокую оценку в советском еврейском коммунистическом журнале «Брешит» за описание того, как молодой еврейский комиссар отвергает старые местечковые обычаи[16]. Подстраивающийся под революционный дискурс Лютов противопоставляет справедливость революции слепоте буржуазии, но он не может видеть того, что видит старый еврей-лавочник, ослепленный поляками в погроме — противоречия насильственной революции, которая лишает подвергшихся погромам евреев имущества во имя коммунизма. Однако в повести Хазаза молодой еврейский комиссар в своей словесной дуэли с благочестивым старым евреем занимает более жесткую идеологическую позицию. Натан-Нетта Коэн дошел до предела, пытаясь прокормить свою семью в перевернутом с ног на голову мире, где *штетл* разделен между буржуазией и пролетариатом, отцами и сыновьями, и таким бывшим торговцам, как он, трудно зарабатывать на жизнь. Мотл Пикелени, агент ЧК, опровергает его аргументы как «контрреволюцию» и угрожает тюрьмой. Традиционный еврей больше не может рассчитывать на солидарность между евреями, основанную на их общей крови, когда интернационалистическая идеология провозглашает, что евреи не имеют отдельных прав как народ:

---

16 Сравнение романа Хаима Хазаза с «Конармией» см. в [יפה 1978, 316–318].

—מוטל, עזרתך לנו, תגן-נא זכותך עלנו, אדוננו, אחינו ובשרנו אתה!
לא, הוא אינו אדונם ואינו אחיהם ובשרם.
—את רוח הטומאה—אומר מוטל פיקלני—יעביר מן הארץ...דרך האש
הגדולה יעבירו, בים של צרה יעבירם!.. הוא ירגיז ארץ ועמודיה יתפצלו....
מדבר שממה יעשה ולא ייזכר שם ישראל!.. ויחי האינטרנציונל!..
[הזז 1923–1924: 11]

— Мотл, помоги нам, мы умоляем тебя взять нас под свою защиту, наш господин и хозяин, ты наш брат!
Нет, он не господин и не хозяин, и он им не брат.
— Нечистые силы гнилой системы, — говорит Мотл Пикелени, — будут сметены из мира... посредством великого пожара в море бедствий! Он потрясет мир, и его столпы разрушатся... Он станет выжженной пустыней, и никто больше не услышит имя Израиля! Да здравствует Интернационал!

Молодой комиссар Мотл Пикелени всемогущ, вооружен пистолетом и мстителен. Религиозное празднование Песаха, которым приветствуют Красную армию, не может отсрочить уход традиционного образа жизни местечка. И все же именно Мотла встречают как героя, когда он спасает местечко от погромщиков, а рассказ заканчивается тем, что сыну Натан-Нетты, главе местного революционного комитета, устраивают похороны, подобающие борцу-коммунисту, под звуки «Интернационала»; старик стоит возле кладбища, произнося кадиш.

Произведения о Гражданской войне на идише, такие как эпическая поэма Переца Маркиша «Братья» («Бридер», 1929) и его роман «Поколение уходит, поколение приходит» («Дор ойс, дор ин»), можно сравнить с описаниями Бабелем советско-польского фронта. Подобный сказ-нарратив можно найти в описаниях звериной жестокости во время украинских погромов у Довида Бергельсона. Как объясняет Гарриет Мурав, в отличие от социалистических идеалов формирования нового социалистического коллектива в советской художественной литературе о Гражданской войне, эти произведения стирали грань между политическим и личным и были отягощены еврейской памятью о войне и революции, о тысячах убитых, так что

…троп гноящейся раны, вскрытого, извергающего жидкости тела и «кучи» преодолевает все границы и превращается в основной элемент художественного текста.. Они скорбят не только о разрушении прошлого, но еще и о том, что революция не сумела произвести на свет ничего нового [Мурав 2022: 42].

Таким образом, хотя Маркиш показывает в «Братьях» еврейского большевика, превращающегося в интернационалиста и идентифицирующего себя с новой советской страной, он не может не оплакивать разрушение еврейских общин Украины в той же самой Гражданской войне, которая сделала его тем, кто он есть. В конечном итоге тело и природа переполняются чудовищными, гротескными образами, напоминающими образы «Конармии», откладывая любое празднование нового начала [Мурав 2022: 42–46].

В повести Бергельсона «Гражданская война» («Биргеркриг»), в его сборнике «Грозовые дни» («Штурмтэг», 1927), содержится модернистское повествование о двух большевистских беглецах от Петлюры, Бочко и Зееке. При этом фокус смещается с еврейской точки зрения к потоку сознания хищных русских дезертиров, к той зловещей атмосфере страха и ужаса, которая охватила евреев из Звиля и Александровки. Когда в конце повести вместе с большевистскими повстанцами вновь появляется Лейзерка, еврей-ренегат, выходец из местечка, выражающий лишь ненависть к своим бывшим собратьям-евреям, мы понимаем, насколько далеко еврейские коммунисты отошли от своих страдающих братьев.

Апокалиптическое видение было обычным явлением в прозе и поэзии на идише и на иврите, поскольку оно стало ответом на катастрофу, поразившую восточноевропейское еврейство в годы войны и революции [נוברשטרן 2003]. Однако преобладающим фактором все же было влияние на эту прозу и поэзию европейского модернизма, и в «Конармии» Бабеля мы можем обнаружить схожие стиль и эстетику, которые (наряду с влиянием Тургенева и Чехова) позже будут характеризовать столкновение идеалов и насилия у Хемингуэя и других классиков американского модернизма[17]. Бабель оставался литературным вуайеристом, который сохранял эстетическую дистанцию, не поступаясь при этом невысказанной моральной позицией. В 1930-е годы он попытался сделать стилистическое изобилие и резкие сопоставления «Конармии» более жесткими, чтобы передать человеческую цену одного из самых грандиозных и жестоких экспериментов в истории человечества — кампании коллективизации 1929–1933 годов.

---

[17] См., например, [Wilkinson 1986; Гиленсон 1991; Apple 1973].

Глава 7
Вуайерист в колхозе

Жатва террора

В 1920 году, как предполагает одесская журналистка Елена Каракина, Бабель пошел на войну, во многом подражая Иосифу Флавию в романе Леона Фейхтвангера: еврейскому генералу, перешедшему на сторону римлян и выступающему в качестве летописца событий, чтобы стать свидетелем самой ужасающей жестокости, не выдавая своего сочувствия и родства с жертвами [Каракина 2006: 155]. Однако, если этическая позиция Иосифа Флавия остается спорной, то не может быть никаких сомнений относительно симпатий Бабеля в его «Дневнике» 1920 года, и нам не следует заблуждаться относительно моральной позиции автора «Конармии». Но рассказы Бабеля о коллективизации (которые должны были войти в книгу «Великая Криница»)[1] представляют читателям тревожные вопросы об этике повествования и дают тяжелое впечатление отсутствия авторской позиции. К началу кампании насильственной коллективизации и индустриализации у Бабеля не могло быть никаких заблуждений, несмотря на весь его идеализм. И все же он редко раскрывал своим близким друзьям свои опасения о содеянном во имя строительства социализма.

Бабель имел возможность вблизи наблюдать сельскую жизнь в Молоденово, где его жизнь была идиллической, как из-за близо-

---

[1]   О месте в творчестве Бабеля рассказов о коллективизации см. [Смирин 1967a; Поварцов 1989; Ковский 1995; אהרוני 1975].

сти к Горькому, так и из-за спокойствия, которое давала ему бесперебойная работа, не говоря уже о купании в Москве-реке летом. Иногда он брал косу и помогал собирать урожай. Крестьяне ласково называли его Исаем Имуиловичем, и он некоторое время работал секретарем сельсовета. В феврале 1930 года Бабель уехал из Киева, чтобы совершить поездку по Бориспольскому району Киевской области, местам, где сплошная коллективизация преобразовывала советское сельское хозяйство (письмо от 16 февраля 1930 года, отправленное из Киева А. Г. Слониму. Собрание сочинений, 4: 277). Своему одесскому однокашнику Исаю Лившицу он писал из Борисполя 20 февраля 1930 года, что считает этот район сплошной коллективизации в высшей степени интересным («Höchst interessant») [Погорельская 2007: 73].

Через месяц Бабель вернулся в Киев больной и измученный. Его друг М. Ю. Макотинский, работавший с ним на киностудии ВУФКУ, в это время ожидал ареста и был до смерти напуган бешеным стуком в дверь его квартиры среди ночи. Лишь через некоторое время он открыл дверь и обнаружил Бабеля, покрытого снегом и дрожащего от холода. Бабель следил за процессом коллективизации и был потрясен тем, что видел в одной деревне за другой: «Вы себе представить не можете! Это непередаваемо — то, что я наблюдал на селе! И не в одном селе! Это и описать невозможно! Я ни-че-го не по-ни-маю!» [Макотинский 1989: 105][2]. После наблюдения за кампанией коллективизации и перед возвращением в Москву в апреле Бабель посетил стройку огромного промышленного комплекса на Днепре и в последующие годы объезжал шахты, фермы и заводы по всей стране. Без сомнения, Бабель, как и многие другие, верил в идеалы революции и не мог не видеть огромных преобразований Советской России в современное индустриальное государство, но он не мог закрывать глаза на ужасающие человеческие жертвы.

---

[2] В нецензурированной версии, посмертно опубликованной на иврите, Макотинский утверждает, что Бабель отказался от крупного гонорара за написание статьи о коллективизации и по собственному побуждению поехал в села Киевской области [מקוטינסקי 1984].

Позже он рассказал Эрвину Синко, венгерскому эмигранту в Москве, о жуткой тишине деревень, где ни одна собака не осмеливалась лаять [Sinkó 1962: 293–297]. Вот чем заканчивается «Гапа Гужва», первая глава задуманной Бабелем книги «Великая Криница»: «Безмолвие распростерлось над Великой Криницей, над плоской, могильной, обледенелой пустыней деревенской ночи» (Собрание сочинений, 3: 158). Тем не менее в своих письмах к семье за границу, наполненных, как всегда, финансовыми и семейными тревогами и, несомненно, написанных с расчетом на цензора, Бабель восхвалял успехи коллективизации на Кавказе, приносившей невиданные экономические выгоды и безграничные возможности, а также ее впечатляющие масштабы (например, крупнейшая в мире птицефабрика), несмотря на перенесенные трудности: «Переход на колхозы происходил здесь с трениями, была нужда — но теперь все развивается с необыкновенным блеском» (письмо сестре Марии из казачьей станицы Пришибская, 13 декабря 1933 года. Собрание сочинений, 4: 325). После спуска в шахту в Горловке (в Донецкой области) Бабель увлекся индустриализацией:

> Очень правильно сделал, что побывал в Донбассе, край этот знать необходимо. Иногда приходишь в отчаяние — как осилить художественно неизмеримую, курьерскую, небывалую эту страну, которая называется СССР. Дух бодрости и успеха у нас теперь сильнее, чем за все 16 лет революции (письмо от 20 января 1934 года матери и сестре из Горловки. Собрание сочинений, 4: 329).

Во время другой поездки в этот район, в разгар стахановского движения, он собирал факты для незавершенной работы, а также посетил в Украине еврейские сельскохозяйственные колонии ОЗЕТ (Общества землеустройства еврейских трудящихся), которое позже было ликвидировано. Однако Бабель, похоже, ничего не опубликовал о своих впечатлениях, хотя другие писатели, отправленные в подобные командировки, представили блестящие отчеты об удивительном явлении русских евреев, обрабатываю-

Илл. 24. «СССР на стройке». 1936. № 3. Выпуск посвящен киевским колхозам. Худ. В. Фаворский, план и текст И. Бабеля

щих землю, или о переселении евреев в Биробиджан и советизации Тата еврейскими колхозниками[3].

Позже Бабель работал над пропагандистским журналом «СССР на стройке», распространявшимся по всему миру на нескольких языках, и участвовал в выпуске специального номера, посвященного урожаю сахарной свеклы в Киевской области («СССР на стройке». 1936. № 3). Помимо спецвыпуска о Горьком, который он планировал и редактировал («СССР на стройке». 1937. № 4), Бабель в 1939 году помогал готовить (по словам Ушера Спектора) выпуск об индустриализации Донбасса, но в выходных данных он не упоминается, возможно потому, что к тому времени он уже был арестован («СССР на стройке». 1939. № 6). Заместителем редактора «СССР на стройке» стала давняя подруга Бабеля из

---

[3] См. [Dekel-Chen 2005]. См. также [סטרעליץ 1930].

Илл. 25. Раскулачивание
крестьян. Советский плакат.
1930 год

Одессы Е. С. Хаютина (Фейнберг), которая при этом была женой главы НКВД Н. И. Ежова. «СССР на стройке» представлял Западу идиллическую картину и способствовал тому, чтобы сторонники и знаменитости за рубежом не догадывались о реальности насильственной коллективизации и индустриализации. Мало кому из иностранцев доводилось видеть гниющие трупы, детские дома и колонии для детей, у которых забрали родителей, или каторжников. Когда приезжала иностранная делегация, организовывалась потемкинская деревня, тщательно скрывавшая все ужасы [Конквест 1988: 457–459]. Мы никогда не узнаем, как непросто было Бабелю соучаствовать в сокрытии страшной правды.

Сплошная коллективизация, начавшаяся в 1929 году, последовала за консолидацией власти вокруг Сталина после поражения Троцкого на левом фланге и разгрома Бухарина и правой оппозиции. Политические репрессии, административные меры и реквизиция зерна для покрытия дефицита производства способ-

ствовали тому, чтобы крестьяне высказались за коллективизацию
своих деревень. Цели коллективизации, установленные пятилет-
ним планом, были сильно раздуты и неоднократно увеличива-
лись, в то время как из-за отсутствия необходимых кадров на
местах для обеспечения соблюдения производственных квот
отправлялись чиновники в сопровождении мобилизованных
партийных активистов, из которых никто не имел адекватной
сельскохозяйственной подготовки и мало кто был знаком с крестьянской жизнью. Активистам говорили, что их отправляют
в деревню на месяц-два и что не надо бояться крайних мер при
заготовке зерна. Крупный работник советского аппарата, пере-
бежавший на Запад во время Второй мировой войны, В. А. Кравченко рассказывает в своих воспоминаниях «Я избрал свободу»
(1946) о чистках в 30-х годах среди специалистов и партийных
работников. Во время коллективизации их предупредили, что
надо под руководством Сталина бить кулаков без всякого чувства
буржуазной гуманности, быть лояльными партии и достойными
звания большевика [Kravchenko 1946: 91]. Более того, нереали-
стичные задачи массовой индустриализации и коллективизации
основывались на политических целях. Действительно, многие
экономисты были вынуждены отречься от своих позиций или
потерять должности.

На следующем этапе сплошной коллективизации, объявленной
Сталиным в декабре 1929 года, коллективизировать следовало
целые деревни и районы. Неясно, предвидело ли советское руко-
водство катастрофические результаты подрыва крестьянского
руководства и уничтожения наиболее эффективных элементов
сельского хозяйства, но террор голодом оказался чудовищно
эффективен в установлении тотального партийного контроля над
сельскохозяйственным производством [Конквест 1988: 179–180].
Таков контекст рассказа о поимке беглого украинского национа-
листа «Сулак» (1937), действие которого разворачивается
в 1928 году и описывает подавление оппозиционного движения
в Украине, но авторская позиция не определяется.

Рассказ Бабеля «Гапа Гужва» повествует о том, как село, настоящее название которого Бабель предусмотрительно изменил,

в последний раз предается почти забытым традициям праздно-
вания Масленицы[4]. Рассказ начинается с того, что деревенская
потаскуха Гапа Гужва, этакая местная Любка Казак, гуляет
и кутит на праздновании шести свадеб. Но веселье и беззабот-
ность исчезают в мгновение ока с приходом принудительной
коллективизации. Церковные колокола снимаются, зерно реквизи-
зируется, а странствующая провидица Рахивна укрывается
у Гапы, предупреждая ее о предстоящем визите священников из
свободной Антиохийской церкви, которые придут распростра-
нить весть о конце Советской власти. Рахивна сообщает, что
судья Воронков в одночасье коллективизировал деревню и запер
в одиночном заключении девять кулаков, которых наутро нашли
повешенными. Когда Гапа сталкивается с судьей Воронковым,
который приехал организовать депортации и конфискации, она
идет в сельсовет и шутит о коллективной жизни, требующей,
чтобы все спали под одним одеялом. Отписаться от колхоза ее,
видимо, уговорили другие жители села. Позже она спрашивает
судью Осмоловского:

> — Житье будет блядям или нет?
> — Будет, — сказал судья, — только другое, лучшее (Собра-
> ние сочинений, 3: 157).

Она выходит, теребя свое ожерелье, и беснующая, режущая
ночь набрасывается на нее. Двусмысленный финал оставляет
леденящее чувство предчувствия будущего, и неясно, сменилось
ли энергичное неповиновение Гапы Гужвы смирением (как
предполагает Кэрол Эвинс) [Avins 2005b: 567–568]. Гробовая,
хищническая тишина, окутывающая деревню, не оставляет
места для искупительного финала, подходящего для преобра-
жения в советскую новую жизнь или пасхального обновления
жизни.

---

4   См. [Avins 2005b]. Эвинс, однако, отмечает, что Бабель, рассказывая историю
    о Масленице, возможно, не знал, что в православном календаре свадьбы не
    допускались в это время, отмеченное, что немаловажно, прощением и при-
    мирением [Avins 2005b: 566–567].

Определение «кулака» как классового врага могло включать богатых крестьян (даже коммунистов, обогатившихся в годы НЭПа) и всех, кто сопротивлялся реквизиции собственности. Отдельные кулаки ссылались из украинских сел и казачьих поселений на протяжении 1929 года, но в феврале 1930 года был издан декрет о ликвидации кулачества как класса [Конквест 1988: 181]. Хотя речь шла о налоговых списках, кулаки в большинстве своем уже обеднели, но их тем не менее определяли как кулаков. Отныне классовый враг должен был идентифицироваться идеологически, а не экономически, и как только крестьянин объявлялся кулаком, его судьба, а часто и судьба его семьи, была предрешена. Первая категория закоренелых кулаков (включая бывших белых солдат) подлежала аресту и расстрелу или заключению в тюрьму; во вторую группу вошли семьи расстрелянных или заключенных, подлежащие депортации в отдаленные районы; последняя группа подлежала выселению и мобилизации на работы или поселению в другом месте, но этих людей могли легко заключить в тюрьму за малейшее нарушение или по подозрению в противодействии коллективизации. Несмотря на видимость добровольного объединения, многие крестьяне за отказ вступить в колхоз ссылались. Кравченко описывает, как, став свидетелем жестокой облавы на непокорных крестьян, он понял, что жестоким вымогательствам и принуждению способствовал обком партии [Kravchenko 1946: 104]. Вскоре квоты были превышены, и партийным активистам пришлось подключить массовые аресты и мобилизовать ГПУ. Сопротивление перед лицом вооруженных активистов было бесполезно, но поступали сообщения о том, что крестьяне продавали или уничтожали свой скот и имущество, а затем убегали; многие бежали на фабрики в города в надежде заработать корку хлеба. По некоторым оценкам, депортированы были 13 миллионов [Конквест 1988: 181–193]. Бабель так описывает Колывушку, которому сообщили, что его депортируют:

> Кобыла подтащила к нему розвальни, высунула язык и сложила его трубочкой. Лошадь была жереба, живот ее оттягивался круто. Играя, она ухватила хозяина за ватное плечо

и потрепала его. Иван смотрел себе под ноги. Истоптанный снег рябил вокруг пня. Сутулясь, Колывушка вытянул топор, подержал его в воздухе, на весу, и ударил лошадь по лбу. Одно ухо ее отскочило, другое прыгнуло и прижалось; кобыла застонала и понесла. Розвальни перевернулись, пшеница витыми полосами разостлалась по снегу. Лошадь прыгала передними ногами и запрокидывала морду. У сарая она запуталась в зубьях бороны. Из-под кровавой, льющейся завесы вышли ее глаза. Жалуясь, она запела. Жеребенок повернулся в ней, жила вспухла на ее брюхе.

— Помиримся, — протягивая ей руку, сказал Иван, — помиримся, дочка... (Собрание сочинений, 3: 160).

Эта сцена, которую Эвинс сравнивает с убийством крестьянином Миколкой кобылы в «Преступлении и наказании» [Avins 2005b: 571–572], выражает крайнее отчаяние, вылившееся в насилие, а также бессилие подчинения и унижения, не вошедшее в официальные отчеты о коллективизации. Однако точное наблюдение Бабеля тем не менее переносит человеческую боль в страдания животного: «Верхняя губа ее запрокинулась в отчаянии» (Собрание сочинений, 3: 160). Как и в описании умирающего коня Афоньки Биды в «Конармии», жестокость отражается в немом ответе животного. Наблюдение бесстрастно, суждение сдержанно: когда родные мешают Колывушке громить сельхозтехнику, он пыхтит и задыхается, как будто тяжело трудился. У него седеют волосы. Колывушка исключен из собрания как кулак и пытается заручиться поддержкой черни. Адриан Моринец, член комитета сельсовета, который сопровождает активистов, реквизирующих дом Колывушки, выражает готовность позволить ему остаться в селе. Однако, когда горбун Житняк, председатель колхоза, угрожает пойти за дробовиком и застрелить его, Колывушка покидает деревню, и с тех пор его больше никогда не видели.

Те, кто «добровольно» сдавали зерно и вступали в колхоз, видимо, «предпочитали встретить голод дома, а не ссылку в неизвестность» [Kravchenko 1946: 106]. Решения обычно принимались посторонними лицами (районными партийными активистами, комсомольцами, солдатами и рабочими) по указанию из Москвы. В «Поднятой целине» М. А. Шолохова (1932) путиловский металлист Семен Давыдов, мобилизованный для создания колхоза в селе Гремячий Лог на Дону, цитирует речь Сталина в «Правде», противоречащую ленинистской позиции председателя местного сельсовета, и использует силу убеждения для привлечения на свою сторону среднего и беднейшего крестьянства и для ликвидации кулачества, предпочитая такой подход силовым методам Нагульнова. Кипят антисоветские интриги, но враги четко идентифицируются, а восстание подавляется хитростью и умением. Претенциозные и вероломные бывшие белые офицеры, замышляющие вернуть старый режим, выглядят бледно рядом с сердечными сельскохозяйственными рабочими, которые, как и любезный бывший матрос Давыдов, радуются любой перспективе ручного труда и наслаждаются сбором богатых урожаев. Под заботливым и вдумчивым руководством представителя обкома партии, товарища Нестеренко, старого борца, за дело готового пожертвовать собой, Давыдов использует авторитет партии, чтобы заставить рабочих выполнять его приказы, угрожая заклеймить их контрреволюционерами, и относится к бывшим друзьям и соседям как к классовым врагам. Он заставляет их работать в выходные и не позволяет позвать священника для молебна о дожде, он отучает женщин от посещения церкви и заботится о голодающих и нуждающихся. Столкнувшись с пересохшей девственной землей, он никогда не отчаивается и не сдается. Как преданный коммунист и уважаемый председатель колхоза он знает, что должен выпутаться из сетей Лушки, распутной молодой женщины из деревни, отдалившейся от своего мужа, секретаря партячейки Нагульнова, и тайно влюбленной в Тимофея, сына изгнанного кулака. Тимофей возвращается из ссылки, чтобы отомстить. Предательство повсюду.

В романе Шолохова не вызывает сомнений ликование, с которым кулаков выселяют из усадеб, реквизируя все до последнего. К обездоленным семьям нет сочувствия, а сопротивление легитимизирует аресты и депортации. Не все партийные активисты могли спокойно пережить душераздирающие сцены, когда семьи выгоняли из домов и конфисковали все их имущество (иногда даже одежду, которую они носили). В какой-то момент один из персонажей романа, Андрей Раметнов, отказывается участвовать в этом:

— Я не обучен! Я... Я... с детишками не обучен воевать!.. На фронте — другое дело! Там любому шашкой, чем хочешь... И катитесь вы под разэтакую!.. Не пойду! <...> У Гаева детей одиннадцать штук! Пришли мы — как они взъюжались, — шапку схватывает! На мне ажник волос ворохнулся! Зачали их из куреня выгонять... Ну, тут я глаза зажмурил, ухи заткнул и убег за баз! Бабы по-мертвому, водой отливали сноху... детей... Да ну вас в господа-бога!.. [Шолохов 1932: 65].

Его заставляет замолчать напоминание Давыдова о том, что до большевистской революции, когда его матери приходилось продавать свое тело, чтобы купить хлеб, не было жалости к рабочим, и теперь не может быть жалости к классовым врагам. Но когда женщины восстают и отбирают зерно, Давыдова жестоко избивают, а зерно возвращают только после применения силы.

Дисциплина была строгой, председатели сельсоветов или активисты, не выполнявшие нормативы по раскулачиванию или помогавшие пострадавшим (как и Ивашко, представитель обкома партии, в рассказе Бабеля «Колывушка»), скоро заменялись. Бухарин показал, насколько кампания по коллективизации приучила партийных работников к жестокости, сделав их эффективными частями той же машины убийств, которая уничтожит так много жизней во время Большого террора; те, кто участвовал, «превратились в профессиональных бюрократов, для которых террор с тех пор стал нормальным методом управления» [Конквест 1988: 496–497]. Некоторые, конечно, были ошеломлены открытием, что речь шла не о «перегибах на местах», а о систематической репрессии; но их утешали общие достижения модернизации сельского хозяйства и промышленности в первой пятилетке. В любом случае, у них не было возможности сообщить о том, что они видели в деревне [Kravchenko 1946: 107–108]. Очень часто неповиновение или неподчинение означало неприятности как для них самих, так и для тех, кому они пытались помочь. Тем не менее большинство партийных активистов беспрекословно подчинялись приказам, поскольку им сказали, что это война против коварного врага, саботирующего коллективизацию и необходимую модернизацию сельского хозяйства. Некоторые с искренним энтузиазмом внесли свой вклад в дело коммунизма, как будто вновь шла Гражданская война, позволявшая вылить накопленную ненависть к крестьянству:

> И я в активе стала. А в активе всего было: и такие, что верили и паразитов ненавидели, и за беднейшее крестьянство, и были — свои дела обделывали, а больше всего, что приказ выполняли. И не те самые поганые, что верили в счастливую жизнь, если уничтожить кулаков. И лютые звери, и те не самые страшные. Самые поганые, что на крови свои дела обделывали, кричали про сознательность, а сами личный счет сводили и грабили [Гроссман 1989: 75].

Тех, кто послушался своей совести и вышел из партии, разоблачала «Правда», а некоторых судили за саботаж. Тем не менее существовала некоторая крестьянская оппозиция, иногда жестокая, и спорадические восстания, которые безжалостно подавлялись [Конквист 1988: 219–246][5].

Боясь сопротивления Сталин в своей статье «Головокружение от успехов» («Правда». 1930. 2 марта) призвал к тактическому отступлению, обвиняя местных активистов в перегибах и извращениях, ставивших под угрозу лояльность крестьян государству. Однако это не удержало Сталина от того, чтобы положить конец свободе крестьянства. В качестве уступки крестьянам предоставлялся частный надел, но возможность выхода из колхоза была ограничена и сделана непривлекательной. Когда крестьяне, выходившие из колхоза, требовали возврата скота и оборудования, им предлагали невыгодный обмен или говорили, что все

---

[5] См. также [Viola 1996].

это принадлежит фонду колхоза. Когда в «Поднятой целине» Шолохова Нагульнов, чье возможное исключение из партии обернулось выговором за проступки, утверждает, что партии лучше без тех, кто хочет из нее выйти, ему отвечают, что он политически незрел [Шолохов 1932: 338–339]. Инструменты и машины находились в руках государства, а тракторные станции МТС были плохо оборудованы, так что высокие цели по заготовкам зерна в 1932 году, подкрепленные драконовскими законами, предполагавшими смертную казнь за мелкие правонарушения, вызвали серьезные лишения и массовый голод [Конквест 1988: 323–399][6]. Более того, несмотря на пропагандистские заявления об острой необходимости преобразования советского сельского хозяйства и новой социальной революции, не было никакого плана достижения целей. Магазины были заброшены, а продовольствие гнило. Миллионы людей умирали от голода или питались крапивой, грызунами и конским навозом, в то время как зерно вывозилось, а молоко превращалось в масло на экспорт. После ликующего заявления Сталина в 1933 году о завершении коллективизации партийные активисты были вновь мобилизованы, чтобы заставить оставшихся крестьян, многие из которых едва могли ходить, собрать урожай. На этот раз все происходило под наблюдением агентов НКВД, которые препятствовали тем, кто пытался кормить крестьян, собиравших урожай, и угрожали активистам исключением из партии или арестом, если они не подчинятся приказам [Kravchenko 1946: 110–131]. В результате массового голода в Украине погибли до семи миллионов человек.

> Сами остались, отошло от голодных государство. Стали люди по деревне ходить, просить друг у друга, нищие у нищих, голодные у голодных. У кого детей поменьше или одинокие, у таких кое-что к весне оставалось, вот многодетные у них и просили. И случалось, давали горстку отрубей или картошек парочку. А партийные не давали — и не от жадности или по злобе, боялись очень [Гроссман 1989: 79].

---

[6] См. [Davies 1980].

Где же автор?

Отвечая на вопросы после чтения своих рассказов в сентябре 1937 года, Бабель говорил, что пишет о преобразовании села:

> Мне очень хочется писать о селе, о коллективизации (вот что сейчас меня очень занимает), о людях во время коллективизации, о переделке сельского хозяйства. Это самое большое движение нашей революции, кроме гражданской войны. Я более или менее близкое участие принимал в коллективизации 1929–1930 годов. Я несколько лет пытаюсь это описать (Собрание сочинений, 3: 392).

Бабель явно хотел проникнуть в смысл противоречий и конфликтов, стоящих за происходящим. И «Гапа Гужва», и «Колывушка» описывают непосредственно жертв коллективизации, многие из которых были репрессированы или пропали без вести. Сила его описаний вызвана монументальной сдержанностью, которая не допускает никакой эмоциональной вовлеченности, никаких колебаний в неумолимой отстраненности видения. Никакая вина не распределяется. Нет никакого оправдания. В «Колывушке» Бабель описывает заседание сельсовета, на котором председатель стремится привлечь на свою сторону крестьян, описывая многообещающие результаты коренного преобразования деревенской жизни для экономики (новый колхоз «Пробуждение» будет заниматься молочным животноводством и огородничеством, воспользовавшись выгодной близостью к Киеву), но огромная человеческая цена этого слишком очевидна. Входит Колывушка, которому сказали, что его вышлют, а имущество конфискуют:

> Дверь сельрады раскрылась. Колывушка в литом полушубке и высокой шапке прошел к стене. Пальцы Ивашки запрыгали и врылись в бумаги.
> — Посбавленных права голоса, — сказал он, глядя вниз на бумаги, — прохаю залишить наши сборы...
> За окном, за грязными стеклами, разливался закат, изумрудные его потоки. В сумерках деревенской избы в сыром

дыму махорки слабо блестели искры. Иван снял шапку, корона черных его волос развалилась.

Он подошел к столу, за которым сидел президиум, — батрачка Ивга Мовчан, голова Евдоким и безмолвный Адриян Моринец.

— Мир, — сказал Колывушка, протянул руку и положил на стол связку ключей, — я увольняюсь от вас, мир... — Железо, прозвенев, легло на почернелые доски. Из тьмы вышло искаженное лицо Адрияна.

— Куда ты пойдешь, Иване?..

— Люди не приймают, может, земля примет...

Иван вышел на цыпочках, ныряя головой (Собрание сочинений, 3: 162–163).

Финальное противостояние Ивана и горбатого председателя нового колхоза становится чем-то вроде крестного хода, вялого и безнадежного народного восстания, напоминающего брейгелевские сцены восхождения толпы к монастырю в «Конце святого Ипатия» — не в паломничестве, а для того, чтобы передать это место текстильщикам[7]. Вспоминаются также оборванные старики, осаждающие ворота кладбища в «Конце богадельни». Однако, даже если некоторые жители деревни оказались готовы заступиться за него, Иван, чьи волосы поседели за ночь, был вынужден бежать один, и больше его никогда не видели. Огромные заснеженные равнины, плотно втиснутые в украшенное драгоценными камнями небо, и звезды, падающие в ночной колодец, создают отчаянное видение окончательного опустошения:

Его прервал шум, глухой и дальний топот. Прибой накатывался и плескал в Великую Старицу. По разломившейся улице повалила толпа. Безногие катились впереди нее. Невидимая хоругвь реяла над толпой. Добежав до сельрады, люди сменили ноги и построились. Круг обнажился среди них, круг вздыбленного снега, пустое место, как оставляют для попа во время крестного хода. В кругу стоял Колывушка в рубахе навыпуск под жилеткой, с белой головой. Ночь посеребрила цыганскую его корону, черного волоса не

---

7 См. [Avins 2005b: 572–573].

осталось в ней. Хлопья снега, слабые птицы, уносимые ветром, пронеслись под потеплевшим небом. Старик со сломанными ногами, подавшись вперед, с жадностью смотрел на белые волосы Колывушки.

— Скажи, Иване, — поднимая руки, произнес старик, — скажи народу, что ты маешь на душе...

— Куда вы гоните меня, мир, — прошептал Колывушка, озираясь, — куда я пойду... Я рожденный среди вас, мир... Ворчанье проползло в рядах. Разбрасывая людей, Моринец выбрался вперед.

— Нехай робит, — вопль не мог вырваться из могучего его тела, низкий голос дрожал, — нехай робит... чю долю он заест?..

— Мою, — сказал Житняк и засмеялся. Шаркая ногами, он подошел к Колывушке и подмигнул ему. — Цию ночку я с бабой переспал, — сказал горбун, — как вставать — баба оладий напекла, мы, как кабаны, нашамались с нею, аж газ пущали...

Горбун умолк, смех его оборвался, кровь ушла из его лица.

— Ты к стенке нас ставить пришел, — сказал он тише, — ты тиранить нас пришел белой своей головой, мучить нас — только мы не станем мучиться, Ваня... Нам это — скука в настоящее время — мучиться.

Горбун придвигался на тонких вывороченных ногах. Что-то свистело в нем, как в птице.

— Тебя убить надо, — прошептал он, догадавшись, — я за пистолью пойду, унистожу тебя...

Лицо его просветлело, радуясь, он тронул руку Колывушки и кинулся в дом за дробовиком Тымыша. Колывушка, покачавшись на месте, двинулся. Серебряный свиток его головы уходил в клубящемся пролете хат. Ноги его путались, потом шаг стал тверже. Он повернул по дороге на Ксеньевку.

С тех пор никто не видел его в Великой Старице (Собрание сочинений, 3: 164–166).

Здесь отсутствует посредник — сторонний рассказчик, который мог бы опосредовать моральное потрясение от происходящего. Мало того, что масштабные массовые депортации и принудительный голод имели место по всей стране, все это было организовано государством эффективно и под строгим идеологическим контролем. Здесь не было места двусмысленности и иронии. Как это можно было передать, не ставя под угрозу добросовестность писателя?

Более ранний рассказ «Иван-да-Марья» (1932) неоднозначно показывает людей, которых посылали на Волгу с хлебозаготовительными экспедициями, хотя там отчетливо чувствуется восхищение рассказчика легендарным С. В. Малышевым (прозванным «красным купцом»), а также то, что он остается нейтральным наблюдателем, хотя и замечает пьянства и антисемитизма. Это были годы военного коммунизма, когда крестьянство открыто выступало против большевиков, а борьба за пропитание голодающего Петрограда требовала как героических усилий, так и жестоких мер, которые привели к экономической катастрофе и политическим репрессиям. Теперь не было места для нейтралитета, невозможным стало отклонение от линии партии (даже если она меняла курс), и если работу можно было выполнить только силой, то это оправдывалось идеологией, отвергавшей гуманитарные принципы как малодушное хныканье. Даже если бы рассказчик «Великой Криницы» был посторонним, он не мог бы быть беспристрастным наблюдателем. И все же, если бы он был партийным активистом, как бы он мог вызвать сочувствие к жертвам невиданного ужаса? В отличие от рассказов «Конармии», Бабель стер здесь любую авторскую позицию и лишил читателя какого-либо морального руководства перед лицом суровых фактов коллективизации. Региональные партийные активисты изображаются человечными, а не бездушными монстрами. Ивашко, которому в деревне пришлось несладко, не может себе позволить показать хоть какое-то знакомство с Гапой или другими жителями села: «Положив на стол руки, Ивашко сидел перед мятой, обкусанной грудой бумаг. Кожа его возле висков сморщилась, зрачки больной кошки висели в глазницах. Над ними торчали розовые голые дуги» (Собрание сочинений, 3: 151). Пришедший ему на смену судья Воронков — легенда своего времени, получивший прозвище «216 процентов» за строгость в получении хлебозаготовок, — изображен утомленным пожилым человеком, жующим хлеб с луком и поздно вечером корпеющим над газетой

«Правда», инструкциями обкома и бюллетенями отдела Минсельхоза, курирующего коллективизацию (Собрание сочинений, 3: 157). Он снял очки и частично прикрывает глаза ладонью. Интерпретация и суждение остаются за читателем, а обстановка (в отличие от спокойных, обильных степных пейзажей в «Поднятой целине») передает неумолимые последствия жестокой реальности. Семья Колывушки бежит, не дожидаясь депортации, во враждебную ледяную пустыню за деревней: «Ветер мял снизу и стонал в этой пустыне, рассыпая голубые валы. Жестяное небо стояло за ними. Алмазная сеть, блестя, оплетала небо» (Собрание сочинений, 3: 162). После того как Колывушка кидает на стол ключи на заседании сельсовета, с которого его исключают как кулака, он выбегает, оставив членов комитета встревоженными его намерениями: «Ночь была лилова, тяжела, как горный цветной камень. Жилы застывших ручьев пролегали в ней; звезда спустилась в колодцы черных облаков» (Собрание сочинений, 3: 163–164). Мир Великой Криницы суров, беспощаден и бескомпромиссен. Здесь нет ни положительного социалистического героя, подобного шолоховскому Давыдову, ни руководящей идеологии, обрамляющей повествование, хотя на просьбу назвать влияния и пристрастия среди современных советских писателей Бабель ответил, что одобряет направление в неотолстовском реализме, которое взял Шолохов (Собрание сочинений, 3: 396–398). На самом деле информация скудна, и ее приходится черпать из нескольких слов диалога. Однако места для двусмысленности не остается.

Трудно понять, как Бабель сохранял свою оптимистическую надежду на социалистическое будущее после того, что он лично видел в украинских колхозах Киевской области в разгар коллективизации в 1930 году. Поскольку посторонние тогда отождествлялись с властями, трудно представить, как Бабель мог сохранять свою позицию объективности. Предполагалось, что писатели будут участвовать в бригадах партийных работников, а не сопровождать их в качестве простых туристов [Третьяков 1930][8].

---

8   Цит. по: [Avins 2005b: 566].

Записывал ли Бабель болезненные сцены, в реальности встав при этом на сторону партийных активистов? Реагировал ли он так же, как Л. З. Копелев, активный партийный работник, отправленный в Украину во время последнего сбора зерна в 1933 году?

> Я слышал, как, вторя им, кричат дети, заходятся, захлебываются криком. И видел взгляды мужчин: испуганные, умоляющие, ненавидящие, тупо равнодушные, погашенные отчаянием или взблескивающие полубезумной, злою лихостью <...>. Было мучительно трудно все это видеть и слышать. И тем более, самому участвовать. Хотя нет, бездеятельно присутствовать было еще труднее, чем когда пытался кого-то уговаривать, что-то объяснять... И уговаривал себя, объяснял себе. Нельзя поддаваться расслабляющей жалости. Мы вершим историческую необходимость. Исполняем революционный долг. Добываем хлеб для социалистического отечества. Для пятилетки [Копелев 2010: 259].

> И мы продолжали верить нашим руководителям и нашим газетам. Верили, вопреки тому, что уже сами видели, узнали, испытали [Копелев 2010: 290].

Или же Бабель намеревался, как это сделал Платонов в «Котловане» (который был написан в 1929–1930 годах, но опубликован в России только в 1987 году), наполнить утопическое видение социализма грустью и отчаянием[9]? В фантастической аллегории Платонова Настя в конце умирает, и надежда, которую вложили в СССР призванные в колхозы ударники, рушится.

В конце концов, триумф коллективизации, принесшей механизацию и новую жизнь, отмечался в таких пропагандистских фильмах, как «Земля» А. П. Довженко (1930), или в пьесе В. М. Киршона «Хлеб» (1930), — и там и там подчеркивалась угроза со стороны раскулаченных. Я уже отмечал судьбу эйзенштейновского «Бежина луга», запрещенного в марте 1937 года за отклонение от правильной идеологической трактовки коллективизации, хотя и в нем изображена месть кулаков: отец

---

[9] См. [Андрушко 1995: 39–49].

убивает своего сына, который обвинил его в планах развалить колхоз[10].

Параллельно с чистками безжалостно проводились кампании по коллективизации и индустриализации. Их успех и выгоды были официально санкционированными мифами, и единственная разрешенная критика исходила из уст Сталина. «Поднятая целина» Шолохова была опубликована в «Новом мире» всего через несколько месяцев после появления в этом же журнале рассказа «Гапа Гужва» и обозначила официальные параметры изображения коллективизации [Avins 2005b: 563][11]. Много лет спустя, прочитав (в самиздате) «Все течет» Гроссмана (1970) или «Архипелаг ГУЛАГ» Солженицына, стойкие «верующие», такие как Копелев, писали в своих мемуарах о разочаровании, задаваясь вопросом, как они могли быть частью всего этого.

Бабелю не удалось опубликовать другие рассказы о коллективизации, и книга, которую в целях самообороны на публичных слушаниях в ФОСП в 1930 году он обещал написать, не была опубликована, хотя главы из нее были анонсированы в журналах в 30-х годах (см. библиографию ниже). Два рассказа, «Сулак» и «Нефть», на первый взгляд отражают торжество большевиков: уничтожение остатков украинского националистического сопротивления, с одной стороны, и прославление советских достижений в нефтяной промышленности, с другой. Однако в «Сулаке» рассказчик, который, судя по всему, находится на стороне большевиков и выступает в составе боевой группы, охотящейся за беглым украинским националистом, на самом деле не занимает никакой идеологической позиции. В «Нефти» неистовая женщина, пишущая о своей жизни, умудряется (в первой, нецензурированной публикации повести) наряду с неослабевающим рвением к работе в нефтеперерабатывающей промышленности сообщать о массовых арестах специалистов и завышенных про-

---

[10] См. первую главу, а также [Avins 2005b: 572, 578].

[11] Эвинс упоминает разные одобрительные статьи о коллективизации, опубликованные в «Новом мире» в 1930–1932 годах, которые контрастируют с более суровым и сдержанным тоном Бабеля.

изводственных заданиях. Кипящая суета строящегося социалистического общества беспокоит, тогда как Москва

> ...вся разрыта, в окопах, завалена трубами, кирпичами, трамвайные линии перепутаны, ворочают хоботом привезенные из-за границы машины, трамбуют, грохочут, пахнет смолой, дым идет, как над пожарищем... (Собрание сочинений, 3: 134).

Вывод, похоже, таков: идеал революции остается незапятнанным, и борьба за него продолжается. Тем не менее это по-прежнему рассказ об отдельных людях: о Зинаиде, истеричной служащей, которая забеременела от М. А. Шоломовича, еврея, интересующегося ею только потому, что она имеет русское аристократическое происхождение; и о самой Клавдии, которая бесстрашно выступает на собрании, чтобы защитить коллегу, осмелившуюся протестовать против невыполнимых требований партийных аппаратчиков. Клавдия — принципиальная идеалистка, которая отказывается иметь что-либо общее с Шабсовичем, получившим повышение по службе и доступ к привилегиям. Это история о преданности идеалу и об упорной работе.

Приближение Бабеля к властям было опасным, но им овладели любопытство и желание понять. Бабеля, как мы знаем, привлекали чекисты, и финал «Дороги» (как я предположил) можно было бы рассматривать как исполнение желания еврейского интеллектуала, освободившегося от царского гнета, реализовать свои идеалы и приниматься в советское общество. В «Фроиме Граче» старого бандита хладнокровно убивают, а присланный из Москвы агент ничего не понимает в старой Одессе, которой пришел конец. Интерес Бабеля как писателя к тем, кто обладал властью над смертью, больше всего похож на вуайеристское увлечение. На самом деле Бабель, возможно, и был заядлым вуайеристом, если судить по раннему рассказу, позднее озаглавленному «В щелочку» (1915), по сцене аборта в «Маме, Римме и Алле» (1916) и наброску рассказа «Конармии», где описывается красноармеец, в гостиничном номере вступающий в половую связь с женщиной, которая одета в мужскую форму, что, по мнению Бабеля, могло бы дать материал для социального анализа русского секса (Собрание сочинений, 2: 361). Редактор «Нового мира» В. П. Полонский, опубликовавший в 1931 году рассказ «Гапа Гужва», записал свое впечатление о нем — как об описании деревни, полном «кровью, слезами, спермой» [Полонский 1989: 198–199]. Полонский обнаружил, что ему приходится иметь дело с кропотливым мастером и «попутчиком», беспокоящимся о своей репутации, которого не уговорить передать рукописи, пока он не будет ими удовлетворен. Все это объяснялось, как отмечал в своем дневнике Полонский, склонностью Бабеля увлекаться крайностями, страшной и гротескной стороной человеческой натуры:

> Бабель работал не только в Конной, он работал в Чека. Его жадность к крови, к смерти, к убийствам, ко всему страшному, его почти садическая страсть к страданиям ограничила его материал. Он присутствовал при смертных казнях, он наблюдал расстрелы, он собрал огромный материал о жестокости революции. Слезы и кровь — вот его материал. Он не может работать на обычном материале, ему нужен особенный, острый, пряный, смертельный. Ведь вся «Конармия» такова. А все, что у него есть теперь, — это, вероятно, про Чека. Он и в Конармию пошел, чтобы собрать этот материал. А публиковать сейчас боится [Полонский, 1989: 198].

Вуайеристский интерес к изнасилованиям, проституции и убийствам не выдает никакой личной позиции, и тем не менее в повседневную банальность жизни входит очеловечивающая точка зрения, обнажающая то, что является в человеческом состоянии одновременно гротескным и необыкновенным.

Игра с историческими и религиозными мифами была приглушена в прозе Бабеля конца 1920–1930-х годов, когда он использовал свои красочные метафоры и чувственные образы реже — а следовательно, более эффективно — в поисках нового стиля и формы. Тем не менее он осознавал влияние отстраненного взгляда на отдельные судьбы в гнетущей исторической реальности, как мы видим по сохранившемуся фрагменту повести «Еврейка», написанной около 1927 года и рисующей пронзительную картину распада еврейского местечка и переезда семьи еврейского офицера Красной армии в Москву. У Бориса Эрлиха нет комплексов Лютова, и его самоуверенная интеграция в советскую военную элиту контрастирует с жалкой, сломанной жизнью его родственников, бывших еврейских торговцев, уничтоженных большевистской революцией. Его уверенность в завтрашнем дне не рассеивает тревог овдовевшей матери — путешествуя в комфортабельном современном железнодорожном вагоне, она не может не волноваться, что за эту роскошь кому-то придется платить. И хотя она занимает материнское место у самовара, когда в гости приезжают соратники Бориса, запах еврейской кухни в их новой коммунальной квартире в Москве воспринимается не очень хорошо.

Бабель, знавший правду о сталинизме, признался в этом очень немногим друзьям (среди них Эренбург и Борис Суварин в Париже) [Эренбург 1990, 1: 471; Суварин 1980][12]. Возможно, мы никогда не узнаем, какую часть этой правды ему удалось рассказать в утерянных рукописях. Ясно одно: книга о коллективизации задумывалась как многоголосая история, в которой излагалась бы точка зрения и активистов, и раскулаченных, но при этом не выдавалась бы авторская позиция. Такая книга не могла быть издана в сталинской России.

---

[12] См. об откровенных комментариях Бабеля по поводу политического положения [Поварцов 2010; Грибанов 2002].

Список иллюстраций

На обложке: И. Бабель, 1929–1930 годы

1. Бабель со своим отцом. Николаев, 1902 год
2. Бабель и его товарищи по училищу
3. Беня Крик. Рисунок Эдуарда Багрицкого
4. Евреи Житомира, убитые польскими погромщиками в 1920 году
5. Первая конная армия, 1920 год
6. Шуточный комментарий к газетной полемике между Буденным и Горьким в журнале «Чудак», 1 декабря 1928 года. Фото из журнала «Чудак», № 1 за 1928 год. С. 14
7. Бабель с сестрой Марией в Бельгии, 1928 год
8. Бабель и Женя. Идельсбад, Бельгия. 1928 год
9. Бабель и Натали, 1933 год
10. Бабель и его сын Михаил, 1927 год
11. Молоденово, 1931 год
12. Бабель, Михаил Кольцов, Андре Мальро и Горький. Феодосия, Крым, 9 марта 1936 года
13. Бабель и Эйзенштейн, 1936 год
14. Фото Бабеля после ареста, сделанное в НКВД, 1939 год
15. Протокол Политбюро: решение о расстреле Бабеля и других «врагов народа», подписанное Сталиным. 17.01.1940
16. Мудрецы Одессы
17. «Багинэн» (1919), обложка книги Иосифа Чайкова
18. «Брешит» (1926), обложка книги Иосифа Чайкова
19. Дом Бялика, Малая Арнаутская улица, Одесса
20. Памятник А. С. Пушкину, Одесса
21. К. С. Петров-Водкин. «1918 год в Петрограде»
22. Две версии карикатуры Бориса Ефимова, основанной на рассказе «Мой первый гусь», 1932 год.
23. Фридрих Эрмлер. «Обломок империи», 1929 год (кадр из фильма)
24. «СССР на стройке». 1936. № 3. Выпуск посвящен киевским колхозам. Худ. В. Фаворский, план и текст И. Бабеля
25. Раскулачивание крестьян. Советский плакат, 1930 год

Библиография
произведений И. Э. Бабеля

Цель этой библиографии произведений Исаака Бабеля — представить как можно более полную картину сохранившегося корпуса произведений Бабеля. Это непростая задача. Во время ареста в мае 1939 года рукописи Бабеля были конфискованы и с тех пор так и не были обнаружены. В 1930-е годы советские журналы анонсировали публикацию рассказов, которые мы знаем только по названиям. Бабель, по слухам, работал над романом о ЧК, который фактически мог быть продолжением пьесы «Мария». Возможно, мы никогда не узнаем, сколько текстов написал Бабель. Условия, в которых он работал, и его собственные манипулятивные отношения с редакторами делают любые заявления о масштабах его неопубликованных работ спекулятивными. Более того, цензура в Советском Союзе как при его жизни, так и после его смерти приводила к искажению или сокрытию текстов. Даже после посмертной реабилитации Бабеля в 1954 году Эренбургу стоило больших усилий опубликовать в 1957 году его избранные произведения. После ареста в 1965 году А. Д. Синявского (занимавшегося публикацией архивных материалов) редактор несколько расширенного издания 1966 года признавал, что писать о Бабеле нелегко. Немного большая подборка была опубликована в том же году в Кемерово, а не в Одессе (как планировалось), из-за опасений, что такая публикация создаст впечатление независимого одесского еврейского голоса. Все нецензурированные издания «Конармии» (то есть до 1931 года) в 1973 году все еще находились в списке запрещенных в СССР книг. Подавление диссидентской и еврейской культурной деятельности, а также реакционная атмосфера брежневских лет сделали дальнейшую публикацию в СССР сложной. Бабель оказался в серой зоне, появлялись лишь спорадические публикации материалов в среднеазиатских журналах, вдали от бдительного ока Москвы. Перестройка ослабила некоторые ограничения, и начиная с 1989 года стали издаваться новые сборники, хотя существовало некоторое противодействие по националистическим и идеологическим мотивам; только в конце советского периода появилось двухтомное собрание сочинений.

Это издание, как и последующие постсоветские сборники, выходившие в России, было основано на последнем сборнике рассказов Бабеля, вышедшем при его жизни, в 1936 году. В этих сборниках рассказы, за исключением «Конармии» и «Одесских рассказов», обычно организованы в хронологическом порядке, хотя и не всегда в соответствии с фактической датой сочинения. Однако в четырехтомном издании 2006 года произведения тематически перегруппированы, а переписка публикуется не в полном объеме. Остается надеяться, что аннотированное научное пятитомное собрание сочинений Бабеля, готовящееся Е. И. Погорельской, исправит эти недостатки. Моя библиография произведений Бабеля, следующая за попытками восстановить корпус путем реконструкции циклов и книг, запланированных Бабелем, дает тем самым более четкое представление о развитии его творчества.

1. Ранняя проза (1913–1918)

Бабель не переиздавал свои ранние произведения, а в «Автобиографии» представил более политкорректную версию, датированную появлением его рассказов в Москве в 1923–1924 годах.

- «Старый Шлойме» // Огни [Киев]. 1913. 9 февраля. С. 3–4.
- «Три часа дня». Неполная и недатированная рукопись с дореволюционной орфографией. Редактированная версия: Филологический сборник [Алма-Ата]. 1971. № 10. С. 46–47.
- «Детство. У бабушки». Неоконченная рукопись датирована: Саратов, 12 декабря 1915. Опубликовано в: Литературное наследство. 1965. № 74. С. 483–488. См. связанные рассказы о детстве в разделе «История моей голубятни» ниже.
- «Мама, Римма и Алла» // Летопись. 1916. № 11. С. 32–40.
- «Элья Исаакович и Маргарита Прокофьевна» // Летопись. 1916. № 11. С. 41–44. Большинство повторных публикаций — под названием «Илья Исаакович и Маргарита Прокофьевна».
- «Шабос-нахаму» // Вечерняя звезда [Петроград]. 1918. 16 марта. С. 2–3; с подзаголовком: «Из цикла "Гершеле"». Русскоязычная адаптация идишского фольклора, «Ди майсэ мит шабос нахаму» одной из версий анекдотов о легендарном Гершеле Остpolere, жившем в XVIII веке шуте при дворе хассидского ребе.

2. Мои листки

Очерки под псевдонимом «Баб-Эль», опубликованные в петроградских изданиях в 1916–1917 годах.
- «Публичная библиотека» // Журнал журналов. 1916. № 48. С. 11–12.
- «Девять» // Журнал журналов. 1916. № 49. С. 7.
- «Одесса» // Журнал журналов. 1916. № 51. С. 4–5.
- «Вдохновение» // Журнал журналов. 1917. № 7.
- «Мои листки: Рассказ И. Бабеля» // Журнал журналов. 1917. № 16. С. 11. Ранняя версия рассказа «В щёлочку», вероятно, написанная в 1915 году.
- «Дуду» // Свободные мысли. 1917. 13 марта. № 2. Опубликовано в продолжении «Журнала журналов» после Февральской революции.
- «Листки об Одессе I» // Вечерняя звезда. 1918. 19 (6) марта.
- «Листки об Одессе II» // Вечерняя звезда. 1918. 21 (8) марта.

3. Дневник

Очерки под псевдонимом «Баб-Эль», опубликованные в петроградском журнале Горького «Новая жизнь» в 1918 году до закрытия оппозиционной прессы в июле. Даты даются по новому стилю, даты по старому стилю даются в скобках.
- «Первая помощь» // Новая жизнь. 1918. 9 марта (24 февраля). С. 2.
- «О лошадях» // Новая жизнь. 1918. 16 (3) марта. С. 2. Подписано: «И. Б.».
- «Недоноски» // Новая жизнь. 1918. 26 (13) марта.
- «Битые» // Новая жизнь. 1918. 29 (16) марта.
- «Дворец материнства» // Новая жизнь. 1918. 31 (18) марта.
- «Эвакуированные» // Новая жизнь. 1918. 13 апреля.
- «Мозаика» // Новая жизнь. 1918. 21 (5) апреля.
- «Заведеньице» // Новая жизнь. 1918. 25 (12) апреля. С. 1–2.
- «О грузине, керенке и генеральской дочке: Нечто современное» // Новая жизнь. 1918. 4 мая (21 апреля).
- «Слепые» // Новая жизнь. 1918. 19 (6) мая.
- «Вечер» // Новая жизнь. 1918. 21 (8) мая.
- «Петербургский дневник: Я задним стоял» // Новая жизнь (Московское издание). 1918. 7 июня (25 мая)
- «Зверь молчит» // Новая жизнь. 1918. 9 июня (27 мая).
- «Финны» // Новая жизнь. 1918. 11 июня (29 мая).
- «Новый быт» // Новая жизнь. 1918. 20 (7) июня.

- «Случай на Невском» // Новая жизнь. 1918. 27 (14) июня.
- «Святейший патриарх» // Новая жизнь. 1918. 2 июля (19 июня).
- «На станции: Набросок с натуры» // Эра. 1918. 13 июля.
- «На Дворцовой площади» // Жизнь искусства. 1918. 11 ноября.
- «Концерт в Катериненштадте» // Жизнь искусства. 1918. 13 ноября

4. На поле чести

Четыре рассказа, опубликованных в недолго просуществовавшем одесском журнале «Лава» в 1920 году, под заголовком «На поле чести». Во вступительном тексте Бабеля пояснялось, что это начало его заметок о войне, основанных на книге Гастона Видаля «Персонажи и анекдоты Великой войны» («Figures et anecdotes de la grande guerre», Париж, 1918). Все рассказы, кроме одного («Квакер»), восходят к книге Видаля.

- «На поле чести» // Лава. 1920. № 1. С. 10.
- «Дезертир» // Лава. 1920. № 1. С. 10–11.
- «Семейство папаши Мареско» // Лава. 1920. № 1. С. 11–20.
- «Квакер» // Лава. 1920. № 1. С. 12–13.

5. Статьи из конармейской газеты «Красный кавалерист» под псевдонимом К. Лютов (1920)

- «Побольше таких Труновых» // Красный кавалерист. 1920.13 августа. С. 3. О смерти Трунова, также описанной в рассказе «Эскадронный Трунов» из «Конармии».
- «Рыцари цивилизации» // Красный кавалерист. 1920. 14 августа С. 2. Подписано «К. Л.».
- «Героиня санитарка» // Красный кавалерист. 1920. 31 августа С. 3. Подписано «Л-в.».
- «Экспедиция, подтянись» // Красный кавалерист. 1920. 11 сентября С. 4. Письмо, адресованное товарищу Жданевичу.
- «Недобитые убийцы» // Красный кавалерист. 1920. 17 сентября С. 2.
- «Ее день» // Красный кавалерист. 1920. 19 сентября С. 2.

6. Письма из Батума, письма из Абхазии

Бабель написал в 1922 году статьи для тбилисской газеты «Заря Востока» в качестве специального корреспондента. Несколько из них появилось под конармейским псевдонимом Бабеля «К. Лютов».

- «В доме отдыха» // Заря Востока. 1922. 24 июня.
- «Камо и Шаумян: Письмо из Батума» // Заря Востока. 1922. 31 августа.
- «Столица Абхазии: Письма из Абхазии» // Заря Востока. 1922. 6 сентября. Не подписано. Ушер Спектор приписал эту статью Бабелю (И. Бабель. Пробуждение. Тбилиси: Мерани, 1989. С. 407).
- «Мадресе и школа: Письма из Аджарии» // Заря Востока. 1922. 14 сентября.
- «Без родины: Письмо из Батума» // Заря Востока. 1922. 14 сентября.
- «Гагры: Абхазские письма» // Заря Востока. 1922. 22 сентября.
- «Табак: Письма из Абхазии» // Заря Востока. 1922. 29 октября.
- «В чакве» // Заря Востока. 1922. 3 декабря. Переиздано с изменениями под заголовком «Кавказский дневник»: Известия Одесского губисполкома, губкома и губпрофсовета КП(б) Украины. 1923. 25 марта.
- «Ремонт и чистка: Абхазские письма» // Заря Востока. 1922. 14 декабря.
- «Паризот и Юлия» // Известия Одесского губисполкома. 1924. 17 марта (вечерний выпуск); подписано «Баб-Эль». См.: «Камо и Шаумян».

7. «Конармия» (в последовательном порядке) (1920–1925)

Большинство из 34 рассказов, вошедших в первое издание «Конармии» (1926), впервые появилось в Одессе и Москве в 1923–1924 годах под заголовком «Из книги "Конармия"», а некоторые были переизданы в московских журналах и сборниках рассказов Бабеля в 1923–1926 годах. Журнальные версии часто отличаются от текста первого книжного издания, вышедшего в 1926 году. Помимо рассказов, вошедших в первое издание, было несколько рассказов, опубликованных в журналах и тематически связанных с конармейским циклом, которые, однако, никогда не включались в него автором. Доказательства того, что изначально был задуман более крупный цикл, можно найти в черновиках, опубликованных частично в: Литературное наследство. Т. 74 (1965), а полностью — в: Литературное обозрение. 1995. № 2. С. 49–66. Тексты первого издания «Конармии», статьи из «Красного кавалериста», конармейский дневник и черновики вошли в собрание: Конармия / Сост. и коммент. Е. И. Погорельской. М.: Наука, 2018.
- «Переход через Збруч» // Правда. 1924. 3 августа. Под заголовком «Из дневника». Переиздано в: Красная новь. 1925. № 3. С. 126–130. Датировано: Новоград-Волынск, 1 июля 1920.

- «Костел в Новограде» // Известия Одесского губисполкома. 1923. 18 февраля. С. 5. Под заголовком «Из книги "Конармия"». Переиздано: Красная нива. 1924. № 39. С. 936–937.
- «Письмо» // Известия Одесского губисполкома. 1923. 11 февраля. С. 5. Под заголовком «Из книги "Конармия"»; датировано: Новоград-Волынск, июнь 1920 года. Переиздано: ЛЕФ. 1923. Август — декабрь. № 4. 63–66.
- «Начальник конзапаса» // ЛЕФ. 1923. Август — декабрь. № 4. С. 69–70. Под названием «Дьяков». Под заголовком «Из книги "Конармия"». Датировано: Белев, июль 1920.
- «Пан Аполек» // Известия Одесского губисполкома [январь 1923], датировано: Новоград-Волынск, июнь 1920 года. Переиздано: Красная новь. 1923. Декабрь № 7. С. 110–115; под заголовком «Миниатюры».
- «Солнце Италии» // Красная новь. 1924. Апрель — май № 3. С. 8–10. Под названием «Сидоров». Под заголовком «Из книги "Конармия"». Датировано: Новоград, июль 1920 года.
- «Гедали» // Известия Одесского губисполкома. 1924. 29 июня. С. 3. С подзаголовком «Из книги "Конармия"». Датировано: Житомир, июнь 1920 года. Переиздано: Красная новь. 1924. Июнь — июль. № 4. С. 13–15.
- «Мой первый гусь» // Известия Одесского губисполкома. 1923. 4 мая. С. 4. С подзаголовком «Из книги "Конармия"». Переиздано: ЛЕФ. 1924. № 1. С. 48–50. Датировано: июль 1920 года.
- «Рабби» // Известия Одесского губисполкома. 1924. 9 марта С. 4. С подзаголовком «Из книги "Конармия"». Переиздано: Красная новь. 1924. Январь — февраль. № 1. С. 68–69.
- «Путь в Броды» // Известия Одесского губисполкома. 1923. 17 июня. С. 1 (приложение). Под заголовком «Из книги "Конармия"». Переиздано: Прожектор. 1923. № 21. С. 13–14. Датировано: Броды, август 1920 года.
- «Учение о тачанке» // Известия Одесского губисполкома. 1923. 23 февраля. С. 6. Под заголовком «Из книги "Конармия"». Переиздано: Прожектор. 1923. № 21. С. 14.
- «Смерть Долгушова» // Известия Одесского губисполкома. 1923. 1 мая. С. 5. С подзаголовком «Из книги "Конармия"». Датировано: Броды, август 1920. Переиздано: Огонек. 1923. 9 мая. № 9; ЛЕФ. 1923. Август — декабрь. № 4. С. 66–68; перепечатано: Звено [Париж]. 1924. 1 декабря.

- «Комбриг два» // ЛЕФ. 1923. Август — декабрь. № 4. С. 70–72. Под названием «Колесников», под заголовком «Из книги "Конармии"». Датировано: Броды, 1920.
- «Сашка Христос» // Известия Одесского губисполкома. 1924. 10 февраля. С. 4. Под заголовком «Из книги "Конармия"». Переиздано: Красная новь. 1924. Январь — февраль. № 1. С. 64–67.
- «Жизнеописание Павличенки, Матвея Родионыча» // Шквал [Одесса]. 1924 (декабрь). № 8. С 4–5. С посвящением Д. А. Шмидту. Переиздано: 30 дней. 1925. № 1. С. 20–26.
- «Кладбище в Козине» // Известия Одесского губисполкома. 1923. 23 февраля С. 6. Под заголовком «Из книги "Конармия"». Датировано: 16.7.20. Переиздано: Прожектор. 1923. № 21. С. 14.
- «Прищепа» // Известия Одесского губисполкома. 1923. 17 июня С. 1. Под заголовком «Из книги "Конармия"»; ЛЕФ. 1923. Август — декабрь № 4. С. 72. Датировано: Демидовка, июль 1920 года.
- «История одной лошади» // Известия Одесского губисполкома. 1923. 13 апреля С. 2. Под заголовком «Из книги "Конармия"», под названием «Тимошенко и Мельников». Переиздано: Красная новь. 1924. Апрель — май. № 3. С. 10–13. Датировано: июнь 1920 года.
- «Конкин» // Известия Одесского губисполкома. 1924. 6 апреля С. 4. Под заголовком «Из книги "Конармия"». Переиздано: Красная новь. Апрель — май 1924. № 3. С. 21–23. Датировано: Дубно, август 1920.
- «Берестечко» // Известия Одесского губисполкома. 1924. 1 марта. Под заголовком «Из книги "Конармия"». Переиздано: Красная новь. 1924. Апрель — май. № 3. С. 19–21. Датировано: Берестечко, 1920.
- «Соль» // Известия Одесского губисполкома. 1923. 25 ноября (литературно-художественное приложение). С. 1. Под заголовком «Из книги "Конармия"»; перепечатано с купюрой концовки в николаевском журнале «Бурав». 1924. № 8. С. 2–3. Переиздано: ЛЕФ. 1923. № 4. С. 73–75; перепечатано: Звено [Париж]. 1924. 1 декабря.
- «Вечер» // Красная новь. Апрель. № 3. С. 127–128. Под заголовком «Из дневника». Одновременно: Шквал. 1925. № 15. Датировано: Ковель, 1920.
- «Афонька Бида» // Известия Одесского губисполкома. 1924. 1 марта. С. 4. Под заголовком «Из книги "Конармия"». Датировано: Берестечко, август 1920 года. Переиздано: Красная новь. 1924. Январь — февраль. № 1. С. 60–64.
- «У святого Валента» // Красная новь. 1924. Апрель — май. № 3. С. 13–16. Под заголовком «Из книги "Конармия"». Датировано: Берестечко, август 1920 года.

- «Эскадронный Трунов» // Красная новь. 1925. Февраль. № 2. С. 3–8. С подзаголовком «Из книги "Конармия"»; Шквал. 1925. Март. № 13. С. 4–6.
- «Иваны» // Русский современник. 1924. № 1. С. 151–156. С подзаголовком «Из книги "Конармия"».
- «Продолжение истории одной лошади» // Известия Одесского губисполкома. 1923. 13 апреля С. 2. Под заголовком «Из книги "Конармия"», под названием «Тимошенко и Мельников...». Переиздано: Красная новь. 1924. Апрель — май. № 3. С. 28–29. Датировано: Галиция, сентябрь 1920 года.
- «Вдова» // Известия Одесского губисполкома. 1923. 15 июля. С. 4. Под названием «Шевелев». Повторно опубликовано: Красная новь. 1924. Апрель — май. № 3. С. 16–19. Датировано: Галиция, август 1920 года.
- «Замостье» // Красная новь. 1924. Апрель — май. № 3. С. 26–28. Под заголовком «Из книги "Конармия"». Датировано: Сокаль, сентябрь 1920 года.
- «Измена» // Известия Одесского губисполкома. 1923. 20 марта. Повторно опубликовано: Красная газета [вечерний выпуск]. 1926. 13 марта. С. 2; Пролетарий [Харьков] (1926) С. 129–133. Датировано: 1920.
- «Чесники» // Красная новь. 1924. Апрель — май. № 3. С. 23–26. Под заголовком «Из книги "Конармия"».
- «После боя» // Прожектор. Октябрь. 1924. № 20. С. 12–13. Повторно опубликовано: Известия Одесского губисполкома. 1924. 2 ноября. Датировано: Галиция, сентябрь 1920 года.
- «Песня» // Шквал. 1925. Март. № 13. С. 14–15. Под названием «Вечер», под заголовком «Из дневника». Повторно опубликовано: Красная новь. 1925. Апрель № 3. С. 125–127. Датировано: Сокаль, 8.20.
- «Сын рабби» // Красная новь. 1924 Январь — февраль. № 1. С. 69–71. Повторно опубликовано: Известия Одесского губисполкома. 1924. 9 марта. С. 4. Датировано: сентябрь 1920 года, Бердичев.

8. Другие конармейские рассказы

Рассказы, не вошедшие в первое издание «Конармии» или тематически связанные с конармейским циклом, но не включенные в книгу.

- «Грищук» // Известия Одесского губисполкома. 1923. 23 февраля. С. 6. Под заголовком «Из книги "Конармия"». Датировано: 16.7.20. Повторно опубликовано: Звезда востока [Ташкент]. 1967. № 3. Рассказ опубликован вместе с «Учением о тачанке»; пропущен во всех изданиях «Конармии».

- «Их было девять» // Новый журнал (Нью-Йорк). 1969. Июнь. № 65. С. 16–20. Первая советская публикация: Огонек. 1989. № 4. С. 10–11. Опубликовано вместе с наброском ранней версии «Их было десять» в: Бабель И. Петербург 1918. Ann Arbor: Ardis, 1989. С. 246–247. Относится к расстрелу заключенных, упомянутому в рассказе «Эскадронный Трунов» (см. запись в дневнике от 30 августа 1920 года. Собрание сочинений, 2: 321). В рукописи датировано: Гликсталь, 1923.
- «Старательная женщина» // Перевал: Альманах. 1928. № 6. С. 188–190.
- «У батьки нашего Махно» // Красная новь. 1924. № 4. С. 12–13.
- «Аргамак» // Новый мир. 1932. № 3. С. 125–127. Датировано 1924–1930. Рассказ впервые включен в «Конармию» в качестве новой концовки в издании 1933 года.
- «Поцелуй» // Красная новь. 1937. № 7. С. 49–51. Иногда рассматривается как альтернативная концовка «Конармии», хотя Бабель никогда не включал в книгу этот рассказ.

9. Одесские рассказы (в последовательном порядке) (1920–1932)

При жизни Бабеля в этом цикле было сгруппировано всего четыре рассказа, и такая практика сохранялась до конца советского периода, а также в некоторых постсоветских российских изданиях. Неподписанная рукопись рассказа об Одессе в годы Гражданской войны, не связанная напрямую с остальной частью цикла, датированная 1923–1925 годами и озаглавленная «Кольцо Эсфири: Рассказ», была опубликована А. Н. Пирожковой, указавшей авторство Бабеля, в: Вопросы литературы. 2003. № 2. С. 283–286.

- «Король» // Моряк [Одесса]. 1921. 23 июня. Повторная публикация: Известия Одесского губисполкома 14–16 мая 1923; ЛЕФ. Август — декабрь 1923. № 4. С. 76–80.
- «Как это делалось в Одессе» // Известия Одесского губисполкома. 1923. 5 мая. Повторная публикация: ЛЕФ. 1923. Август — декабрь. № 4. С. 81–88.
- «Справедливость в скобках» // На помощь! [Одесса]. 1921. 15 августа. Вышел только один номер этой благотворительной газеты.
- «Любка Казак» // Красная новь. 1924. Август — сентябрь. № 5. С. 3–7; Шквал. 1924. Сентябрь. № 1. С. 4–6.

- «Отец» // Красная новь. 1924. Август — сентябрь. № 5. С. 36–42.
- «Закат» // Литературная Россия. 1964. 20 ноября. С. 22–23. Рукопись 1923–1925 годов в собрании сына Бабеля М. В. Иванова, на фирменной бумаге фирмы Э. И. Бабель. Связано с одноименной пьесой. Последние строки в рукописи отсутствуют.
- «Фроим Грач» // Воздушные пути [Нью-Йорк]. 1963. № 3. С. 29–34. В 1933 году Горький рекомендовал к печати этот рассказ, вероятно, написанный в конце 1920-х годов, в Год XVI, но текст на протяжении жизни Бабеля так и оставался неопубликованным. Первая советская публикация: Знамя. 1964. № 8.
- «Конец богадельни» // 30 дней. 1932. № 1. С. 21–25. Датировано 1920–1929 годами.
- «Карл-Янкель» // Звезда. 1931. № 7. С. 55–60; перепечатано: Последние новости [Париж]. 1931. Декабрь. № 3929. С. 3–4.

10. Петербург 1918

Рассказы, написанные в 1919–1923 годах о революционном Петрограде; вероятно, проект, выросший из журналистики 1918 года.

- «Вечер у императрицы», с подзаголовком «Из петербургского дневника». Впервые под названием «В гостях у императрицы», в вышедшей однократно одесской газете «Раненый красноармеец» в марте 1921 года. Ранний вариант рассказа «Дороги». Переиздано в: Силуэты [Одесса] 1. 1922. Декабрь. С. 7.
- «Ходя» // Силуэты [Одесса]. 1932. № 6–7. С. 5. Под заголовком «Из книги "Петербург 1918"». Переиздано в: Новая мысль [Харьков]. 1923. 30 апреля. № 1; перепечатано: Перевал. 1928. № 6.

11. «Офорты» (1921–1924) и другие рассказы 1920-х годов

- «Иисусов грех» // На хлеб [Одесса]. 1921. 29 августа. Однократная благотворительная газета в помощь пострадавшим от голода. Переиздано в: Круг. 1924. № 3.
- «Сказка про бабу» // Силуэты [Одесса]. 1923. № 8–9. С. 5–6. Переиздано в: Новая мысль [Харьков]. 1923, 7 мая, № 2. Вариант рассказа «Иисусов грех».
- «Баграт Оглы и глаза его быка» // Силуэты [Одесса] 1923. № 12. С подзаголовком «Из книги "Офорты"». Переиздано: Красная новь. 1924. № 4. С. 11–12.

- «В щелочку» // Силуэты [Одесса]. 1923. № 12. С. 5. С подзаголовком «Из книги "Офорты"». Вариант рассказа «Мои листки: Рассказ» из цикла «Мои листки». Исправленная версия: Перевал. 1928. № 6.
- «Линия и цвет» // Красная новь. 1923. Декабрь. № 7. С. 108–110. С подзаголовком «Истинное происшествие». Опубликовано под заголовком «Миниатюры», наряду с рассказом «Пан Аполек» из «Конармии», в котором также затрагивается тема художественного видения.
- «Ты проморгал, капитан!» // Известия Одесского губисполкома. 1924. 9 февраля (вечерний выпуск). Подписано «Баб-Эль». Другой вариант, датированный днем похорон Ленина, был опубликован в московском журнале «Красная нива». 1924. Сентябрь. № 39. С. 937.
- «Конец святого Ипатия» // Правда. 1924. 3 августа. С. 4. С подзаголовком «Из дневника». Датировано: Кострома, 20 октября 1923 года. Незначительно исправленная версия: 30 дней. 1925. № 5. Описывает событие в Свято-Троицком Ипатьевском монастыре, который относится к Костромской епархии Русской православной церкви. Монастырские постройки были приспособлены для проживания рабочих костромских текстильных предприятий.
- «Иван-да-Марья» // 30 дней. 1932. № 4. С. 13–17. Датировано 1920–1928 годами. Первоначально анонсировано в конце 1931 года для публикации в «Новом мире». Связано с опытом Бабеля в 1918 году в заготовительных экспедициях, описанным в очерке «Концерт в Катериненштадте» (1918).
- «Мой первый гонорар». Опубликовано посмертно: Воздушные пути [Нью-Йорк]. 1963. № 3. С. 35–44. Датировано в рукописи 1922–1928 годами. Вариант под названием «Справка» впервые опубликован в английском переводе в советском журнале: A Reply to an Inquiry // International Literature. 1937. № 9. P. 86–88. Переиздано в: Бабель И. Избранное. Кемерово: Кемеровское книжное издательство, 1966. С. 320–323. На основе рассказа Петра Сторицына (Когана), с которым Бабель познакомился в Петрограде в 1919 году; действие происходит в Тбилиси, где Бабель опубликовал в 1922 году свои кавказские очерки.

12. «История моей голубятни» (в последовательном порядке)

Так называлась запланированная Бабелем книга рассказов на тему одесского детства. Первый тематически связанный рассказ появляется в рукописи «Детство. У бабушки», датированной 1915 годом (см. выше

«Ранняя проза»). Последним рассказом, опубликованным в серии, стал «Ди Грассо» 1937 года, но в последовательном порядке сюжетных событий он предшествует «Гюи де Мопассану» и «Дороге», начатым в начале 1920-х годов.

- «История моей голубятни» // Красная новь. 1925. № 4. С. 33–40. Посвящено Горькому и сопровождается редакторской заметкой о том, что текст является началом автобиографической повести. Бабель планировал опубликовать этот рассказ вместе с «Первой любовью». Переиздано в: Шквал. 1925. Май. № 17; Красная газета. 1925. 18, 19, 20 мая.
- «Первая любовь» // Альманах «Красная новь» Вып. 1. (М.–Л., 1925). С. 62–69. Также в: Шквал. 1925. № 18. С подзаголовком: «История моей голубятни»; Красная газета. 1925. 23, 25 июня.
- «В подвале» // Новый мир. 1931. № 10. С. 21–25. Под заголовком «Из книги "История моей голубятни"». Датировано 1929-м годом.
- «Пробуждение» // Молодая гвардия. 1931. Сентябрь. № 17–18. С. 13–16. Под заголовком «Из книги "История моей голубятни"». В позднейших изданиях датировано 1930-м годом.
- «Ди Грассо» // Огонек. 1937. 20 августа. № 23. С. 1.
- «Гюи де Мопассан» // 30 дней. 1932. № 6. С. 34, 36–38. Датировано: 1920–1922.
- «Дорога» // 30 дней. 1932. № 3. С. 41–43. Датировано: 1920–1930. Вариант рассказа «Вечер у императрицы».

13. «На биржу труда» (1927)

- «Большие пожары» // Огонек. 1927. № 9. С. 8–9. Глава 9 романа, написанного девятью соавторами.

14. Парижские рассказы (1927–1933)

Пребывание Бабеля в Париже в 1927–1928 и 1932–1933 годах, а также краткий визит в 1935 году дали большой материал для очерков и рассказов. В 1927 году «Новый мир» анонсировал рассказ под названием «Мария-Антуанетта», возможно, связанный с проектом Бабеля на тему Французской революции, о котором он упомянул в переписке из Парижа с Анной Слоним 26 декабря 1927 года (Собрание сочинений, 4: 183). См. также журналистскую статью: «Путешествие во Францию».

- «Улица Данте». С подзаголовком «Из парижских рассказов» // 30 дней. 1934. № 3. С. 40–44. Относится к неопубликованному наброску «Последнее убийство».
- «Суд». С подзаголовком «Из записной книжки» // Огонек. 1938. № 23. С. 8.

15. «Еврейка» (1927–?)

- «Еврейка», фрагмент более крупного прозаического произведения, над которым Бабель работал примерно с 1927 года. Рукопись без даты опубликована в нью-йоркском эмигрантском «Новом журнале». 1969. Июнь. № 95. С. 5–16. Первое советское издание: Год за годом: Литературный ежегодник. 1988. № 4.

16. «Великая Криница» и другие рассказы 1930-х годов

Бабель планировал написать книгу рассказов под названием «Великая Криница» о коллективизации, свидетелем которой он стал в Киевской области. Первоначально, Бабель назвал село Великой Станицей. Рассказ «Гапа Гужва» (датированный весной 1930 года) появился в «Новом мире» в 1931 году, а «Колывушка» впервые был напечатан за рубежом в 1963 году. Первое появление этого же рассказа в Советском Союзе имело место в малоизвестном среднеазиатском журнале в 1967 году. Другие части «Великой Криницы» были заявлены к публикации в «Новом мире» в 1931–1932 годах, но так и не появились: это «Адриан Моринец», «Медь» и «Весна». О рассказе «Сулак», действие которого происходит в 1928 году, было объявлено в 1932 году; текст был опубликован в 1937 году в журнале коллективизационного движения. Можно считать его как эпизодом «Великой Криницы», так и частью давнего проекта о подавлении сражающихся с большевиками партизан в Украине; в архивной машинописи заглавие рассказа было изменено на «Шпион», более соответствующее параноидальным настроениям того времени. Среди других утерянных произведений 1930-х годов — повесть о бывшем бандите в колхозах и о тяжелой промышленности «Коля Топуз», а также рассказы о Кабардино-Балкарии, харизматичный руководитель которой, Бетал Калмыков, был ликвидирован Сталиным в 1938 году.

- «Гапа Гужва» // Новый мир. 1931. № 10. С. 17–20. Под заголовком «Первая глава из книги "Великая Криница"». Датировано весной 1930 года.

- «Колывушка», рукопись второй главы «Великой Криницы», датирована весной 1930 года, возможно, с правками в течение 1931–1935 годов; первая публикация в нью-йоркском эмигрантском журнале: Воздушные пути. 1963. № 3. С. 45–51. Первая советская публикация: Звезда Востока. 1967. № 3.
- «Нефть» // Вечерняя Москва. 1934. 14 февраля. Позднейшие публикации отцензурированы.
- «Сулак» // Молодой колхозник. 1937. № 6. С. 14.

17. «СССР на стройке» (1936–1937)

Этот советский пропагандистский журнал выходил на нескольких языках. Бабель сотрудничал со своей старой одесской подругой, теперь — женой Ежова. У. Спектор приписывает Бабелю тексты из номера, посвященного рабочьей семье Коробовых на Донбассе (СССР на стройке. 1939. № 6); имя Бабеля, вероятно, было изъято в связи с арестом.
- «Колхозы на Киевщине» // СССР на стройке. 1936. № 3. Обложка и текст Бабеля. Номер посвящен коллективизации в Киевской области.
- «М. Горький» // СССР на стройке. 1937. № 4. Специальный номер, посвященный Горькому и отредактированный Бабелем.

18. Пьесы

Карьера Бабеля в театре была короткой и не слишком успешной. В 1930-е годы он работал над сатирой в духе Гоголя о сошедшем с ума городе.
- «Закат» // Новый мир. 1928. № 2. С. 5–35; Закат. М.: Артель писателей «Круг», 1928. В книжном издании были некоторые исправления. Премьера постановки состоялась в Бакинском рабочем театре 23 октября 1927 года. Через два дня спектакль был впервые показан в Одесском театре русской драмы; в декабре его также поставили в Одесском театре украинской драмы. С февраля по декабрь 1928 года пьеса входила в репертуар Второго МХАТа, но постановка оказалась неудачной и была снята.
- «Мария» // Театр и драматургия. 1935. № 3. С. 45–59. Пьеса была снята с постановки на этапе репетиции в Московском еврейском театре и Театре Вахтангова. Часть трилогии о Гражданской войне, вторая часть которой должна была называться «Чекисты».
- «Мама, Римма и Алла», машинопись первой сцены и начала второй на основе рассказа под тем же названием.

19. Фильмография

Бабель взялся за работу в кино прежде всего для погашения долгов и поддержать семью за границей, но некоторые из проектов, в которых он участвовал, по-видимому, так и не были реализованы или были завершены другими людьми. Например, в 1925 году Фурманов попросил Бабеля помочь с экранизацией его романа «Чапаев», но сомнительно, что их сотрудничество состоялось. Бабель, видимо, не участвовал в экранизации «Конармии» Сергея Эйзенштейна совместно с Григорием Александровым и Яковом Блиохом в декабре 1924 года в рамках фильма о Гражданской войне, который должен был сниматься на московской студии «Севзапкино»; работа над сценарием была прервана в марте 1925 года из-за нехватки бюджета. В 1927 году мотивы из фильма были перенесены в нереализованное продолжение эйзенштейновского «Октября». Французская компания заинтересовалась киноверсией «Конармии» в 1933 году, но похоже, что из этого ничего не вышло. В 1933 году Бабель вел переговоры с «Мосфильмом» о сценарии по мотивам «Конармии». Когда в 1932 году Эйзенштейн вернулся в СССР, Бабель помогал ему в халтурной работе, пока Мальро не предложил в июне 1934 года снять киноверсию «Человеческого состояния». После Первого съезда советских писателей Эйзенштейн вместе с Мальро и Бабелем поехал в Крым для работы над сценарием, но фильм так и не был снят. В 1937 году Бабель задумал фильм или драму о герое Гражданской войны Г. И. Котовском, которого он знал лично. Фильм был снят в 1942 году по сценарию Алексея Каплера режиссером Александром Файнциммером, на музыку Прокофьева. Как и в работе Бабеля над киноверсией трилогии Горького, его соучастие в вышедших после ареста проектах не было указано.

- «Соль». Сценарий к фильму режиссера П. Чардынина, снятому на одесской студии Украинской государственной кинокомпании (ВУФКУ), июль 1925 года. По одноименному рассказу из «Конармии». Вышел на украинский экран в 1925 году, в рамках недолговечного киножурнала.
- «Еврейское счастье». Адаптация рассказов о Менахем-Менделе Шолом-Алейхема в переработке А. Грановского. Режиссер Г. Гричер, оператор Э. Тиссе. В главной роли снялся Соломон Михоэлс, в фильме также снимались участники его еврейской театральной труппы. Титры: И. Э. Бабель. Фильм выпущен в 1925 году. Позже в нью-йоркской версии язык титров был заменен на идиш и английский.

- «Блуждающие звезды». Сценарий был основан на одноименном романе Шолом-Алейхема. Режиссер Г. Гричер. Фильм был выпущен в 1926 году. Сценарий опубликован в: Блуждающие звезды. Москва, Кинопечать, 1926; киноповесть была опубликована в: Шквал. 1925. № 3; 30 дней. 1926. № 1. С. 52–59; Советский экран. 1926. № 7.
- В 1926 году Бабель участвовал в монтаже фильма «Кафе Фанкони» по мотивам повести одессита Николая Матьяша «Коровины дети». Режиссер М. Я. Капчинский. Совкино (1-я фабрика), 1927 год.
- «Беня Крик». Сценарий по мотивам одесских рассказов. Фильм снял В. Вильнер в 1926 году на одесской студии ВУФКУ. Выпущен в начале 1927 года. Сценарий опубликован в: Красная новь. 1926. № 6. С. 3–42; отрывки киноповести появились в: Шквал. 1926. № 22–27, в шести частях; в книжной форме была опубликована: Беня Крик: Киноповесть. М.: Артель писателей «Круг», 1927.
- «Китайская мельница». Кинокомедия, сценарий написан Бабелем в 1927 году. Режиссер Л. Левшин. Фильм выпущен в 1928 году. Рукопись с подзаголовком «Пробная мобилизация» опубликована Натали Бабель в: Ulbandus Review. 1978. Vol. 1 № 2. P. 99–156.
- «Джими Хигинс». Адаптация романа Эптона Синклера «Джимми Хиггинс», написанного в соавторстве с Георгием Тасином. Режиссер Г. Тасин, снят на Одесской кинофабрике ВУФКУ в 1928 году.
- «Пышка». Экранная адаптация одноименного рассказа Мопассана. Режиссер М. Ромм, Мосфильм, 1934. Бабель получил аванс за сценарий, но не завершил работу.
- Сценарий документального фильма о строительстве на Днепре, написанный Бабелем в 1930 году.
- «Азеф». Во время пребывания во Франции в 1932 году Бабелю было поручено написать сценарий о печально известном двойном агенте Е. Ф. Азефе. Две сцены Бабель написал совместно с Ольгой Елисеевной Колбасиной, знавшей Азефа, однако от этого сценария отказались, вероятно потому, что кто-то предложил кинокомпании уже готовый. Однако в 1934 году Бабель все еще работал над фильмом «Азеф» в Советском Союзе.
- «Дума про Опанаса». Экранизация одноименной баллады Багрицкого. В 1934 году киевская киностудия «Украинфильм» поручила Бабелю написать сценарий в качестве посмертной дани уважения поэту.
- «Летчики». Бабель участвовал в создании этого фильма в 1934–1935 годах, переписав оригинальный сценарий о летной школе с оговоркой, что его имя не будет фигурировать в титрах, поскольку

он предполагал, что фильм будет провальным. К удивлению Бабеля, фильм стал очень популярен. Режиссер Ю. Райзман, Мосфильм, 1935.

- «Одесса». Сценарий документального фильма о городе, снятого Жаном Лодсом. Комсомольская кинофабрика, Одесса, 1935.
- «Бежин луг». Мосфильм, 1935–1937. Бабель и Эйзенштейн совместно переработали оригинальный сценарий А. Ржевского. Бабель присоединился к съемочной площадке в Ялте 27 сентября 1936 года, но вторая версия вызвала у Эйзенштейна новые политические проблемы, и он был вынужден оставить работу. Сценарий опубликован в: Эйзенштейн С. М. Избранные произведения. Т. 6. М.: Искусство, 1971. С. 129–152. Сохранилось лишь несколько снимков из первой версии.
- «Как закалялась сталь». Экранизация одноименного романа Н. А. Островского. Отрывки опубликованы в: Литературная газета. 1938. 30 октября. Переработанная версия: Красноармеец. 1938. № 9–10. С. 40–41; № 12. С. 16–17. Над сценарием Бабель работал вместе с Ю. Солнцевой. Режиссером должен был стать Борис Барнет, но фильм снял в 1942 году М. Донской, который из-за ареста Бабеля считается сценаристом.
- «Мои университеты». Экранизация части знаменитой автобиографической трилогии Горького. Сценарий И. Бабеля и И. Груздевой. Режиссер М. Донской, Союздетфильм, 1939. В результате ареста Бабеля при выходе фильма в 1940 году сценаристы не были указаны.
- «Старая площадь, 4». Звуковой фильм о строительстве дирижабля «СССР-1». Машинопись из Ленинграда, 20 апреля 1939 года, в архиве Госфильмофонда. Опубликовано: Искусство кино. 1961. № 5. С. 59–78. Над этим фильмом Бабель работал для «Союздетфильма» вместе с В. Крепсом и, видимо, закончил его на скорую руку.

20. Переводческая работа

Как и работа Бабеля над киносценариями, перевод изначально был средством получения необходимых средств для погашения долгов, включая выплату авансов за непоставленные рукописи, а также для поддержки своей семьи за границей. Однако нет никаких сомнений в том, что его работа над переводами Шолом-Алейхема делалась «для души», как и его переводы Мопассана. В 1936 году издательство «Академия» поручило Бабелю отредактировать юбилейное издание сочинений Шолом-Алейхема, вышедшее в 1939 году. Во второй половине 30-х годов Бабель переводил рассказы Шолом-Алейхема, не выходившие на русском языке, а также произведения Менделя Мойхер-Сфорима, но от этих переводов не осталось и следа. В 1935 году Бабель перевел с идиша рассказ В. Н. Рыскинда, который впоследствии был прочитан по советскому радио. О киноадаптации Бабелем произведений Шолом-Алейхема см. выше.

- Мопассан Г. де. Собрание сочинений: в 3 т. / под ред. И. Э. Бабеля. М.-Л., 1926–1927. Бабелю принадлежат переводы «Идиллии», «Признания» и «Болезни Андре». Они перепечатывались в: Погорельская Е. И. И. Э. Бабель — редактор и переводчик Гюи де Мопассана (материалы к творческой биографии писателя) // Вопросы литературы. 2005. № 4. С. 338–351.
- Шолом-Алейхем. Избранные произведения: в 2-х т. / под ред. И. Э. Бабеля; пер. С. Гехт. М.–Л.: Земля и фабрика, 1926–1927. См. об этом издании: Франкель А. Формирование «русского советского канона» Шолом-Алейхема // Jews and Slavs. Jerusalem: Hebrew University of Jerusalem. 2020. № 26. С. 227–248.
- Бергельсон Д. Джиро-Джиро / пер. И. Э. Бабеля // Красная новь. 1936. № 1. Переиздан в: Бергельсон Д. Рассказы. М.: Б-ка «Огонек». 1936. № 42 (957). С. 3–27; Бергельсон Д. Избранное. М.: Государственное издательство художественной литературы, 1957. С. 296–310. Расстрелянный в 1952 году, Бергельсон был реабилитирован после смерти Сталина, и это собрание сочинений стало первым, вышедшим посмертно. В предыдущем издании имя переводчика репрессировано: Бергельсон Д. Избранные произведения. М.: Дер Эмес, 1947. С. 303–316.

21. Статьи, воспоминания и предисловия

Не включены письма в редакцию и коллективные подписи, такие как в петиции 1925 года в ЦК от «попутчиков» против нападок марксистских критиков.

- Автобиография. В кн.: Писатели: Автобиографии и портреты современных прозаиков / под ред. В. Лидина. М.: Н. А. Столляр, 1926. С. 27–29. Указано: Сергиев Посад, ноябрь 1924 года. Перепечатано в: Писатели. Автобиографии и портреты современных русских прозаиков / под ред. Вл. Лидина. Изд. 2-е, доп. и испр. М.: Современные проблемы, 1928. С. 34–35. Рукопись версии 1932 года в: РГАЛИ. Ф. 1559. Оп. 1. Д. 3; опубликована в: Бабель И. Детство и другие рассказы. Иерусалим: Библиотека Алия, 1979. С. 7–8. Новая версия была опубликована в немецком переводе в: Internationale Literatur. — Moskau. 1932.

№ 4–5. S. 20–21 (См. Бар-Селла З. Три автобиографии Исаака Бабеля // Toronto Slavic Quarterly. 2014. Vol. 48. URL: http://sites.utoronto.ca/tsq/48/tsq48_bar-sella.pdf (дата обращения: 09.05.2024); перепечатано в книге: Бар-Селла З. Сюжет Бабеля. М.: Неолит, 2018. С. 296–313.

- «В Одессе каждый юноша…». Предисловие к неопубликованной антологии одесских писателей «Семь молодых одесситов» (1923). Впервые опубликовано в: Литературная газета. 1962. 1 января. С. 3.
- Стихи Багрицкого полны ритмом большевизма // Литературная газета. 1934. 18 февраля. С. 1. Посмертное посвящение Багрицкому в соавторстве с такими одесскими писателями, как Катаев, Олеша, Ильф и Петров.
- Багрицкий. В кн.: Багрицкий Э. Альманах / под ред. В. Нарбута. М.: Советский писатель, 1936. С. 160–161.
- Путешествие во Францию // Пионер. 1937. № 3. С. 8–17. Заметки о визите Бабеля в Париж в 1935 году.
- Начало // Год. 1938. № 21. С. 79–81. Воспоминания Бабеля о встрече с Горьким в 1916 году, основанные на интервью Бабеля С. Трегубу: Учитель: Беседа с тов. И. Бабелем // Комсомольская правда. 1936. 27 июля. С. 3. Другая версия в: Литературная газета. 1937.18 июня. С. 3; также под заголовком «Из воспоминаний» // Правда. 1937. 18 июня. С. 3.
- «М. Горький»: см. «СССР на стройке».
- Памяти А. Г. Малышкина // Известия. 1938. 4 августа. С. 4. Также опубликовано как: Прекрасный товарищ // Литературная газета. 1938. 5 августа. С. 2. Посвящение автору книги «Падение Дайра», подписанное Бабелем и еще 30 авторами.
- Литературные мечтания // Литературная газета. 1938. 31 декабря. С. 5. Короткий текст для страницы пожеланий советских писателей в новом году. Пожелание Бабеля — новое издание Л. Н. Толстого.
- Предисловие к «Запискам актера» одесского артиста и музыканта Леонида Утесова, написанным в 1939 году, но не опубликованным из-за ареста Бабеля. Оно появилось как предисловие к отрывкам воспоминаний Утесова «Моя Одесса» в: Литературная Россия. 1964. 21 августа. № 16. Переиздано в: Москва. 1964. № 9. С. 120. Перепечатано как послесловие в: Утесов Л. Моя Одесса. Одесса: ОКФА, 1995.

22. Публичные речи и интервью

- И. Э. Бабель о себе // Вечерний Киев. 1927. 31 марта. Интервью по случаю публичного чтения Бабелем пьесы «Закат».

- И. Э. Бабель о новой картине Эйзенштейна: Выступление в Колонном зале Киевского Института народного хозяйства // Вечерний Киев. 1927. 31 марта. Заметки Бабеля к «Генеральной линии» Эйзенштейна.
- Весной 1927 года Бабель дал очень осторожное интервью «Известиям Одесского губисполкома».
- Речь, которую Бабель произнес в свою защиту на встрече секретариата писательской организации ФОСП, Москва, 13 июля 1930 года. Стенограмма опубликована в: Памир [Душанбе]. 1974. № 6. С. 86–87.
- «Ольник». Писатель И. Бабель в «Смене» // Смена. 1932. № 17–18. С. 25. Беседа с молодыми писателями, в ходе которой Бабель рассказал о своем рассказе «Гюи де Мопассан» и пообещал прочитать рассказы о коллективизации. См. также: «Я рад закрепить нашу дружбу» — Бабель у комсомольцев // Литературная газета. 1932. 5 сентября. С. 3.
- «Soirée antifasciste: Allemagne, Perse, Chine, URSS vues par des écrivains révolutionnaires». Съезд был организован Ассоциацией революционных писателей и художников. Париж, 16 июня 1933 года. Среди докладчиков были Бабель, Лев Никулин, Эгон Эрвин Киш, Луис Арагон и Поль Вайян-Кутюрье.
- «Сорок лет творческой жизни А. М. Горького» (40-ème anniversaire de la vie littéraire de Maksim Gorky). Вечер был организован Ассоциацией революционных писателей и художников, Париж, первая половина 1933 года. Среди докладчиков были Бабель, Жан-Ришар Блок и Поль Вайян-Кутюрье.
- «На западе» // Вечерняя Москва. 1933. 16 сентября Впечатления Бабеля от его визита во Францию и Италию в 1932–1933 годах на основе его речи в Москве 11 сентября 1933 года. Отрывки из стенограммы опубликованы С. Поварцовым в: Вопросы литературы. 1974. № 4. С. 244–248; Вопросы литературы. 1979. № 4. С. 163–165.
- Глазами писателя: Бабель о заграничной поездке // Литературный Ленинград. 1933. 26 сентября. Дальнейшее освещение заграничной поездки Бабеля.
- Публичные чтения «Марии», 1934. В: Пельсон, Е. Новая пьеса Бабеля: На авторской читке в Литературном музее // Литературная газета. 1934. 4 марта С. 4.
- Работа над рассказом: из беседы с начинающими писателями // Смена. 1934. № 6. С. 14.
- Выступление на Первом съезде советских писателей, 1934. Опубликовано: Бабель И. Э. Речь на Первом всесоюзном съезде советских

писателей, 23.08.1934. В кн.: Первый всесоюзный съезд советских писателей: Стенографический отчет / под ред. И. Луппoль, и др. М.: Государственное издательство художественной литературы, 1934. С. 278–280. Воспроизведено в: Первый всесоюзный съезд советских писателей: Стенографический отчет. М.: Советский писатель, 1990. Отредактированная версия: «Содействовать победе большевистского вкуса» // Литературная газета. 1934. 24 августа. Другая версия в: «Пошлость — вот наш враг» // Правда. 1934. 25 августа. С. 4. Позднейшие публикации подвергнуты цензуре.

- Выступление к молодежному параду на Красной площади 1 сентября 1934 года. Опубликовано в: Музыка лозунгов: Писатели на площади // Комсомольская правда. 1934. 2 сентября. С. 2.
- Двухчасовой разговор в Доме советских писателей 26 апреля 1935 года про вклад рассказов о Кабардино-Балкарии в запланированную Горьким антологию, посвященную второй пятилетке. Известно из: Я. Э. Встреча с Бабелем // Литературная газета. 1935. 5 мая. С. 6.
- Речь на вечере памяти Эдуарда Багрицкого в Доме советских писателей, 16 февраля 1935 года. Опубликована в: Эдуард Багрицкий: Воспоминания современников / под ред. Л. Г. Багрицкой. М.: Советский писатель, 1973. С. 400–401. Немного отличается от перечисленных выше мемуаров.
- Выступление на Конгрессе в защиту культуры в Париже летом 1935 года. Бабель и Пастернак, изначально не включенные в советскую делегацию, прибыли позже и выступили с импровизированными речами, которые в своих мемуарах пересказывают Эренбург и Савич. По возвращении в Москву Бабель дал отчет по итогам конгресса, о котором сообщает Дальман в: Широким фронтом против фашизма: Товарищи И. Бабель, В. Киршон и К. Луппoль о Конгрессе защиты культуры // Литературная газета. 1935. 15 августа. См. также отчет Эренбурга с конгресса, указанный ниже, обобщения и доклады, воспроизведенные в: *Pour la défense de la culture: Les textes du congrès international des écrivains, Paris, juin 1935* / Ed. S. Teroni, W. Klein. Dijon: Editions universitaires de Dijon, 2005. Текст доклада Бабеля не сохранился.
- Речь на конференции молодых писателей на Донбассе, 1935. Цитируется в: Социалистический Донбасс. 1935. 5 декабря.
- Речь к столетию со дня рождения еврейского писателя Менделя Мойхер-Сфорима на коммеморативной встрече, Москва, 1936. Цитируется Я. Эйдельманом в: «Менделе Мойхер-Сфорим: на торже-

ственном заседании в Доме союзов» // Литературная газета. 1936. 5 марта. С. 6.

- Речь на десятой годовщине смерти Д. А. Фурманова, 15 марта 1936 года. Частично опубликована в: О Фурманове: Строгость и страсть писателя // Москва. 1963. № 4. С. 219–222.
- Речь на Съезде московских писателей против «формализма» в искусстве, 26 марта 1936. Цензурированная версия в: О работниках новой культуры // Литературная газета. 1936. 31 марта. С. 1. Отредактированная стенографическая версия опубликована И. В. Литвиненко в: Встречи с прошлым. 2-е испр. издание. М.: Советская Россия, 1985. С. 209–213.
- Прощанье с Ильфом: Гражданская панихида // Литературная газета. 1937. 20 апреля. С. 5. Запись о речах Бабеля и других на похоронах Ильфа.
- Публичные чтения рассказов «Ди Грассо», «Справка» и других в Союзе писателей 28 сентября 1937 года. Отредактированные выдержки из замечаний Бабеля опубликованы в: «О творческом пути писателя» // Наш современник. 1964. № 4. С. 96–100. Другие выдержки цитирует С. Поварцов в: Вопросы литературы. 1979. № 4. С. 165–167.
- Выступление на рабочей конференции молодых писателей из национальных республик, 30 декабря 1938 года. Неопубликованная расшифровка хранится в: ИМЛИ. Ф. 43. Оп. 1. № 944/2б, 33.

23. Дневник

Дневник Бабеля 1920 года, написанный в тетради во время Советско-польской войны, впервые был частично опубликован в «Литературном наследстве» (1965, Т. 74); цензурированная версия появилась как «Ненавижу войну: Из дневника 1920 года Исаака Бабеля» // Дружба народов. 1989. № 4. С. 238–252; № 5. С. 247–260. Первая публикация «Дневника 1920 года» в формате книги: Конармия. Рассказы. Дневники. Публицистика. М.: Издательство «Правда», 1990.

24. Архивные материалы и переписка

Архивные материалы хранятся в РГАЛИ (Москва), рукописном отделе ИМЛИ (Москва) и коллекции И. Т. Гольцмана, Гуверовский институт, Стэнфорд. Частная переписка Бабеля на протяжении многих лет публиковалась в отрывках, в журналах, например: Выдержки из писем И. Э Бабеля к матери и сестре (1925–1939) // Воздушные пути. 1963. № 3.

С. 101–115. Сборники его писем друзьям и родственникам помещены в четвертом томе собрания сочинений Бабеля (М.: Время, 2006), а письма к его другу Исааку Лившицу были отобраны Е. И. Погорельской из архива семьи Лившица в сборнике писем и архивных материалов: Письма другу: Из архива И. Л. Лившица / Сост. Е. И. Погорельская. М.: Государственный литературный музей / Три квадрата, 2007.

КНИГИ

- Рассказы. М.: Библиотека «Огонек», 1925. 125 с. 50 000 экз. Содержание: «Пан Аполек», «Учение о тачанке», «Кладбище в Козине», «Жизнеописание Павличенки, Матвея Родионыча».
- Рассказы. М.–Л.: Государственное издательство, 1925. 109 с. 10 000 экз. Содержание: «Король», «Как это делалось в Одессе», «Отец», «Письмо», «Смерть Долгушова», «Сашка Христос», «Соль», «Замостье», «Иисусов грех», «Линия и цвет».
- Любка Казак. М.: Библиотека «Огонек», 1925. 37 с. 50 000 экз. Содержание: «Любка Казак», «Отец», «Эскадронный Трунов».
- История моей голубятни. М.-Л.: Земля и фабрика, 1926. 79 с. 8000 экз. Содержание: «История моей голубятни», «Первая любовь», «Любка Казак», «Шевелев» (позднейшее название — «Вдова»), «Конец св. Ипатия», «У батьки нашего Махно», «Ты проморгал, капитан!».
- История моей голубятни. Прага: [Б. и.], 1926.
- Блуждающие звезды. М.: Кинопечать, 1926. 80 с. 10 000 экз.
- Конармия. М.–Л.: Государственное издательство, 1926. 170 с. Первое издание цикла «Конармия», 7 000 экз.
- Рассказы. М.–Л.: Государственное издательство, 1926. Серия «Универсальная библиотека», выпуск 22. 64 с. То же что издание 1925 года.
- Король. Париж: Очарованный странник, 1926. 32 с.
- Беня Крик: Киноповесть. М.: Артель писателей «Круг», 1927. 95 с. 7000 экз.
- Конармия. М.–Л.: Государственное издательство, 1927. 2-е изд. 170 с. 10 000 экз.
- Рассказы. М.: Государственное издательство, 1927. 2-е изд. 15 000 экз.
- История моей голубятни. М.-Л.: Земля и фабрика, 1927. 2-е изд. 79 с. 5000 экз. То же что издание 1926 года.
- Конец св. Ипатия. М.–Л.: Земля и фабрика, 1927. 32 с. 10 000 экз.
- Король: Рассказы. М.–Л.: Государственное издательство, 1927. 126 с. 10 000 экз. Содержание: «Король», «Как это делалось в Одессе»,

«Любка Казак», «Отец», «Иисусов грех», «Линия и цвет», «Конец св. Ипатия», «У батьки нашего Махно», «Ты проморгал, капитан!».

- История моей голубятни. Париж: [Б. и.], 1927. Библиотека новейших писателей, выпуск 3. 63 с. Содержание: «История моей голубятни», «Первая любовь», «Любка Казак», «У батьки нашего Махно», «Конец св. Ипатия».
- Конармия. М.: Федерация, 1927. Общедоступная библиотека. 84 с. 5000 экз. Подборка 13 рассказов из «Конармии», изданная союзом писателей ФОСП к 10-летию революции. Автор на титульном листе указан как «Н. Бабель», а книга претендует на звание «третьего» издания. Текст рассказа «Мой первый гусь» сокращен.
- Закат. М.: Артель писателей «Круг», 1928. 96 с. 5000 экз.
- Конармия. М.–Л.: Государственное издательство, 1928. 3-е издание, переработанное. 172 с. 10 000 экз.
- Конармия. М.: Государственное издательство, 1930. 4-е издание. 5000 экз.
- История моей голубятни. М.–Л.: Государственное издательство, 1930. 24 с. 15 000 экз. Школьное издание.
- Конармия. М.: 1931. 5-е и 6-е издания, переработанные. 127 с. 10 000 экз.
- Одесские рассказы. М.–Л.: Гослитиздат, 1931. 144 с. 10 000 экз. Содержание: «Король», «Как это делалось в Одессе», «Любка Казак», «Отец», «Закат», «История моей голубятни», «Первая любовь», «Конец св. Ипатия», «У батьки нашего Махно», «Ты проморгал, капитан!».
- Рассказы. М.: Гослитиздат, 1932. 219 с. 6000 экз. Основано на издании «Одесских рассказов» 1931 года, с добавлением рассказов: «Пробуждение», «В подвале», «Карл-Янкель», «Конец богадельни».
- Рассказы. М.: Федерация, 1933. 6 200 экз.
- Конармия. М.: Гослитиздат, 1933. 7-е и 8-е издания, дополненные. 138 с. 10 000 экз. Дополнено рассказом «Аргамак», новым завершением цикла.
- Рассказы. М.: Гослитиздат, 1934. 288 с. 15 000 экз. Это и последующие издания были политически цензурированы. «Конармия», «Король», «Как это делалось в Одессе», «Любка Казак», «Отец», «Закат», «Иисусов Грех», «История моей голубятни», «Первая любовь», «Конец св. Ипатия», «У батьки нашего Махно», «Ты проморгал, капитан!», «Иван-да-Марья», «Гюи де Мопассан», «Нефть», «Улица Данте».
- Рассказы. М.: Гослитиздат, 1935. 200 с. Содержание сокращено до: «Конармия», «Король», «Как это делалось в Одессе», «Любка Казак», «Отец»,

«Закат», «Иисусов грех», «История моей голубятни», «Конец св. Ипатия», «Ты проморгал, Капитан!», «Карл-Янкель», «В подвале», «Пробуждение». Пробный экземпляр с указаниями для правок и купюров, датированный апрелем 1935 года, в: РГАЛИ. Ф. 613. Оп. 1. Д. 5446.

- Мария. М.: Гослитиздат, 1935. 3000 экз.
- Рассказы. М.: Гослитиздат, 1936. 320 с. 50 000 экз. То же, что издание 1934 года, с добавлением рассказов «В подвале» и «Пробуждение».
- Избранные рассказы. М.: Жургазобъединение, 1936. Библиотека «Огонек», выпуск 47. Содержание: «Смерть Долгушова», «В подвале», «Гюи де Мопассан», «Нефть». 40 с. 40 000 экз. Последний советский сборник, опубликованный при жизни Бабеля.
- Избранное. М.: Государственное издательство художественной литературы, 1957. 376 с. 25 000 экз. Издано после реабилитации. Подготовлено Г. Мунблитом с предисловием Ильи Эренбурга. Основано на издании 1936 года «Рассказы», с исключением: «Иван-да-Марья», «У батьки нашего Махно», и с добавлением: «Улица Данте», «Суд», «Ди Грассо», «Поцелуй», «Багрицкий», «Начало», «Мария».
- Забытые рассказы. Чикаго: Russian Language Specialties, 1964. Переиздание: Letchworth: Bradda Books, 1965. Подборка рассказов, переписки и мемуаров, впервые опубликованная в: Знамя. 1964. № 8.
- Рассказы и очерки. Одесса, 1965. 224 с. Самиздат. 5 экз.
- Четыре рассказа. Letchworth: Bradda Books, 1965. Студенческое издание. Содержание: «Автобиография», «Гедали», «История моей голубятни», «Конец св. Ипатия», «Пробуждение». 116 с.
- Конармия, Одесские рассказы, Пьесы. Letchworth: Bradda Books, 1965. Основано на московском издании 1957 года, с добавлением «Одессы».
- Избранное. М.: Издательство художественной литературы, 1966. 494 с. 75 000 экз. Комментарии Е. Краснощековой. Основано на издании 1957 года. Добавлено: предисловие Л. М. Поляк, «Шабос-нахаму», «Линия и цвет», «Фроим Грач», «Сулак», «Ди Грассо», «Поцелуй», «Суд», выдержки из переписки и публичных выступлений, таких как «Горький», и предисловие 1923 года к неопубликованному сборнику одесских писателей. Существенно отцензурировано.
- Избранное. Кемерово: Кемеровское книжное издательство, 1966. 352 с. 90 000 экз. Составлено Г. Мунблитом. Содержит предисловие И. Эренбурга. Основано на московском издании 1957 года, но включает некоторые рассказы, не вошедшие в издание 1966 года («Мама, Римма и Алла», «Вдохновение», «Камо и Шаумян», «Вечер у императрицы», «Справка», «Иван-да-Марья», «Гапа Гужва», «Сулак»).

- Детство и другие рассказы / Сост. Э. Зихер. Иерусалим: Библиотека Алия, 1979. Комментированное издание без цензуры, включая ранние дореволюционные рассказы, циклы «Одесские рассказы» и «История моей голубятни», а также полный текст первого издания «Конармии». 410 с.
- Забытый Бабель / Сост. Николас Строуд. Анн Арбор, США: Ардис, 1979. 291 с. Неполные тексты статей из «Новой жизни» и другие «забытые» дореволюционные произведения.
- Одесские рассказы. Чикаго: «Пегас», [1982?], с заголовком «Библиотека Одесса в поэзии, прозе, песне: к 200-летию Одессы». Содержание: «Автобиография», «Король», «Как это делалось в Одессе», «Любка Казак», «Отец». Перепечатано Ильей Рудяком по советскому изданию.
- Избранное. Минск: Мастацкая літаратура, 1986. 270 с. 250 000 экз. Перепечатано по кемеровскому изданию 1966 года.
- Конармия. Рассказы. Элиста: Калмыцкое книжное издательство, 1986. 219 с.
- Одесские рассказы и другие произведения. Частное издание М. Вейнштейна, Израиль, 1988. Едва замаскированный репринт «Детства и других рассказов» и некоторых страниц из «Забытого Бабеля». 371 с.
- Петербург 1918 / Сост. Э. Зихер. Ann Arbor: Ardis, 1989. Собрание прозы, не вошедшей в книгу «Детство и другие рассказы», включая серию «Мои листки», статьи из «Новой жизни» («Петербургский дневник»), «На поле чести», запланированные книги «Петербург 1918» и «Офорты», парижские рассказы и «Великую Криницу» (рассказы о коллективизации), дополнительные конармейские рассказы, фрагменты «Три часа дня», «Их было десять», «Еврейка». 270 с.
- Конармия. Избранные произведения. Киев: Издательство художественной литературы «Дніпро», 1989. 350 с. 250 000 экз. Основано на московском издании 1957 года и кемеровском издании 1966 года, с послесловием В. Я. Звинятовского.
- Конармия. Баку: Азербайджанское государственное издательство, 1989. 303 с. 250 000 экз. Включает: «Конармия», одесские и другие рассказы, «Закат», «Мария», «Багрицкий», «Начало».
- Рассказы. М.: Библиотека «Огонек», 1989. 45 с.
- Избранное. М.: Издательство Всесоюзного заочного политехнического института, 1989. Основано на московском издании 1966 года с предисловием Е. Скарлыгиной. 50 000 экз.
- Конармия. Мурманск: Мурманское книжное издательство, 1989. Включает: «Конармия», «Закат», избранные рассказы.

- Конармия: Новеллы. Алма-Ата: Жалын, 1989.
- Пробуждение: Очерки, рассказы, киноповесть, пьеса. Тбилиси: Мерани, 1989. 432 с. 80 000 экз. Избранные произведения, с предисловием и комментариями Ушера Спектора. Собраны в основные циклы, но с добавленным грузинским разделом, включающим очерки и два рассказа на кавказскую тематику, а также отрывки из рассказов и очерков 1913–1938 годов. Включено много литературных и биографических материалов, которых нет в предыдущих сборниках.
- Конармия. Рассказы. Дневники. Публицистика. М.: Издательство «Правда», 1990. 400 000 экз.
- Конармия — повесть. Одесские рассказы. Одесса: Маяк, 1990. Отцензурированный текст «Конармии» и 16 рассказов.
- Избранное. Душанбе: Дониш, 1990. 200 000 экз.
- Избранное. Фрунзе: Адабият, 1990. 300 000 экз.
- Рассказы. Сыктывкар: Коми книжное издательство, 1990. 287 с.
- Беня Крик и другие рассказы. Южно-Сахалинск: Дальневосточное книжное издательство, 1990. 127 с.
- Сочинения: В 2 т. / Сост. А. Н. Пирожкова. М.: Художественная литература, 1990. Основано на более поздних версиях рассказов, но с восстановлением некоторых подвергнутых цензуре мест в текстах. Включает «Дневник 1920 года» и переписку с друзьями и родственниками, ранее не собиравшиеся на русском языке и не публиковавшиеся в СССР. Не включает некоторые ранее опубликованные письма, а также: «Листки об Одессе», «Еврейка», «Три часа дня», «Справка» и «На биржу труда».
- Конармия. Одесские рассказы., Статьи. Пьесы., Письма. Иркутск: Восточно-сибирское книжное издательство, 1991. Основано на московском издании 1966 года и алма-атинском издании 1989 года.
- Как это делалось в Одессе. СПб.: Роспринт, 1991. 100 000 экз. Включает одесский цикл и киноповесть «Беня Крик».
- Одесские рассказы / Сост. А. С. Глущак. Одесса: Добровольное общество любителей книги УССР / Одесский производственный комбинат Летопись, 1991. 20 000 экз. Иллюстрированное издание, включающее «Автобиографию» и 11 рассказов, связанных с Одессой.
- Ликуя и содрогаясь: Рассказы и пьесы разных лет. Одесса: ВПТО «Киноцентр», 1992. 268 с.
- Петроградская проза. СПб.: Юпитер, 1993. 50 000 экз. Включает: петроградские рассказы, статьи из «Новой жизни», «Мария».

- Одесские рассказы. Конармия. М.: Известия, 1994. «Конармия» завершается «Поцелуем».
- Конармия / Ed. with notes by C. D. Luck. Bristol: Classical Press / Duckworth, 1994.
- Одесские рассказы. Ростов: Книга, 1995. 190 с.
- Сочинения: В 2 т. М.: Terra, 1996. Основано на сборнике 1936 года, но некоторые материалы взяты из первых публикаций и архивных источников.
- Избранное: книга для ученика и учителя. М.: Олимп, 1996.
- Конармия. Рассказы. Пьесы. СПб.: Кристалл, 1998. 606 с.
- Одесские рассказы: рассказы, пьесы. М.: Эксмо Пресс, 1999. 639 с.
- Дневник 1920. М.: MIK, 2000. 93 с.
- Избранное: Рассказы 1913–1924 гг. Одесские рассказы. Рассказы 1925–1938 гг.. Беня Крик (киноповесть). Ростов на Дону: Феникс, 2000. 315 с.
- Одесские рассказы. Одесса: Оптимум, 2001. Собрание произведений Бабеля на одесскую тематику к 80-летию со дня первой публикации рассказа «Король».
- В Одессе или около: рассказы, пьеса. Екатеринбург: У-Фактория, 2001. 365 с.
- Конармия. СПб.: Кристалл, 2001. 157 с. Содержит: «Конармия», Рассказы (1920–1937).
- Как это делалось в Одессе. СПб.: Кристалл, 2002. 205 с.
- Избранное. М.: MIK, 2002. 587 с.
- Собрание сочинений: В 2 т. М.: Издательский дом «Альд-Литература», 2002. Т. 1, 523 с.; т. 2, 542 с. 5000 экз. Более полный, чем предыдущие сборники, и включает широкую выборку корреспонденции. Примечания С. Протасова, предисловие Е. Белой.
- Конармия. М.: Олимп / АСТ, 2002. 264 с.
- Избранное. М.: Олимп / АСТ, 2002. 348 с.
- Конармия. Одесские рассказы. М.: АСТ, 2003. 478 с.
- Конармия. М.: Детская литература, 2003. 204 с.
- Как это делалось в Одессе. Сост. И. Н. Сухих. СПб.: Азбука-классика, 2003. 283 с. Содержание: «Одесские рассказы»; «История моей голубятни»; «Петербургский дневник»; «Великая Криница».
- Конармия; Одесские рассказы; Рассказы разных лет; Беня Крик: М.: Дрофа-Плюс, 2005. 318 с.
- Как это делалось в Одессе: рассказы. М.: Эксмо, 2005. 558 с.
- Антология сатиры и юмора России XX века. Т. 44: Исаак Бабель / Ред. Б. Сарнов. М.: Эксмо, 2005. 576 с. 8000 экз. Избранные рассказы,

мемуары, фотографии. Комментарии взяты из нескольких предыдущих изданий.

- Рассказы: аудиокнига. Читает С. Маковецкий. М.: РАО «Говорящая книга», 2005.
- Рассказы: аудиокнига. Читают: В. Меньшов, Б. Плотников. М.: 1С-Паблишинг, 2005.
- Собрание сочинений: В 4 т. М.: Время, 2006. Т. 1, 575 с.; т. 2, 410 с.; т. 3, 494 с.; т. 4, 637 с. 3000 экз. Сост. И. Сухих с его предисловием к каждому из четырех томов. Это до сих пор наиболее полное собрание сочинений Бабеля. Издание структурировано по тематическому принципу и имеет алфавитный указатель названий произведений, примечаний и приложений, в том числе неподписанный рассказ «Кольцо Эсфири». Четвертый том, состоящий из переписки, включает 371 письмо Бабеля семье и друзьям, а также воспоминания А. Н. Пирожковой «Семь лет с Исааком Бабелем».
- Письма другу: из архива И. Л. Лившица / Сост. Е. И. Погорельская. М.: Государственный литературный музей / Три квадрата, 2007.
- Избранные рассказы: аудиоспектакль. Читает С. Маковецкий. М.: Равновесие 2007.
- Рассказы; Одесские рассказы; Конармия; Пьесы; Из дневника 1920 г. М.: АСТ / Хранитель, 2007.
- Конармия. Одесса: «Пласке», 2007.
- [как соавтор] Большие пожары: роман 25 писателей. М.: Книжный клуб 36.6, 2009.
- Собрание сочинений: В 3 т. СПб.: «Азбука», 2012.
- Рассказы / Сост. и коммент. Е. И. Погорельской. СПб.: Изд-во «Вита Нова», 2014. 655 с. 1000 экз.
- Малое собрание сочинений. СПб.: Азбука, 2014. 4000 экз.
- Улица Данте. Рассказ. Отдельное художественное издание в двух книгах; макет и иллюстрации: Алексей Борусов. Ред.: Леонид Юниверг. Авторы статей: Е. Погорельская и А. Жолковский. Иерусалим: Филобиблон, 2015. Тираж 175 экз., из которых 50 — нумерованные.
- Одесские рассказы; Конармия. М.: АСТ, 2016.
- Конармия / Издание подготовила с комментариями Е. И. Погорельская. М.: Наука, 2018. Содержит первое издание «Конармии», черновики и наброски, дневник, добавленные конармейские рассказы, архивные материалы.
- Конармия. Одесские рассказы. М.: Азбука, 2020. 352 С. Иллюстрации Антоном Ломаевым.
- Одесские рассказы. СПб.: Азбука, 2022.

Вторичные источники

Александров 2011 — Александров Р. Волшебник из Одессы: по следам Исаака Бабеля. Одесса: Пласке, 2011.

Андрушко 1995 — Андрушко Ч. Платонов и Бабель: Новые Дон Кихоты // Studia Rossica Posnaniensia. 1995. Vol. 26. P. 39–49.

Асеев 1926 — Асеев Н. Не скучайте на титрах! // Советский экран 1926. № 8. С. 14.

Багрицкий 1936 — Багрицкий Э. Г. Альманах / под ред. В. Нарбута. М.: Советский писатель, 1936.

Бар-Йосеф 1990 — Бар-Йосеф Х. Бялик и русская поэзия // Ариэль. 1990. № 3. С. 24–49.

Бар-Селла 2018 — Бар-Селла З. Сюжет Бабеля. М.: Неолит, 2018.

Батюшков 1934 — Батюшков К. Н. Сочинения / под ред. Д. Д. Благого. М.: Academia, 1934.

Бахтин 1990 — Бахтин М. М. Творчество Франсуа Рабле и народная культура Средневековья и Ренессанса. М., 1990.

Бейдер 2004 — Анекдоты от Гершеле Острополера: классический еврейский юмор / Сост., пер. с идиша Х. Бейдера. Иерусалим; М., 2000.

Белая 1989а — Белая Г. А. Конармия И. Бабеля: вчера и сегодня // Белая Г. Дон Кихоты 20-х годов: «Перевал» и судьба его идей. М.: Советский писатель, 1989. С. 149–169.

Белая 1989б — Белая Г. А. Третья жизнь Исаака Бабеля // Октябрь. 1989. № 10. С. 185–197.

Белая 1995 — Белая Г. А. На новый уровень исследования // Вопросы литературы. 1995. № 1. С. 96–97.

Белая 2002 — Белая Г. А. Дон Кихоты революции — опыт побед и поражений. Изд. 2-е, допол. М.: РГГУ, 2002.

Белов 1970 — Белов А. «Когда герои Шолом-Алейхема объясняются на языке Молдаванки...» // Мастерство перевода. 1970. № 7. С. 453–458.

Берков 1989 — Берков М. М. Мы были знакомы с детства // Воспоминания о Бабеле / Сост. А. Н. Пирожкова, Н. Н. Юргенева. М.: Книжная палата, 1989. С. 203–208.

Брудер-Коган 2000 — Брудер-Коган М. Полемика об интертитрах вообще и об интертитрах в «Еврейском счастье» — в частности // Киноведческие записки. 2000. № 48. URL: http://www.kinozapiski.ru/ru/article/sendvalues/541/ (дата обращения: 11.05.2024).

Буденный 1924 — Буденный С. М. Бабизм Бабеля из «Красной нови» // Октябрь. 1924. № 3. С. 196–197.

Будницкий 2005 — Будницкий О. В. Российские евреи между красными и белыми (1917–1920). М.: РОССПЭН, 2005.

Булгаков 1978 — Булгаков М. А. Белая гвардия; Театральный роман; Мастер и Маргарита. Л.: Художественная литература, 1978.

Бялик 1964 — Бялик Х. Н. Стихи и поэмы [1922]. Новое издание. Тель-Авив: Двир, 1964.

Вайс 2008 — Вайс Р. Современный еврейский литературный канон: Путешествие по языкам и странам / Под ред. З. Л. Копельман; пер. с англ. Н. Рохлиной. Иерусалим: Гешарим; М.: Мосты культуры, 2008.

Вайскопф 2017 — Вайскопф М. Между огненных стен: Книга об Исааке Бабеле. М.: Книжники, 2017.

Вальдман 2008 — Вальдман Б. Русско-еврейская журналистика (1860–1914): литература и литературная критика. Рига: Центр изучения иудаики Латвийского университета, 2008.

Верникова 2020 — Верникова Б. Л. Пришедший из забытья: русско-еврейская литературная Одесса: эссе, статьи, интервью. Одесса: Optimum, 2020.

Вешнев 1924 — Вешнев В. Г. Поэзия бандитизма // Молодая гвардия. 1924. № 7–8. С. 274–280.

Воронский 1925 — Воронский А. К. И. Бабель // Литературные типы. М.: Круг, 1925. С. 99–118.

Гандлевский 2009 — Гандлевский С. Гибель с музыкой (о Бабеле) // Знамя. 2009. № 9. С. 187–197.

Гехт 1989 — Гехт С. У стены Страстного монастыря в летний день 1924 года // Воспоминания о Бабеле / Сост. А. Н. Пирожкова, Н. Н. Юргенева. М.: Книжная палата, 1989. С. 54–63.

Гиленсон 1991 — Гиленсон В. Бабель — Хемингуэй // Сюжет и время: Сборник трудов к семидесятилетию Георгия Васильевича Краснова. Коломна: Коломенский педагогический институт, 1991. С. 156–159.

Глейзер 2021 — Глейзер А. М. Литературная черта оседлости: От Гоголя до Бабеля / Пер. И. Нахмансона. Бостон; СПб.: Academic Studies Press; Библиороссика, 2021.

Говрин 1974 — Говрин А. Встречи с Бабелем // Наша страна. 1974. 22, 29 марта, 5 апреля. № 8–15.

Голованивский 1989 — Голованивский С. Великий одессит // Воспоминания о Бабеле / Сост. А. Н. Пирожкова, Н. Н. Юргенева. М.: Книжная палата, 1989. С. 208–216.

Горбачев 1925 — Горбачев Г. О творчестве Бабеля и по поводу его // Звезда. 1925. № 4. С. 270–286.

Горький 1928а — Горький М. Механическим гражданам СССР: Ответ корреспондентам // Правда. 1928. 7 октября. С. 3–4.

Горький 1928б — Горький М. Ответ С. Буденному // Правда. 1928. 27 ноября. С. 5.

Горький 1928в — Горький М. Рабселькорам и военкорам о том, как я учился писать // Правда. 1928. 30 сентября. С. 3.

Горький 1929 — Горький М. О трате энергии // Известия. 1929. 15 сентября. С. 2.

Горький 1963а — Горький — Бабелю. Вторая половина 1933–1934 г. // Литературное наследство. 1963. № 70. С. 43–44.

Горький 1963б — Горький — В. Вишневскому, 3 апреля 1930 года // Литературное наследство. 1963. № 70. С. 48–49.

Грибанов 2002 — Грибанов А. Борис Николаевский — Исаак Бабель — Борис Суварин и некоторые проблемы эмигрантской журналистики // Тыняновский сборник. Вып. 11: Девятые Тыняновские чтения. М.: ОГИ, 2002. С. 453–467.

Гроссман 1989 — Гроссман В. С. Все течет // Октябрь. 1989. № 6. С. 30–108.

Де-Рибас 1894 — Де-Рибас Л. М. Из прошлого Одессы: Сборник статей. Одесса: Маразли, 1894.

Еврейская энциклопедия 1908–1913 — Еврейская энциклопедия: В 16 т. СПб.: Брокгауз — Ефрон, 1908–1913.

Есаулов 1995 — Есаулов И. Этическое и эстетическое в рассказе Исаака Бабеля «Пан Аполек» // Russian Literature. 1995. Vol. 37. № 1. P. 39–48.

Жаботинский 1931 — Altalena [Жаботинский В. Е.] «Моя столица» // Causeries: Правда об острове Тристан да Рупьл. 2-е изд. Париж, 1931. С. 75–85.

Жаботинский 1936 — Жаботинский В. Е. Пятеро. Париж: Ars, 1936.

Жаботинский 1985 — Жаботинский В. Е. Повесть моих дней. Иерусалим: Библиотека Алия, 1985.

Жолковский 2006 — Жолковский А. К. Роман с гонораром (Бабель и Шолом-Алейхем) // Жолковский А. К. Полтора рассказа Бабеля «Гюи де Мопассан» и «Справка/Гонорар»: Структура, смысл, фон. М.: КомКнига, 2006. С. 149–167.

Жолковский 2016 — Жолковский А. К. Белая кляча судьбы, рыцарь Галеот и наука страсти нежной // Исаак Бабель в историческом и литературном контексте: XXI век / Под ред. Е. И. Погорельской. М.: Книжники, 2016. С. 204–231.

Жолковский, Ямпольский 1994 — Жолковский А. К., Ямпольский М. Б. Бабель/Babel. М.: Carte Blanche, 1994.

Замятин 1955 — Замятин Е. И. Лица. NY: Chekhov Publishing House, 1955.

Иванов 1965 — Иванов В. В. Славянские языковые моделирующие системы: Древний период. М.: Наука, 1965.

Иванова 1987 — Иванова Т. В. Мои современники, какими я их знала: очерки. М.: Советский писатель, 1987.

Иванова 1992 — Иванова Т. В. Глава из жизни: Воспоминания. Письма Бабеля // Октябрь. 1992. № 5. С. 183–207; № 6. С. 183–207; № 7. С. 162–186.

Иванова 2005 — Иванова Е. Чуковский и Жаботинский: история взаимоотношений в текстах и комментариях. М.: Мосты культуры, Иерусалим: Гешарим, 2005.

Каракина 2006 — Каракина Е. По следам «Юго-Запада». Новосибирск: Свиньин и сыновья, 2006.

Кацис 2019 — «Русская весна» Владимира Жаботинского: Атрибуция. Библиография. Автобиография / Под ред. Л. Ф. Кациса. М.: РГГУ, 2019.

Кирпичников 1896 — Кирпичников А. Из истории умственной жизни Одессы // Очерки по истории новой русской литературы. СПб.: [Б. и.], 1896. С. 383–420.

Ковский 1995 — Ковский В. Е. Судьба текстов в контексте судьбы // Вопросы литературы. 1995. № 1. С. 47–51.

Конквест 1974 — Конквест Р. Большой террор / Пер. с англ. Л. Владимирова. Firenze: Edizioni Aurora, 1974.

Конквест 1988 — Конквест Р. Жатва скорби: Советская коллективизация и террор голодом / Пер. с англ. И. Коэна и Н. Май; под ред. М. Хейфеца. L.: Overseas Publications Interchange Ltd, 1988.

Копелев 2010 — Копелев Л. З. И сотворил себе кумира. Харьков: Права людини, 2010.

Котлер 1996 — Котлер И. Очерки по истории евреев Одессы. Иерусалим: Noy, 1996.

Куванова 1965 — Куванова Л. Фурманов и Бабель // Литературное наследство. 1965. № 74. С. 500–512.

Кудрин 2012 — Кудрин О. Уроки одесской школы и гребни одесской волны // Вопросы литературы. 2012. № 3. С. 9–64.

Левин 2010 — Левин С. С еврейской точки зрения... Иерусалим: Филобиблон, 2010.

Лежнев 1925 — Лежнев А. Литературные заметки, 3: И. Бабель // Печать и революция. 1925. № 4. С. 149–151.

Лежнев 1926 — Лежнев А. И. Бабель // Печать и революция. 1926. № 6. С. 82–86.

Лежнев 1927 — Лежнев А. З. Современники: Литературно-критические очерки. М.: Круг, 1927.

Лежнев 1929 — Лежнев А. З. Литературные будни. М.: Федерация, 1929.

Лежнев 1936 — Лежнев И. Вакханалия переизданий // Правда. 15 декабря 1936. С. 3.

Лившиц-Азаз 2022 — Лившиц-Азаз Т. Л. Качели надежды: три сюжета из жизни Исаака Бабеля. Иерусалим / СПб.: Геликон Плюс, 2022.

Лотман 1970 — Лотман Ю. М. Структура художественного текста. М.: Искусство, 1970.

Лотман 2000 — Лотман Ю. М. Семиосфера. СПб.: Искусство-СПб, 2000.

Лунц 2003 — Лунц Л. «Обезьяны идут!»: Проза. Драматургия. Публицистика. Переписка / Сост. Е. Лемминг. СПб.: ИНАПРЕСС, 2003.

Лупполь и др. 1934 — Первый всесоюзный съезд советских писателей: Стенографический отчет / Под ред. И. Лупполь и др. М.: Государственное издательство художественной литературы, 1934.

Макотинский 1989 — Макотинский М. Умение слушать // Воспоминания о Бабеле / Сост. А. Н. Пирожкова, Н. Н. Юргенева. М.: Книжная палата, 1989. С. 105–108.

Мандельштам Н. 1970 — Мандельштам Н. Я. Воспоминания. NY: Chekhov Press, 1970.

Мандельштам О. 2009 — Мандельштам О. Э. Полное собрание сочинений и писем: В 3 т. Т. 1: Стихотворения / сост. А. Г. Мец. М.: Прогресс-Плеяда, 2009.

Маркиш 1997 — Маркиш, Д. Бабель и другие. Второе репринтное издание. Иерусалим: Гешарим, 1997.

Маркиш 2015 — Маркиш П. Куча / Пер. с идиша Ханоха Дашевского. М.: Книжники, 2015.

Мениаль 1999 — Мениаль Э. Ги де Мопассан / Пер. с фр. А. Чеботаревской. Ростов-на-Дону: Феникс, 1999.

Метченко 1956 — Метченко А. Историзм и догма // Новый мир. 1956. № 12. С. 223–238.

Милякова, Зюзина 2005 — Милякова Л. Б., Зюзина И. А. Из погромной хроники Гражданской войны // Еврейский книгоноша. 2005. № 1. С. 34–39.

Мурав 2022 — Мурав Г. Музыка из уходящего поезда. Еврейская литература в послереволюционной России. Бостон; СПб.: Academic Studies Press; Библиороссика, 2022.

Назарян 1977 — Назарян Р. Мопассановские новеллы И. Бабеля: к вопросу ассоциативно-контекстовой колористичности // Труды Самаркандского университета: Вопросы теории и истории литературы. 1977. № 320. С. 51–62.

Наумов 1958 — Наумов Е. М. Горький в борьбе за идейность и мастерство советских писателей. М., 1958.

Никулин 1966 — Никулин Л. В. Годы нашей жизни. М.: Московский рабочий, 1966.

Нинов 1956 — Нинов А. Литература и история // Литературная газета. 1956. 23 июня.

Нюренберг 1989 — Нюренберг А. Встречи с Бабелем // Воспоминания о Бабеле / Сост. А. Н. Пирожкова, Н. Н. Юргенева. М.: Книжная палата, 1989. С. 143–147.

«Ольник» 1932 — «Ольник». Писатель И. Бабель в «Смене» / Смена. 1932. № 17–18. С. 25.

Паустовский 1960 — Паустовский К. Г. Время больших ожиданий. М.: Советский писатель, 1960.

Паустовский 1966 — Паустовский К. Г. Повесть о жизни: В 2 т. М.: Советская Россия, 1966.

Перцов 1927 — Перцов В. Какая была погода в эпоху гражданской войны? // Новый ЛЕФ. 1927. № 7. С. 36–45.

Перцов 1936 — Перцов В. Новая дисциплина // Знамя. 1936. № 12. С. 238–241.

Пирожкова 2006 — Пирожкова А. Н. Семь лет с Исааком Бабелем // Бабель И. Собрание сочинений: В 4 т. М.: Время, 2006. Т. 4. С. 357–560.

Пирожкова 2013 — Пирожкова А. Н. «Я пытаюсь восстановить черты…»: О Бабеле и не только о нем (Воспоминания). М.: АСТ, 2013.

Поварцов 1989 — Поварцов С. Н. Мир, видимый через человека: Материалы к творческой биографии Исаака Бабеля // Воспоминания о Бабеле / Сост. А. Н. Пирожкова, Н. Н. Юргенева. М.: Книжная палата, 1989. С. 326–328.

Поварцов 1996 — Поварцов С. Н. Причина смерти — расстрел: Хроника последних дней Исаака Бабеля. М.: Terra, 1996.

Поварцов 2010 — Поварцов С. Н. Арест Бабеля: Расследование не закончено // Вопросы литературы. 2010. № 3. С. 400–415.

Поварцов 2012 — Поварцов С. Н. Быть Бабелем. Краснодар: Кубань-печать, 2012.

Погорельская 2005 — Погорельская Е. И. И. Э. Бабель — редактор и переводчик Гюи де Мопассана (материалы к творческой биографии писателя) // Вопросы литературы. 2005. № 4. С. 323–351.

Погорельская 2007 — Письма другу: из архива И. Л. Лившица / Сост. Е. И. Погорельская. М.: Государственный литературный музей / Три квадрата, 2007.

Погорельская 2010 — Погорельская Е. И. «В дыму и золоте парижского вечера...»: Исторический и литературный контекст рассказа И. Бабеля «Улица Данте» // Вопросы литературы. 2010. № 1. С. 277–302.

Погорельская 2011 — Погорельская Е. И. Рассказ Гюи де Мопассана «Признание» в переводе Исаака Бабеля // Тургеневские чтения. 2011. № 5. С. 332–350.

Погорельская 2023 — Погорельская Е. И. Гастон Видаль: «Два поступка перед лицом совести», «История в духе Шекспира» (об источниках рассказов И. Бабеля о Первой мировой войне) // Литературный факт. 2023. № 2 (28). С. 8–24. URL: http://litfact.ru/images/2023-28/01_Pogorelskaya_8-24.pdf (дата обращения: 01.05.2024).

Погорельская, Левин 2020 — Погорельская Е. И., Левин С. Исаак Бабель. Жизнеописание. М.: Вита-Нова, 2020.

Полонский 1989 — Полонский В. П. Из дневника 1931 года // Воспоминания о Бабеле / Сост. А. Н. Пирожкова, Н. Н. Юргенева. М.: Книжная палата, 1989. С. 195–199.

Поляк 1966а — Поляк Л. М. Бабель — новеллист // Известия Академии наук СССР: Литература и язык. 1966. Т. 25. № 4. С. 313–328.

Поляк 1966б — Поляк Л. М. И. Бабель // Бабель И. Избранное М.: Художественная литература, 1966. С. 3–22.

Рабон 2014 — Рабон И. Улица / пер. В. Шубинского, Н. Гольден, В. А. Дымшица / М.: Книжники, 2014.

Роговин 1996 — Роговин В. 1937. М.: Аргументы и Факты, 1996.

Розенсон 2015 — Розенсон Д. Бабель: человек и парадокс. М.: Книжники, 2015.

Савченко 2012 — Савченко В. А. Неофициальная Одесса эпохи НЭПа, март 1921 — сентябрь 1929. М.: РОССПЕН, 2012.

Сарнов 2010 — Сарнов Б. М. Сталин и Бабель // Октябрь. 2010. № 9. С. 135–160.

Свирский 1936 — Свирский А. И. История моей жизни. М.: Советский писатель, 1936.

Сегал 1991 — Сегал Д. М. Сумерки свободы: о некоторых темах русской ежедневной печати 1917–1918 гг. // Минувшее. 1991. № 3. С. 131–196.

Сейфуллина 1969 — Сейфуллина Л. Н. Собрание сочинений: В 4 т. М.: Художественная литература, 1969.

Семанова 1966 — Семанова М. Л. Чехов и советская литература, 1917–1935. Л.: Советский писатель, 1966.

Славин 1989 — Славин Л. Фермент долговечности // Воспоминания о Бабеле / Сост. А. Н. Пирожкова, Н. Н. Юргенева. М.: Книжная палата, 1989. С. 7–10.

Слезкин 2005 — Слезкин Ю. Эра Меркурия: Евреи в современном мире / пер. С. Б. Ильина. М.: Новое литературное обозрение, 2005.

Сливкин 1997 — Сливкин Е. Евреи безоружные и вооруженные (Опыт параллельного чтения «Конармии» и «Одесских рассказов» Исаака Бабеля) // Вестник Еврейского университета. 1997. № 15. С. 137–146.

Слуцкий 2005 — Слуцкий Б. А. О других и о себе. М.: Вагриус, 2005.

Смирин 1967а — Смирин И. А. И. Бабель в работе над книгой о коллективизации // Филологический сборник. 1967. № 6–7. С. 104–109.

Смирин 1967б — Смирин И. А. У истоков военной темы в творчестве И. Бабеля: И. Бабель и Гастон Видаль // Русская литература. 1967. № 1. С. 203–204.

Соколянский 2002 — Соколянский М. Общие корни: Владимир Жаботинский и Исаак Бабель // Егупец [Київ]. 2002. № 10. С. 248–264.

Стариков 1958 — Стариков Д. Необходимые уточнения // Литературная газета. 1958. 10 апреля. С. 2.

Стах 2004 — Стах Т. «Ну, писал там какой-то Бабель, и не стало его — делов!» / Публ. Е. Яворской // Мигдаль Times. 2004. № 52. URL: https://www.migdal.org.ua/times/52/4803/(дата обращения: 11.05.2024).

Суварин 1980 — Суварин Б. Последние разговоры с Бабелем // Континент. 1980. № 23. С. 343–378.

Третьяков 1930 — Третьяков С. Построимся в бригады // Литературная газета. 6 января 1930. С. 1.

Троцкий 1991 — Троцкий Л. Д. Моя жизнь. М.: Панорама, 1991.

Фадеев 1928 — Фадеев А. А. Разгром. Л.: Прибой, 1928.

Хетени 1981 — Хетени Ж. Библейские мотивы в «Конармии» Бабеля // Studia Slavica Academiae Scientarum Hungaricae. 1981. Vol. 27. P. 229–240.

Хетени 1985 — Хетени Ж. Эскадронная дама, возведенная в мадонну: Амбивалентность в «Конармии» Исаака Бабеля // Studia Slavica Academiae Scientarum Hungaricae. 1985. Vol. 31. P. 161–169.

Хетени 1990 — Хетени Ж. Лавка вечности (К мотивной структуре рассказа «Гедали» И. Бабеля) // Studia Slavica Academiae Scientarum Hungaricae. 1990. Vol. 36. P. 187–192.

Христофоров 2015 — Христофоров В. С. Документы архивов органов безопасности об Исааке Бабеле // Российская история. 2015. № 1. С. 135–147.

Ципперштейн 1995 — Ципперштейн С. Евреи Одессы: история культуры, 1794–1881 / Науч. ред. и пер. с англ. А. Локшина. Иерусалим, 1995.

Цукерман 1981 — И. Бабель. Новый документ / Публ. В. Цукермана // Глагол. 1981. № 3. P. 298–299.

Чериковер, Шехтман 1923–1932 — Чериковер И., Шехтман И. История погромного движения на Украине, 1917–1921 гг.: В 2 т. Berlin: Ostjudisches historisches Archiv, 1923–1932.

Черненко 2001 — Черненко М. М. Красная звезда, желтая звезда: Кинематографическая история еврейства в России, 1919–1999. Винница, 2001.

Шенталинский 1995 — Шенталинский В. А. Рабы свободы: В литературных архивах КГБ. М.: Parus, 1995.

Шкловский 1924 — Шкловский В. И. Бабель: Критический романс // ЛЕФ. 1924. № 2. С. 152–155.

Шкловский 1933 — Шкловский В. И. Юго-Запад // Литературная газета. 1933. 5 января. С. 3.

Шкляев 2004 — Шкляев И. Н. Одесса в смутное время. Одесса: Негоциант, 2004.

Шолом-Алейхем 1914 — Шолом-Алейхем. Похождения неудачника (Менахем-Мендель) / Пер. с идиша Ю. Пинуса. М., 1914.

Шолом-Алейхем 1926–1927 — Шолом-Алейхем. Избранные произведения: В 2 т. / Под ред. И. Э. Бабеля. М.–Л., 1926–1927.

Шолом-Алейхем 1988–1990 — Шолом-Алейхем. Собрание сочинений: В 6 т. / Пер. с евр., сост., прим. М. Беленького; под ред. Г. Бакланова, М. Беленького и др. М.: Государственное издательство художественной литературы, 1988–1990.

Шолохов 1932 — Шолохов М. А. Поднятая целина. Т. 1. 2-е изд. М.: Федерация, 1932.

Штут 1956 — Штут С. У карты нашей литературы // Новый мир. 1956. № 9. С. 239–249.

Эвинс 1995 — Эвинс К. Кровное и сокрытое: Конармия и конармейский дневник Бабеля // Литературное обозрение. 1995. № 1. С. 77.

Эйдельман 1936 — Эйдельман Я. Менделе Мойхер-Сфорим: на торжественном заседании в Доме союзов // Литературная газета. 1936. 5 марта. С. 6.

Эльсберг 1971 — Эльсберг Я. Е. Об исследовании формообразующих факторов и их соотношений // Проблемы художественной формы социалистического реализма. Т. 1 / Под. ред. А. С. Мясникова. М.: Наука, 1971. С. 150–165.

Эренбург 1990 — Эренбург И. Г. Люди, годы, жизнь: Воспоминания: В 3-х т. М.: Советский писатель, 1990.

Эренбург 1995 — Эренбург И. Г. Речь памяти Бабеля // Литературное обозрение. 1995. № 1. С. 110–112.

Эстрайх 2012 — Эстрайх Г. Советская карьера Шолом-Алейхема // Новое литературное обозрение. 2012. 114 (2). С. 113–133.

Яркевич 1994 — Яркевич И. Бабель как маркиз де Сад русской революции // Независимая газета. 1994. 16 марта.

Ясенский 1930 — Ясенский Б. Наши на Ривьере // Литературная газета. 1930. 10 июля. С. 2.

Alter 1995 — Alter R. The Jewish Voice // Commentary. October 1995. P. 39–45.

Altshuler 1998 — Altshuler M. Soviet Jewry on the Eve of the Holocaust: A Social and Demographic Profile. Jerusalem: Centre for Research of East European Jewry, Hebrew Univ. of Jerusalem, 1998.

Andrew 1989 — Andrew J. 'Spoil the Purest of Ladies': Male and Female in Isaac Babel's Konarmiia // Essays in Poetics. 1989. Vol. 14. № 2. P. 1–27.

Apple 1973 — Apple M. History and Case History in Red Cavalry and Day of the Locusts // Nathanael West: The Cheaters and the Cheated / Ed. by D. Madden. Deland, FL: Everett & Edwards, 1973. P. 235–247.

Avins 1994 — Avins C. Kinship and Concealment in Red Cavalry and Babel's 1920 Diary // Slavic Review. 1994. Vol. 53. № 3. P. 694–710.

Avins 1998 — Avins C. Jewish Ritual and Soviet Context in Two Stories of Isaac Babel // American Contributions to the XII International Congress of Slavists / Ed. by R. A. Maguire, A. Timberlake. Bloomington: Slavica, 1998. P. 11–20.

Avins 2005a — Avins C. J. Babel's First Goose, the Third International, and the Language of Lenin. Unpublished paper, annual meeting of the AAASS, 4 November 2005.

Avins 2005b — Avins C. Isaac Babel's Tales of Collectivization: Rites of Transition in the New Soviet Village // Slavic Review. 2005. Vol. 64. № 3. P. 560–579.

Bar-Yosef 1986 — Bar-Yosef H. On Isaac Babel's «The Story of My Dovecot» // Prooftexts. 1986. Vol. 6. № 3. P. 264–271.

Beck 1971 — Beck E. T. Kafka and the Yiddish Theater: Its Impact on His Work. Madison WI: Wisconsin Univ. Press, 1971.

Bellow 1963 — Bellow S. Introduction // Great Jewish Short Stories / Ed. by S. Bellow. NY, 1963. P. 13–16.

Bloch 1921 — Bloch C. Hersch Ostropoler, ein judischer Till-Eulenspiegel des 18. Jahrhunderts. Berlin: Benjamin Harz Verlag, 1921.

Bloom 1973 — Bloom H. The Anxiety of Influence: A Theory of Poetry. New York: Oxford University Press, 1973.

Boyarin 1990 — Boyarin D. Intertextuality and the Reading of Midrash. Bloomington: Indiana Univ. Press, 1990.

Brent 2008 — Brent J. Inside the Stalin Archives: Discovering the New Russia. NY: Atlas, 2008.

Briker 1994 — Briker B. The Underworld of Benia Krik and I. Babel's *Odessa Stories* // Canadian Slavonic Papers. 1994. Vol. 36. № 1–2. P. 131–134.

Bruce 2007 — Bruce I. Kafka and Cultural Zionism. Madison, WI: Wisconsin Univ. Press, 2007.

Budnitskii 2012 — Budnitskii O. V. La construction d'Odessa comme «mère du crime» ou comment Moïse Vinnitski est devenu Benia Krik // Kinojudaica: les représentations des juifs dans le cinéma de Russie et d'Union soviétique des années 1910 aux années 1980 / Ed. par V. Pozner, N. Laurent. Toulouse: Éditions Nouveau monde, 2012. P. 411–439.

Bullock 2009 — Bullock P. The Cruel Art of Beauty: Walter Pater and the Uncanny Aestheticism of Isaak Babel's Red Cavalry // Modern Language Review. 2009. Vol. 104. № 2. P. 499–529.

Carden 1972 — Carden P. The Art of Isaac Babel. Ithaca: Cornell Univ. Press, 1972.

Cukierman 1977 — Cukierman W. Isaak Babel's Jewish Heroes and Their Yiddish Background // Yiddish. 1977. Vol. 2. № 4. P. 15–22.

Dan 1930 — Dan A. Izaak Babel // Wiadomości literackie. 1930. № 21. S. 2.

Davies 1972 — Davies N. White Eagle, Red Star: The Polish-Soviet War, 1919–1920. L.: Macdonald, 1972.

Davies 1980 — Davies R. W. The Soviet Collective Farm, 1929–1930. L.: Macmillan, 1980.

Dekel-Chen 2005 — Dekel-Chen J. Farming the Red Land: Jewish Agricultural Colonization and Local Soviet Power, 1924–1941. New Haven: Yale Univ. Press, 2005.

Denis 1969 — Denis L. Permanence de Maupassant en Russie // Europe. 1969. T. 482. P. 163–172.

Freidin 1994 — Freidin G. Revolution as an Aesthetic: Nietzschean Motifs in the Reception of Isaac Babel (1928–1932) // Nietzsche and Soviet Culture: Ally and Adversary / Ed. by B. Glatzer Rosenthal. Cambridge: Cambridge Univ. Press, 1994. P. 149–173.

Freidin 2009 — Freidin G. Two Babels — Two Aphrodites: Autobiography in Maria and Babel's Petersburg Myth // The Enigma of Isaac Babel Biography, History, Context / Ed. by G. Freidin. Stanford: Stanford Univ. Press, 2009. P. 17–62.

Friedberg 1978 — Friedberg M. Yiddish Folklore Motifs in Isaac Babel's *Konarmiia* // American Contributions to the 8th International Congress of Slavists, Zagreb-Liubliana, 1978 / Ed. by V. Terras. Columbus, Ohio: Slavica, 1978. P. 192–203.

Friedberg 1984 — Friedberg M. The Jewish Search in Russian Literature // Prooftexts. 1984. Vol. 4. № 1. P. 93–105.

Friedberg 1991 — Friedberg M. How Things Were Done in Odessa: Cultural and Intellectual Pursuits in a Soviet City. Boulder, CO: Westview Press, 1991.

Friedberg 2000 — Friedberg M. Possible Interpretations for Babel's «Pan Apolek» // Depictions: Slavic Studies in the Narrative and Visual Arts in Honor of William A. Harkins / Ed. by D. M. Greenfield. Dana Point, CA: Ardis, 2000. P. 6–13.

Gilboa 1982 — Gilboa J. A Language Silenced: The Suppression of Hebrew Literature and Culture in the Soviet Union. Rutherford NJ: Fairleigh Dickinson Univ. Press, 1982.

Gilman 1986 — Gilman S. L. Jewish Self-Hatred: Anti-Semitism and the Hidden Language of the Jews. Baltimore: Johns Hopkins Univ. Press, 1986.

Gilman 1991 — Gilman S. L. The Jewish Body. NY: Routledge, 1991.

Gitelman 1972 — Gitelman Z. Jewish Nationality and Soviet Politics: The Jewish Sections of the CPSU, 1917–1930. Princeton, N.J. Princeton Univ. Press, 1972.

Goldberg, Krausz 1993 — Goldberg D. T., Krausz M. The Culture of Identity // Jewish Identity / Ed. by D. T. Goldberg, M. Krausz. Philadelphia: Temple Univ. Press, 1993. P. 1–12.

Gorham 2009 — Gorham M. S. Writers at the Front: Language of State in the Civil War Narratives of Isaac Babel and Dmitri Furmanov // The Enigma of Isaac Babel': Biography, History, Context / Ed. by G. Freidin. Stanford: Stanford Univ. Press, 2009. P. 100–115.

Govrin 1989 — Govrin N. Alienation and Regeneration / transl. by J. Glucker. Tel-Aviv: Ministry of Defense, 1989.

Greenwald 2010 — Greenwald R. Pogrom and Avant-Garde: Peretz Markish's *Di kupe* // Jewish Social Studies. 2010. Vol. 16. № 3. P. 65–84.

Haumant 1913 — Haumant E. La culture française en Russie (1700–1900). 2me édition révisée. Paris: Librarie Hachette, 1913.

Horowitz 2009 — Horowitz B. Empire Jews: Jewish Nationalism and Acculturation in 19th and Early 20th Century Russia. Bloomington: Indiana Univ. Press, 2009.

Horowitz 2013 — Horowitz B. Russian Idea, Jewish Presence: Essays on Russian-Jewish Intellectual Life. Boston: Academic Studies Press, 2013.

Jansen, Petrov 2002 — Jansen M., Petrov N. Stalin's Loyal Executioner: People's Commissar Nikolai Ezhov, 1895–1940. Stanford: Hoover Institution Press, 2002.

Karton-Blum 1985 — Karton-Blum R. Hebrew Communist Literature in Soviet Russia // The Great Transition: The Recovery of the Lost Centers of Modern Hebrew Literature / Ed. by G. Abramson, T. Parfitt. Totowa NJ: Rowman & Allanheld, 1985. P. 103–109.

Katz 2002 — Katz M. Odessa's Jews: The End of Assimilation // Southwest Review. 2002. Vol. 87. № 2–3. P. 271–282.

Katzman 2005 — Katzman R. Poetics of Becoming: Dynamic Processes of Mythopoesis in Modern and Postmodern Hebrew and Slavic Literature. Frankfurt am Main: Peter Lang, 2005.

Kenez 1992 — Kenez P. The Pogroms of 1919–1921 // Pogroms: Anti-Jewish Violence in Modern Russian History / Ed. by J. D. Klier, S. Lambroza. Cambridge: Cambridge Univ. Press, 1992. P. 291–313.

King 2011 — King C. Odessa: Genius and Death in a City of Dreams. NY: Norton, 2011.

Klier 2001 — Klier J. A Port, Not a Shtetl: Reflections on the Distinctiveness of Odessa // Jewish Culture and History, 2001. Vol. 4. № 2. P. 173–178,

Kornblatt 2005 — Kornblatt J. D. At Home with Pani Eliza: Babel's Polish Encounters // Polish Encounters, Russian Identity / Ed. by D. L. Ransel, B. Shallcross. Bloomington: Indiana Univ. Press, 2005. P. 160–171.

Kravchenko 1946 — Kravchenko V. I Chose Freedom: The Personal and Political Life of a Soviet Official. NY: Scribner's Sons, 1946.

Krutikov 2001 — Krutikov M. Yiddish Fiction and the Crisis of Modernity, 1905–1914. Stanford: Stanford Univ. Press, 2001.

Lachmann 1980 — Lachmann R. Notizen zu I. Babel's «Perechod čerez Zbruč» // Voz'mi na radost': To Honour Jeanne van der Eng-Liedmeier / Ed. by W. Westeijn et al. Amsterdam: Rodopi, 1980. P. 183–192.

Lapidus 2003 — Lapidus R. Between Snow and Desert Heat: Russian Influences on Hebrew Literature, 1870–1970. Cincinnati: Hebrew Union College Press, 2003.

Lecke 2007 — Lecke M. The Deconstruction of Galicia in Babel's Red Cavalry // Krajina bez vlastností: Literatura a Střední Evropa / Landschaft ohne Eigenschaften: Literatur und Mitteleuropa: Festschrift für Peter Demetz zum 85. Geburtstag / Hg. von P. Bílek, T. Dimter. Prague: Gutenburg, 2007. S. 118–125.

Lecke, Sicher 2023 — Lecke M. and Sicher, E. Introduction. // Cosmopolitan Spaces in Odessa: A Case Study of an Urban Context / Ed. by M. Lecke, E. Sicher. Boston: Academic Studies Press, 2023. P. 1–20.

Lotman 1990 — Lotman Y. M. Universe of the Mind: A Semiotic Theory of Culture / Transl. by A. Shukman. Bloomington: Indiana Univ. Press, 1990.

Löve 1994 — Löve K. H. The Evolution of Space in Russian Literature: A Spatial Reading of 19th and 20th Century Narrative Literature. Amsterdam: Rodopi 1994.

Luplow 1984 — Luplow C. Isaak Babel' and the Jewish Tradition: The Childhood Stories // Russian Literature. 1984. Vol. 15. № 3. P. 255–278.

Magarshack 1952 — Magarshack D. Chekhov: A Life. L.: Faber, 1952.

Maguire 1968 — Maguire R. Red Virgin Soil: Soviet Literature in the 1920s. Princeton: Princeton University Press, 1968.

Maguire 2000 — Maguire R. Ekphrasis in Isaak Babel // Depictions: Slavic Studies in the Narrative and Visual Arts in Honor of William A. Harkins / Ed. by D. M. Greenfield. Dana Point, CA: Ardis, 2000. P. 14–23.

Mann 1994 — Mann R. The Dionysian Art of Isaac Babel. Oakland, CA: Barbary Coast Books, 1994.

Marder 1973–1974 — Marder H. The Revolutionary Art of Babel // Novel. 1973–1974. Vol. 7. P. 54–61.

Massino 2016 — Massino G. Franz Kafka's Vagabond Stars // Digital Yiddish Theatre Project. October 2016. URL: https://web.uwm.edu/yiddish-stage/franz-kafkas-vagabond-stars (дата обращения: 26.04.2024).

Matthewson 1975 — Matthewson R. W. The Positive Hero in Russian Literature. 2nd edition. Stanford: Stanford Univ. Press, 1975.

Maupassant 1908–1910 — Maupassant G. Oeuvres complètes: 29 t. Paris: Louis Conard, 1908–1910.

Mintz 1985 – Mintz A. Response to Catastrophe in Hebrew Literature. New York: Columbia University Press, 1985.

Miron 2010 — Miron D. From Continuity to Contiguity: Toward a New Jewish Literary Thinking. Stanford: Stanford Univ. Press, 2010.

Moss 2009 — Moss K. Jewish Renaissance in the Russian Revolution. Cambridge, MA: Harvard Univ. Press, 2009.

Nakhimovsky 1992 — Nakhimovsky A. S. Russian-Jewish Literature and Identity: Jabotinsky, Babel', Grossman, Galich, Roziner, Markish. Baltimore: Johns Hopkins Univ. Press, 1992.

Nakhimovsky 2003 — Nakhimovsky A. Mikhail Zhvanetskii: The Last Russian-Jewish Joker // Forging Modern Jewish Identities: Public Faces and Private Struggles / Ed. by M. Berkowitz, S. L. Tananbaum, S. W. Bloom. London: Vallentine Mitchell, 2003. P. 156–179.

Natkovich 2012 — Natkovich S. The Debate about the Jews and Russian Literature (1908) as a Milestone in the History of Theorization of Jewish Literatures // Aschkenas. 2012. Vol. 22. № 1–2. P. 471–483.

Nilsson 1977 — Nilsson N. Å. Isaak Babel's «Perekhod cherez Zbruch» // Scando-Slavica. 1977. Vol. 23. P. 63–71.

Nilsson 1982a — Nilsson N. Å. Isaac Babel's Story «Guy de Maupassant» // Studies in Twentieth Century Russian Prose. Stockholm: Almqvist & Wiksell, 1982 / Ed. by N. Å. Nilsson. P. 212–227.

Nilsson 1982b — Nilsson N. Å. Tolstoj — Čechov — Babel': «Shortness» and «Syntax» in the Russian Short Story // Scando-Slavica. 1982. Vol. 28. P. 91–107.

O'Connor 1963 — O'Connor F. The Lonely Voice: A Study of the Short Story. NY: Bantam, 1963.

Oliveira 2020 — Oliveira C. de. «Le Soleil de France»: Warm Translations of Guy de Maupassant in Works by Isaak Babel' and Ivan Bunin // Russian Literature. 2020. № 111–112. P. 61–89.

Oukaderova 2002–2003 — Oukaderova L. Money, Translation, and Subjectivity in Isaak Babel's «Guy de Maupassant» // Yearbook of General and Comparative Literature. 2002–2003. Vol. 50. P. 161–168.

Parijanine 1928 — Parijanine M. Introduction // Babel I. Cavalerie rouge. Paris: Éditions Rieder, 1928. P. 7–25.

Peppard 2007 — Peppard V. The Problem of Revolutionary Violence in Isaak Babel's Stories // Times of Trouble: Violence in Russian Literature and

Culture / Ed. by M. C. Levitt, T. Novikov. Madison: Univ. of Wisconsin Press, 2007. P. 163–173.

Poggioli 1957 — Poggioli R. The Phoenix and the Spider. Cambridge, MA: Harvard Univ. Press, 1957.

Rosenshield 2008 — Rosenshield G. The Ridiculous Jew: The Exploitation and Transformation of a Stereotype in Gogol, Turgenev, and Dostoevsky. Stanford: Stanford Univ. Press, 2008.

Roskies 1984 — Roskies D. G. Against the Apocalypse: Responses to Catastrophe in Modern Jewish Culture. Harvard Univ. Press, 1984.

Rothstein 2001 — Rothstein R. A. How It Was Sung in Odessa: At the Intersection of Russian and Yiddish Folk Culture // Slavic Review. 2001. Vol. 60. № 4. P. 781–801.

Rougle 1996 — Rougle C. Introduction: Isaac Babel' and his Odyssey of War and Revolution // Red Cavalry: A Critical Companion / Ed. by C. Rougle. Evanston: Northwestern University Press/AATSEEL, 1996. P. 5–65.

Rubenstein 1996 — Rubenstein J. Tangled Loyalties: The Life and Times of Ilya Ehrenburg. NY: Basic Books, 1996.

Safran 2002 — Safran G. Isaak Babel's Elia Isaakovich as a New Jewish Type // Slavic Review. 2002. Vol. 61. № 2. P. 253–272.

Salmond 2018 — Salmond W. Kuzma Petrov-Vodkin's 1918 in Petrograd (The Petrograd Madonna) and the Meaning of Mary in 1920 // Framing Mary: The Mother of God in Modern, Revolutionary, and Post-Soviet Russian Culture / Ed. by A. Singleton Adams, V. Shevzov. DeKalb: Northern Illinois Press, 2018. P. 163–186.

Scherr 2011 — Scherr B. P. An Odessa Odyssey: Vladimir Jabotinsky's *The Five* // Slavic Review. 2011. Vol. 70. № 1. P. 94–115.

Schmid 1984 — Schmid W. Das nicht erzählte Ereignis in Isaak Babels «Übergang über der Zbrucz» // Wiener Slawistischer Almanach. 1984. Bd. 14. S. 117–138.

Schmid 2023 — Schmid W. The Nonnarrated. Berlin and Boston: De Gruyter, 2023. P. 55–64.

Schreurs 1989 — Schreurs M. Procedures of Montage in Isaak Babel's Red Cavalry. Amsterdam: Rodopi, 1989.

Senderovich 2007 — Senderovich S. The Hershele Maze: Isaak Babel and his Ghost Reader // Arguing the Modern Jewish Canon: Essays on Literature in Honor of Ruth Wisse / Ed. by J. D. Cammy et al. Cambridge, MA: Harvard Univ. Press, 2007. P. 233–254.

Senderovich 2022 — Senderovich S. How the Soviet Jew Was Made. Cambridge, MA: Harvard Univ. Press, 2022.

Shcheglov 1994 — Shcheglov R. I. Some Themes and Archetypes in Babel's Red Cavalry // Slavic Review, 1994. Vol. 53. № 3. P. 653–670.

Shneer 2004 — Shneer D. Yiddish and the Creation of Soviet Jewish Culture, 1918–1930. Cambridge: Cambridge Univ. Press, 2004.

Shrayer 2000 — Shrayer M. Russian Poet/Soviet Jew: The Legacy of Eduard Bagritskii. Lanham MD: Rowman & Littlefield, 2000.

Shternshis 2006 — Shternshis A. Soviet and Kosher: Jewish Popular Culture in the Soviet Union, 1923–1939. Bloomington: Indiana Univ. Press, 2006.

Sicher 1986 — Sicher E. Binary Oppositions and Spatial Representation: Towards an Applied Semiotics // Semiotica. 1986. Vol. 60. № 3–4. P. 211–224.

Sicher 1995 — Sicher E. Jews in Russian Literature: Writers and Artists Between Hope and Apostasy. Cambridge: Cambridge Univ. Press, 1995.

Sicher 2023 — Sicher E. The End of Cosmopolitan Time: Between Myth and Accommodation in Babel's *Odessa Stories* // Cosmopolitan Spaces in Odessa: A Case Study of an Urban Context / Ed. by M. Lecke, E. Sicher. Boston: Academic Studies Press, 2023. P. 193–221.

Sinkó 1962 — Sinkó E. Roman eines Romans: Moskauer Tagebuch. Köln: Verlag Wissenschaft und Politik, 1962.

Spicehandler 1985 — Spicehandler E. Odessa as a Literary Center of Hebrew Literature // The Great Transition: The Recovery of the Lost Centers of Modern Hebrew Literature / Ed. by G. Abramson, T. Pafitt. Totowa NJ: Rowman & Allanheld, 1985. P. 75–90.

Stanton 2003 — Stanton R. Identity Crisis: The Literary Cult and Culture of Odessa in the Early Twentieth Century // Symposium. 2003. Vol. 57. № 3. P. 117–126.

Stine 1984 — Stine P. Isaac Babel and Violence // Modern Fiction Studies. 1984. Vol. 30. № 2. P. 237–255.

Stora-Sandor 1968 — Stora-Sandor J. Isaac Babel: L'homme et l'oeuvre. Paris: Klincksieck, 1968.

Sylvester 2005 — Sylvester R. P. Tales of Old Odessa: Crime and Civility in a City of Thieves. DeKalb, IL: Northern Illinois Univ. Press, 2005.

Tanny 2011 — Tanny J. City of Rogues and Schnorrers: Russia's Jews and the Myth of Old Odessa. Bloomington: Indiana Univ. Press, 2011.

Tolczuk 1990 — Tolczuk D. Crossing into Poland. On the Projection of Cultural Stereotypes in the Narration of Isaac Babel's «The Church at Novograd» // Polish Review. 1990. Vol. 35. № 3–4. P. 241–247.

Trilling 1994 — Trilling L. Appendix // Babel' I. Red Cavalry and Other Stories / Transl. by I. McDuff, ed. E. Sicher. L.: Penguin, 1994. P. 339–364.

Tucker 2002 — Tucker J. *Skaz* and Oral Usage as Satirical Devices in Isaak Babel's *Red Cavalry* // Against the Grain: Parody, Satire, and Intertextuality in Russian Literature / Ed. by J. G. Tucker. Bloomington: Slavica, 2002. P. 101–112.

Van Baak 1983 — Van Baak J. The Place of Space in Narration: A Semiotic Approach to the Problem of Literary Space, with an Analysis of the Role of Space in I. E. Babel's Konarmiia Amsterdam: Rodopi, 1983.

Van de Stadt 2007 — Van de Stadt J. A Question of Place: Situating Old Shloime in Isaac Babel's Oeuvre // Russian Review. 2007. Vol. 66. № 1. P. 36–55.

Vinokur 2008 — Vinokur V. The Trace of Judaism: Dostoevsky, Babel, Mandelstam, Levinas. Evanston, IL: Northwestern University Press, 2008.

Viola 1996 — Viola L. Peasant Rebels under Stalin: Collectivization and the Culture of Peasant Resistance. NY: Oxford Univ. Press, 1996.

Wanner 2019 — Wanner A. «There Is No Such City»: The Myth of Odessa in Post-Soviet Immigrant Literature // Twentieth Century Literature. 2019. Vol. 65. № 1–2. P. 121–144.

Wechsler 1995 — Wechsler J. G. El Lissitzky's «Interchange Stations»: The Letter and the Spirit // The Jew in the Text: Modernity and the Construction of Identity / Ed. by L. Nochlin, T. Garb. London: Thames and Hudson, 1995. P. 187–200.

Wilkinson 1986 — Wilkinson M. Hemingway and Turgenev: The Nature of Literary Influence. Greenwood, CN: UMI Research Press, 1986.

Williams 1984 — Williams G. The Rhetoric of Revolution in Babel's Konarmiia // Russian Literature. 1984. Vol. 15. № 3. P. 279–298.

Wisse 2000 — Wisse R. The Modern Jewish Canon: A Journey Through Language and Culture. NY: The Free Press, 2000.

Wolitz 1987 — Wolitz S. A Yiddish Modernist Dirge: *Di Kupe* of Perets Markish // Modern Jewish Studies. 1987. № 6. P. 56–72.

Yarmolinsky 1969 — Yarmolinsky A. The Russian Literary Imagination. NY: Funk & Wagnalls, 1969.

Zholkovsky 1994 — Zholkovsky A. How a Russian Maupassant Was Made in Odessa and Yasnaya Polyana // Slavic Review. 1994. Vol. 53. № 3. P. 671–693.

Zipperstein 1999 — Zipperstein S. J. Imagining Russian Jewry: Memory, History, Identity. Seattle: University of Washington Press, 1999.

אהרוני 1975 — אהרוני, א. יצחק בבל והקולקטיביזציה. // שבות 3 (1975): 125-123.

אוסישקין 1984 — אוסישקין, שמואל. אימא אודסה: זיכרונות ילדות ונערים, 1904- 1919. ירושלים: ההסתדרות הציונית העולמית, 1984.

ביאליק 1996 — ביאליק, ח.נ. שירים. תל-אביב: דביר, 1996.

ברזילי 1968 — ברזילי, י. פרשת 'בראשית' ומסביבה. // מאזנים כ"ז (1968): 53-58.

גרינברג 1979 — גרינברג, אורי צבי. געזאמלטע ווערק. ירושלים: הוצאת מאגנס,1979.

הזז 1923-24 — הזז, חיים. "מזה ומזה," // התקופה 11 (1923-24): 21.

הירשביין 1971 — הירשביין, פרץ. אין גאנג פון לעבן: זיכרונות, 1900-1910. עברית: במהלך החיים. תרגם מרדכי חלמיש. תל-אביב: ספרית הפועלים, 1971.

הלפרין 1996— הלפרין, חגית. "בראשית שהיה לסוף דבר: זיכרונותיו של משה חיוג על כתב-העת בראשית". // קשר 19 (1996): 82-95.

הערשעלע אסטראפאָ לער 1925 — הערשעלע אסטראפאָלער, דער וועלט בערימטער וויצלינג. ניו-יאָרק: דיא היברו פאָ בלישינג קאמפאַני,1925.

וויסמאן 1989 — וויסמאן, מ. באבעל און הערשעלע אוסטראפאָלר // סאָוויעטיש היימלאנד. 1989. נומ. 3. 129-125.

יפה 1978 — יפה, א"ב. בין יצחק באבל לחיים הזז. בתוך: חיים הזז: מבחר מאמרי ביקורת. ערך הלל ברזל. תל אביב: עם עובד, 1978. 318-316.

מקוטינסקי 1984 — מקוטינסקי מ. מזיכרונותיי על יצחק בבל .בתוך: יצחק בבל .להמשך אל השמש .תרגם אברהם שלונסקי .תל אביב: ספריית הפועלים,1984. 39-34. מרקיש 1921 — מרקיש, פרץ. די קופע .ווארשע: קולטור-ליגע, תרפ"ב.

נוברשטרן 2003— נוברשטרן, אברהם. קסם הדמדומים: אפוקליפסה ומשיחיות בספרות ייּדיש. ירושלים: מאגנס, תשס"ג.

סטרעליץ 1930 — סטרעליץ, אסקאר .דער באלשעוויסטישער פרילינג: פארצייכענונגען פון קאלינינדארפער ראיאן. מאסקווע: דער עמעס, 1930.

פיכמן 1942— פיכמן,יעקב. נוסח אודיסה. סופרים בחייהם. ת"א: מסדה, 1942, 8-5.

ראבאָן 1928 — ראבאָן ,ישראל. די גאס. ווארשע: ל. גאָלנפאַרב, 1928.

רבניצקי 1937— רבניצקי, י"ח. דור וסופריו: רשימות ודברי-זיכרונות על סופרי דורי. ספר שני. תל-אביב: דביר,1937.

שאפירא 1929 — שאפירא, ל. די יודישע מלוכה און אנדערע זאכען. ניו-יאָרק: אידיש לעבען, 1929.

שטיינמן 1952 — שטיינמן, אליעזר. הקומוניסטן העברי, תרע"ט. הודפס בשנית בתוך: אברהם שלונסקי. הדיה של מהפכת אוקטובר בספרות העברית. אורלוגין5 (מרץ 1952): 316-311.

שטיינמן 1982 — שטיינמן, אליעזר. דבש בַאַ דסח.// מאזניים י"ד (ל"ז), ח' ב': 173-166; ח' ד':251-258.

Предметно-именной указатель

Оглавление

Научное издание

Эфраим Зихер
«ЕВРЕЙ НА КОНЕ»
Культурно-исторический контекст творчества И. Э. Бабеля

Директор издательства *И. В. Немировский*
Ответственный редактор *И. Белецкий*
Куратор серии *Е. Яндуганова*
Заведующая редакцией *Н. Ломтева*

Дизайн *И. Граве*
Редактор *Р. Рудницкий*
Корректор *И. Манлыбаева*
Верстка *Е. Падалки*

Подписано в печать 19.08.2024.
Формат издания 60 × 90 $^1/_{16}$. Усл. печ. л. 20,3.
Тираж 200 экз.

Academic Studies Press
1577 Beacon Street, Brookline, MA 02446 USA
https://www.academicstudiespress.com

ООО «Библиороссика».
198207, г. Санкт-Петербург, а/я № 8

Эксклюзивные дистрибьюторы:
ООО «Караван»
ООО «КНИЖНЫЙ КЛУБ 36.6»
http://www.club366.ru
Тел./факс: 8(495)9264544
e-mail: club366@club366.ru

Книги издательства можно купить
в интернет-магазине: www.bibliorossicapress.com
e-mail: sales@bibliorossicapress.ru

12+

www.ingramcontent.com/pod-product-compliance
Lightning Source LLC
Chambersburg PA
CBHW070402100426
42812CB00005B/1600